Wolfgang Schüler / Wilfried Zoppa **Mörder auf der Flucht**

Wolfgang Schüler / Wilfried Zoppa

Mörder auf der Flucht

und sechs weitere Fälle

Bild und Heimat ·

ISBN 978-3-86789-492-0

1. Auflage

© 2015 by BEBUG mbH / Bild und Heimat, Berlin

Umschlaggestaltung: capa

Umschlagabbildung: Chris Keller / bobsairport

Druck und Bindung: GGP Media GmbH, Pößneck

In Kooperation mit der SUPERillu

www.superillu-shop.de

Inhalt

Der S-Bahn-Mörder   **7**

Intermezzo 1   **38**

Kuchenbecker, der Pate   **41**

Intermezzo 2   **69**

Mörder auf der Flucht   **73**

Intermezzo 3   **101**

Bonnies Ranch oder Die forensische Psychiatrie   **104**

Intermezzo 4   **149**

Die Zielfahnder   **154**

Intermezzo 5   **191**

Autoschieber   **195**

Intermezzo 6   **208**

Bei Anruf Mord   **211**

Intermezzo 7   **246**

Nachspiel   **248**

Der S-Bahn-Mörder

Am 20.12.1990 konstituierte sich im Berliner Reichstag das erste frei gewählte gesamtdeutsche Parlament seit 1932. Alterspräsident Willy Brandt brachte in einer von allen Fraktionen beklatschten Rede die Hoffnung zum Ausdruck, dass sich das deutsch-deutsche Verhältnis von »oben und unten, von Lehrern und Belehrten« bald »in eines von Gleichen zu Gleichen verwandeln« werde.

Johannes Gerster, der damalige innenpolitische Sprecher der Unionsfraktion im Bundestag, teilte am gleichen Tag der Presse mit, dass die Regierung beabsichtige, im Januar ein Gesetz in den Bundestag einzubringen, demzufolge alle Angehörigen des öffentlichen Dienstes auf eine eventuelle Stasi-Mitarbeit zu überprüfen seien.

Radio One, ein Berliner Radiosender, berichtete live von der Pressekonferenz. Im Westteil der Stadt, zehn Kilometer Luftlinie vom Reichstag entfernt, arbeitete der Kriminaloberkommissar Frank Greger in seiner Dienststelle, der Berliner Fahndungsinspektion. Auf seinem Schreibtisch in der Charlottenburger Heerstraße stapelte sich ein Wust von beinah 30 Fahndungsfällen. In den Akten stand nichts Erfreuliches. Es ging um Betrüger, Sexualtäter und einen entwichenen Totschläger. Doch diese aktuellen Fälle des Kriminalbeamten stellten nur einen Bruchteil der rund 7.000 Fahndungssachen dar, die im Jahresdurchschnitt auf die Inspektion zukamen. Den Kopf leicht anhebend, mit der linken Hand das Radio lauter stellend, blickte Greger verschmitzt zum Nebentisch, wo ein ihnen neu zugeordneter ehemaliger Volkspolizist, der Polizeiobermeister Joachim Bayer, ebenfalls interessiert lauschte. »He, Bayer, kannst dir bald die lange Anfahrt von Hohenschönhausen zur Heerstraße sparen, was?«, frotzelte der Kriminaloberkommissar.

Sein Kollege schluckte und wurde blass. »Haben ja wohl nicht alle unterschrieben. Werden schon noch Kollegen übrig bleiben, die keinen Stasi-Vertrag hatten«, gab Joachim Bayer betroffen zurück. Nach der Wende waren die meisten Westberliner Dienststellen durch Kollegen aus dem Ostteil aufgefüllt worden. Die Fahndungsinspektion hatte an die 20 ehemalige Volkspolizisten übernommen, vom einfachen Polizeimeister bis zum Kriminalrat. Etwa zehn von ihnen blieben dabei, die Übrigen gingen.

Im Ostteil der Stadt, 15 Kilometer Luftlinie vom Berliner Reichstag entfernt, saß zur selben Zeit der Polizist Wilfried Jakobczak im Polizeirevier Buch an seinem zerschrammten Schreibtisch und machte Teepause. Er nippte gedankenverloren an einem Getränk mit der irreführenden Bezeichnung »Earl Grey«. In dem Teeglas, auf dem »Mitropa« stand, schwappte eine lauwarme dunkelbraune Flüssigkeit hin und her, auf der ein leichter Ölfilm glänzte. Obwohl Wilfried Jakobczak kein Radio hörte und noch nichts von den aktuellen Plänen der Bundesregierung wusste, schaute er sorgenvoll in die Zukunft. Allen ehemaligen Ostberliner Volkspolizisten wehte seit dem 3. Oktober 1990 ein scharfer Wind um die Nase. Nur gar zu gerne hätten die »Lehrer«, von denen der Altbundeskanzler so blumig gesprochen hatte, sämtliche Vopos in die Wüste geschickt. Doch auf einmal war das nicht gegangen. So wie nicht alle Richter, Staatsanwälte, Justizangestellte und Gefängniswärter in den neuen Bundesländern schlagartig ausgetauscht werden konnten, ließ sich das auch bei der Polizei nicht bewerkstelligen. Deshalb ging der Prozess schleichend vonstatten. Das Bucher Revier sollte in Kürze aufgelöst werden. Niemand konnte und wollte Wilfried Jakobczak sagen, wie es mit ihm weitergehen würde.

Patienten beim Ausgang

Berlin-Buch lag am nördlichen Stadtrand hinter dem Autobahnring und war vor allem durch sein Klinikum bekannt, das aus mehreren verstreut liegenden Krankenhäusern bestand. Zum Gesamtkomplex gehörte auch eine psychiatrische Abteilung, die in einem baufälligen Gebäude mit schadhaftem Innen- sowie Außenputz untergebracht war. Die Station A, Haus 213 lag etwas abseits. Der geschlossene Bereich ließ sich leicht an den verrosteten Gitterstäben vor den staubigen Fenstern erkennen.

Während Wilfried Jakobczak seinen abgestandenen Tee zu Ende trank, verließ die Krankenschwester Kathrin Patzelt mit zwei Patienten das Krankenhausgelände. Obwohl sie erst 37 Jahre alt war, hatte sie schon graue Haare und tiefe Falten neben den schmalen Lippen. Das rührte von den unzähligen Überstunden (bei gleichbleibend miserabler Bezahlung auch nach der Wende) und den vielen persönlichen Problemen her. Ihr Ehemann war vor drei Jahren an Magenkrebs gestorben und hatte sie allein mit einer hyperaktiven Tochter zurückgelassen. Ihr derzeitiger Partner trank sich kontinuierlich einer Leberzirrhose entgegen und taugte noch nicht einmal mehr für etwas Spaß im Bett.

Bei ihren beiden männlichen Begleitern handelte es sich um zwei chronisch Kranke, die als kaum therapierbare Langzeitfälle galten. Trotzdem durften sie von Zeit zu Zeit ausgehen, um unter Aufsicht in den Geschäften der näheren Umgebung einzukaufen. Auf diese Weise sollten sie sich die grundlegenden Elemente sozialer Kompetenz einprägen, wieder erlernen oder nicht völlig vergessen – je nach den unterschiedlichen Standpunkten der behandelnden Ärzte. Im Ergebnis liefen alle Behandlungsmethoden auf dasselbe hinaus.

Die Krankenschwester kannte ihre beiden Begleiter, Frank Schurian und Hans Müller, nur oberflächlich. Sie war der Meinung, dass beide an der Grenze zur Debilität standen. Die äußeren Anzeichen sprachen dafür: Frank Schurian saß meistens im Gruppenraum mit offenem Mund vor dem Fernsehapparat, während Hans Müller entweder in seinem Zimmer Musik hörte oder regungslos am Fenster verharrte und stundenlang hinausstarrte. Beide galten als unauffällig. Sie bekamen keine Wutausbrüche, schurigelten keine anderen Patienten, nahmen widerspruchslos ihre Medikamente ein und wurden nie aggressiv.

Aber Kathrin Patzelt hatte die Krankenakten ihrer beiden Begleiter nicht eingesehen, ein schwerer Fehler, der ihr später nie wieder unterlaufen sollte. Als die Gruppe hinaus auf die Straße trat, war es genau 14.30 Uhr. Die Krankenschwester sprach zu den beiden Männern – Frank Schurian war 43 Jahre alt, Hans Müller sogar schon 57– als wären es kleine Kinder: »Wenn wir über den Fahrdamm gehen, fassen wir uns an den Händen. Zuerst sehen wir nach links, und dann nach rechts.«

Von den übrigen Passanten nahm keiner von den drei Fußgängern Notiz. Patienten auf Ausgang gehörten zum gewohnten Bild in dieser Stadtrandlage. Manchmal waren größere Gruppen unterwegs, die sowohl geistig, als auch körperlich schwerst behindert waren, zum Selbstschutz Fahrradhelme trugen und tierähnliche Laute ausstießen.

Die beiden Männer und die Frau gingen die Karower Straße entlang, bogen vor der Kirche nach links in die Straße Alt Buch ein, liefen 200 Meter bis zur Kreuzung, überquerten die Wiltbergstraße und steuerten das Postamt an. Als sie dort eintrafen, war es 15 Uhr. »So, und nun gehen wir in die Post und kaufen uns Briefmarken. Es ist bald Weihnachten, und da wollen wir unseren Lieben daheim noch eine hübsche Ansichtskarte schicken.«

Hans Müller schüttelte den Kopf und brummte: »Kann nich' schreiben, kann nich' lesen, hab keine Familie.«

»Dann bleibe brav hier draußen stehen, wir sind gleich wieder zurück.«

Doch Hans Müller war nicht artig. Als seine Begleitung fünf Minuten später wieder vor die Tür des Postamtes trat, sah sich Kathrin Patzelt um und konnte ihn nirgendwo entdecken. Der ihr Anvertraute war verschwunden. Es überlief sie siedend heiß, Panik machte sich breit. »Mist, Scheiße, Kacke!«, fluchte sie ärgerlich, denn dieses Vorkommnis würde ihr einen dicken Minuspunkt in ihrer Personalakte einhandeln, wenn nicht gar etwas Schlimmeres.

»Du sollst keine braunen Worte sagen«, nuschelte Frank Schurian durch seine Hasenscharte.

»Halt die Klappe, du Schwachkopf«, schrie sie den verdutzten Patienten an, packte ihn am Ärmel und schleifte ihn hinter sich her in Richtung Klinikum.

Achim Gallrein, der diensthabende Stationspfleger, hatte schon ganz andere Sachen in seinen langen arbeitsreichen Jahren erlebt und problemlos überstanden. Er beruhigte seine Kollegin: »Mach dir keine unnötigen Sorgen, Mädchen. Der kommt schon wieder. Draußen ist es kalt. Wir haben noch vier Tage bis Weihnachten. Kein Mensch ohne einen Pfennig Geld in der Tasche bleibt da freiwillig auf der Straße.«

Der Pfleger sprach aus Erfahrung, diesmal jedoch sollte er sich irren. Aber er tat seine Pflicht, rief die Polizeiwache in Buch an und gab eine Vermisstenmeldung auf.

Wilfried Jakobczak nahm die Anzeige entgegen. Er füllte den Vordruck Pol 900 G (neu) »Vermisste Person« sorgfältig aus, teilte ihm eine Vorgangsnummer zu und gab die Fahndungsausschreibung in den Verteiler mit der untersten Prioritätenstufe ein. Ob noch andere Dienststellen davon Kenntnis nahmen, ist nicht bekannt. An diesem kalten Dezembertag jedenfalls verschwendete niemand einen weiteren Gedanken an den Verschwundenen, der lapidar als korpulent, dunkelhaarig, 1,50 Meter groß und nachlässig gekleidet beschrieben wurde. In der Klinik machte sich niemand die Mühe, in seine Krankenakte zu schauen. Auf dem Polizeirevier überprüfte man nicht, ob Polizeiberichte über ihn vorlagen. Alle waren permanent überlastet und hatten, wenige Tage vor Heilig Abend, den Kopf voll mit anderen Dingen. Auch nach den Weihnachtsfeiertagen sollte sich daran nichts ändern.

Ereignisse der Silvesternacht

Der Jahreswechsel 1990/1991 verlief für Berliner Verhältnisse außergewöhnlich friedlich. Es gab nur einige wenige Wohnungsbrände, am Brandenburger Tor hatten sich lediglich 2.000 Menschen eingefunden, die verwirrt und frierend auf und ab liefen. In Kreuzberg blockierten etwa 100 Jugendliche in alter Tradition den Heinrichplatz mit einem umgekippten Glascontainer, worauf rund 30 Mannschaftswagen und etwa 400 Beamte anrückten, um mit einem Schlagstockeinsatz die Sache routiniert und rasch zu beenden. Insgesamt fiel die Bilanz der Silvesternacht durchschnittlich aus: 56 Personen erlitten Verletzungen beim Abbrennen von Knallkörpern, elf Randalierer wurden festgenommen, und die 19-jährige Hotelangestellte Nicole Plesch erhielt um 6.10 Uhr in der S-Bahn bei einem Halt an der Station Mexikoplatz in Zehlendorf einen Messerstich in den

Rücken. Die junge Frau, die sich auf der Heimfahrt von der Arbeit befunden hatte, wurde zwar sehr schwer verletzt, aber sie überlebte.

Im Jahr zuvor waren die Ereignisse wesentlich dramatischer gewesen: Am Brandenburger Tor, wo rund 100.000 Menschen gefeiert hatten, fiel ein Gerüst um und hinterließ über 100 Verletzte und einen Toten. In der Weddinger Prinzenallee erschoss ein Mann einen 14-jährigen Jungen, als er mit einer scharfen Waffe auf eine Haustür feuerte. In Tempelhof brannte eine Wohnung nach einem Treffer mit einer Raketenfontäne aus. Die Feuerwehr konnte die 89-jährige Mieterin nur noch tot bergen. Die Krankenhäuser in Ost und West nahmen insgesamt 300 Schwerverwundete auf. Die Krankenwagen, die pausenlos im Einsatz waren, mussten bis zu vier Verletzte gleichzeitig transportieren. »Wie sie lagen, wurden sie eingeladen«, erklärte Wolfgang Lausch vom Lagedienst der Westberliner Polizei am nächsten Tag lakonisch im Fernsehen.

Der Bucher Patient blieb auch im neuen Jahr weiter verschwunden und war damit einer von vielen. 1991 wurden im Großraum Berlin insgesamt 17.204 Personen aus den unterschiedlichsten Gründen per Haftbefehl gesucht. 374 von ihnen waren aus Straf- und Unterbringungseinrichtungen entwichen. Da jedoch die große Mehrzahl, nämlich 207, aus eigenem Antrieb reumütig zurückkehrte, gab es keinen Grund zur Annahme, dass es bei Hans Müller anders sein könnte.

Nachdem Nicole Plesch so weit von dem Messerstich genesen war, dass sie vernommen werden konnte, wurde sie im Krankenhaus von Kriminalkommissar Siegfried Schley von der Direktion 4 befragt. Er gehörte zum Referat Verbrechensbekämpfung, das für die Bezirke Schöneberg, Steglitz, Zehlendorf und Tempelhof zuständig war. Die Hotelangestellte schien froh zu sein, sich endlich ihr schreckliches Erlebnis in der S-Bahn von der Seele reden zu können. Für den Polizisten war das nur gut so, denn er war kein erfahrener Vernehmer, konnte aber leidlich gut Protokoll führen.

Die junge Frau sagte aus, dass sie nach ihrer anstrengenden Schicht sehr müde gewesen sei und die Umwelt nur noch wie durch einen Schleier wahrgenommen habe. »Ich war am Anhalter Bahnhof eingestiegen und döste vor mich hin. Am Mexikoplatz wurde ich hellwach, weil es plötzlich grauenhaft stank. Ein Penner in einem schmutzigen Mantel stand vor mir und quatschte mich an. Was er von mir wollte, habe ich nicht verstanden, und ich verspürte nicht das geringste Interesse, es herauszufinden. Ich will damit nicht sagen, dass ich hartherzig bin und mir das Schicksal fremder Leute gleichgültig wäre. Aber ich finde, es gibt gewisse Regeln, an die man sich halten muss. Dazu gehört an oberster Stelle Reinlichkeit und Sauberkeit. Ich stand deshalb auf, drehte mich um und wollte das Abteil verlassen, da spürte ich einen scharfen Schmerz im Rücken. Es war so, als hätte mir jemand einen Schlag mit einem Knüppel versetzt. Im nächsten Moment wurde mir furchtbar schlecht. Ich stützte mich an einer halbhohen Zwischenwand ab und beugte mich vor, um den Magen zu entlasten. Dabei schaute ich unwillkürlich nach unten und sah Blut von meinem Mantel auf den Boden tropfen. Im nächsten Moment wurde ich ohnmächtig. Der Schock war wohl zu groß gewesen. Meine nächste Erinnerung ist, dass alles um mich herum weiß war und gleichzeitig golden leuchtete. Über mir sah ich verschwommene Schatten. Eine wie in Watte gepackte Stimme sagte: ›Es hat keinen Zweck mehr, wir haben sie verloren.‹ Dann ging das Licht aus und alles wurde schwarz. Aber sie müssen es noch einmal probiert haben, mich zurückzuholen, sonst könnte ich jetzt nicht mit Ihnen sprechen.«

Der Kriminalkommissar räusperte sich betreten, notierte

alles gewissenhaft und fragte dann nach: »Wie sah der Mann aus?«

»So genau kann ich das nicht mehr sagen. Wie schon erwähnt, bin ich sehr müde gewesen, und ich habe ihn nur für einige wenige Sekunden gesehen. Er war mittelgroß, hatte braune Haare, eine Stirnglatze, eingefallene Wangen und schlechte Zähne.«

»Vielen Dank, Sie besitzen eine präzise Beobachtungsgabe. Das ist sehr selten. Die meisten Menschen können sich solche Details nicht merken. Sie haben uns sehr geholfen«, sagte Siegfried Schley. Und zum Abschied fügte er hinzu: »Ich bin mir sicher, wir werden ihn kriegen.« Letzteres war eine faustdicke Lüge, denn 1991 war es um die Berliner Polizei alles andere als gut bestellt.

Stille Post

In allen neuen Bundesländern brachte die Neuorganisation der staatlichen Einrichtungen große Probleme mit sich. Die Ministerien und Behörden hatten lange Zeit mit sich selbst genug zu tun. Berlin war etwas besser dran, aber es verlor seine Insellage und vergrößerte sich um den Ostteil der Stadt. Die Finanzausstattung blieb weit hinter den neuen Anforderungen zurück. Die Personenfahnder der Fahndungsinspektion, einer dem Landeskriminalamt angegliederten Dienststelle, fuhren ausgemusterte schwarze Staatsschutzlimousinen, die sich für eine verdeckte Ermittlung so gut eigneten, wie ein Frack für den Diskobesuch. Darüber hinaus parkten die Wagen nicht vor dem Haus, sondern in einer 900 Meter weit entfernten Tiefgarage. Bei dringenden Einsätzen rannten dann die Fahnder im Schweinsgalopp samt Einsatztaschen, Waffen und Funkgeräten zu ihren Fahrzeugen.

Autopannen gehörten zum Dienstalltag. In der Stadt stellten sie kein großes Problem dar. Die gefesselten Straftäter wurden dann eben mit der S- oder U-Bahn zur nächsten Polizeidienststelle gebracht. Ab und zu sah man aber auch Männer in Handschellen die Landstraßen entlanggehen – so weit, bis eine Ortschaft und damit eine Telefonzelle in Sicht kam.

Auf den Dienststellen wurden die Berichte noch mit alten mechanischen Schreibmaschinen nach dem Ein-Finger-Suchsystem »Adler« getippt (erst kreisen, dann zustoßen), Computer gab es so gut wie keine. Alle Fern- und Ortsgespräche mussten in der Telefonzentrale mit Dienstgradangabe und Namen des Vorgesetzten, der den Anruf genehmigt hatte, angemeldet werden.

Noch im Jahr 1992 gab es in Berlin pro Kommissariat für sechs Streifen nur jeweils vier Dienstfahrzeuge. Das waren entweder alte Schrottkisten mit weit über 200.000 Kilometern auf dem Tacho oder klapprige Ladas ohne Martinshorn. Die sowjetischen Autos verfügten zwar fast alle über Funkgeräte, aber mit ihnen ließ sich kein direkter Kontakt zur Funkbetriebszentrale (Fubz) im Westteil der Stadt herstellen, weil die unterschiedlichen Systeme nicht kompatibel waren. Sämtliche Meldungen mussten daher nach dem Prinzip der stillen Post abgesetzt werden: Nachricht an die Fubz Ost, Weiterleitung an die Fubz West, von dort aus Information an die Dienststelle.

Die Ausstattung entsprach also in etwa derjenigen, die die Kriminalpolizei am Ende des 19. Jahrhunderts gehabt hatte, als sie noch am Molkenmarkt residierte. Das zentrale Telegraphenamt der Polizei stand damals mit sämtlichen Revieren in der Stadt in Verbindung: Eine pneumatische Klingel im Kommissariat signalisierte jeweils durch die Anzahl der Glockenschläge den Inhalt der angekommenen Depeschen. Einmal Läuten bedeutete eine Routinenachricht, zweimal

Läuten eine aufgefundene Leiche, und dreimal Läuten zeigte ein Kapitalverbrechen an. Ein Schutzmann musste dann zum Telegraphenamt laufen und die eingegangenen Depeschen abholen.

Holger Bernsee vom Bund deutscher Kriminalbeamter (BdK) stellte 1991 desillusioniert fest: »Nur noch jeder elfte Wohnungseinbruch wird aufgeklärt. Die Kriminellen arbeiten mit immer weniger Risiko. Grund dafür ist die katastrophale Ausstattung. Das Telefonieren zwischen Ost und West funktioniert nicht.« Letzteres lag daran, dass es keine direkten Leitungen gab, sondern nur über eine Vorwahl angerufen werden konnte, die ständig besetzt war.

Im Ostteil der Stadt sah es noch schlimmer aus. Beispielsweise war das Einbruchskommissariat in der Pablo-Picasso-Straße für die Stadtbezirke Pankow, Weißensee, Marzahn, Hellersdorf, Hohenschönhausen und Prenzlauer Berg zuständig. Im Jahr 1991 mussten die 35 Mitarbeiter mit drei Umweltkarten für öffentliche Verkehrsmittel und zwei Dienstwagen – einem Barkas und einem Wartburg ohne Funk – auskommen. Die Geschädigten, die vom Kommissariat am weitesten entfernt wohnten, bekamen deshalb meistens nur einen Brief mit einem Formular geschickt. Darin sollten sie mitteilen, was abhanden gekommen war und ob sie einen Hinweis auf den Täter geben könnten.

Aus diesen Gründen war klar, dass die beiden eingangs erwähnten Fälle – der des aus dem Klinikum Buch entwichenen Patienten und der des am Mexikoplatz niedergestochenen Mädchens – rein routinemäßig behandelt wurden, was im Januar 1991 im Klartext bedeutete: gar nicht.

Ein grausiger Fund

Die Lage änderte sich dramatisch, als am 26. Februar 1991 zwischen den S-Bahnhöfen Blankenburg und Pankow-Heinersdorf eine Frauenleiche neben den Gleisen gefunden wurde. Wenige Meter entfernt von ihr am Bahndamm lag ein dolchähnliches Küchenmesser mit schwarzem Plastikgriff. Die Tote konnte rasch identifiziert werden. Sie hieß Heike Block und stammte aus Riesa. Die Rekonstruktion des Tatgeschehens ergab: Die junge Frau, eine 25-jährige Studentin und Mutter einer kleinen Tochter, war am 26. Februar um 17.31 Uhr in Oranienburg in die fast menschenleere S-Bahn nach Schönefeld eingestiegen. In dem Abteil, in dem sie saß, hatten sich zwei Männer befunden. Der eine stieg um 17.37 Uhr in Borgsdorf aus, der andere war mit größter Wahrscheinlichkeit ihr Mörder gewesen. Er wartete bis zur Station Mühlenbeck-Mönchmühle, bevor er handelte. Dafür gab es einen plausiblen Grund: Bis zur nächsten Station benötigte die S-Bahn acht Minuten. Eine ausreichende Zeitspanne, um das Opfer töten, es zur Tür schleifen und aus dem fahrenden Zug stoßen zu können.

Die Beamten in der Mordkommission, die sich in der Keithstraße befand und verharmlosend »Delikte an Menschen« nannte, brauchten nicht lange, um einen Zusammenhang zum Messerattentat vom 1. Januar herzustellen. Die Direktion 4, Referat Verbrechensbekämpfung, übergab ihnen zuständigkeitshalber die Akten. Es schien sich um dieselbe Waffe zu handeln. Stichkanal und Stoßrichtung waren fast identisch.

In der Ermittlungsgruppe fasste Kriminalkommissar Gerhard Hoscheck, ein erfahrener Beamter mit kurzen eisgrauen Haaren, die ersten Ergebnisse zusammen: »1. Der Täter fährt S-Bahn. 2. Er kennt sich auf der Strecke Oranienburg–Pankow gut aus, denn er wusste, dass die Züge um diese

Zeit nur schwach besetzt sind. Ihm war bekannt, dass er zwischen Mühlenbeck-Mönchmühle und Blankenburg sein Vorhaben in aller Ruhe in die Tat umsetzen konnte.«

Der Kriminalkommissar trank einen Schluck Wasser, dann fuhr er fort: »Die zweite Tat unterscheidet sich in einigen wesentlichen Punkten von der ersten. Bei dem Mordversuch in Zehlendorf war das Risiko für den Täter äußerst groß gewesen. Er hätte leicht entdeckt und gestellt werden können. Daraus lässt sich schlussfolgern, dass er die erste Tat im Affekt beging. Der Entschluss dazu muss für ihn spontan und ebenso überraschend wie für die Geschädigte gekommen sein, was ihr letztendlich das Leben rettete, denn er hatte keine Zeit mehr, sie aus dem Zug zu stoßen. Der zweite Anschlag hingegen war zielgerichtet geplant. Mit großer Sicherheit können wir davon ausgehen, dass der Täter sein Opfer bereits in Oranienburg ausgesucht und mit Vorbedacht auf den für ihn günstigen Moment gewartet hatte. Er warf die Frau nicht nur aus dem Zug, sondern raubte sie auch aus und stahl ihr die Tasche. Außerdem wischte er das Messer ab und entledigte sich der Mordwaffe.«

Im Besprechungsraum machte sich Unruhe breit. Es lag auf der Hand, dass der Täter Anstalten machte, eine »Karriere« als Serienkiller zu beginnen. Die Uhr lief, nun war höchste Eile geboten. Die Kriminalpsychologen wussten aus bitterer Erfahrung, dass die Abstände zwischen den Taten immer kürzer werden würden. Die lebende Zeitbombe musste so schnell wie möglich entschärft werden.

Die Pressemitteilung – es wurde eine Belohnung in Höhe von 10.000 DM ausgesetzt – löste eine Flut von Sensationsmeldungen in den Boulevardzeitungen aus. Angst und Massenhysterie machten sich breit. Nach Einbruch der Dunkelheit waren die S-Bahnen wie leergefegt. Die Hersteller von Reizgassprays und Gaspistolen räumten ihre Lager leer. In einem Supermarkt in Alt-Moabit (unweit vom Strafgericht und von der Untersuchungshaftanstalt) wäre ein kleiner Mann mit Stirnglatze von einer aufgebrachten Menschenmenge fast gelyncht worden, als er sich ein einzelnes Brotmesser kaufen wollte.

Die Nadel im Heuhaufen

Die Kriminalbeamten taten unterdessen das, was Ermittler in solchen Fällen zu tun pflegen: Sie begannen, nach der Nadel im Heuhaufen zu suchen. Auf diese Weise stießen sie auf die Vermisstenmeldung aus Buch vom 20. 11. 1990. Es war das falsche Formular verwendet worden. Statt »vermisste Person« hätte der Vordruck die Überschrift »Entwichene Person oder entwichener Straftäter« tragen müssen. Im Ergebnis allerdings wäre es dasselbe gewesen. Im Dezember hatten die Verbrechen in der S-Bahn noch nicht stattgefunden. Der Fall Müller war einer von vielen gewesen.

Es gab einen Anhaltspunkt. Hans Müller stammte aus der Nähe von Oranienburg (nämlich aus Buch) und besaß damit die notwendige Ortskenntnis, auch wenn die Personenbeschreibung der Anzeige in keinem einzigen Punkt mit derjenigen übereinstimmte, die Nicole Plesch abgegeben hatte. Vorsichtshalber fuhr ein Beamter in die Klinik und ließ sich ein Foto des 59-Jährigen geben. Er mischte es unter fünf Bilder von anderen Männern und legte sie der jungen Frau vor. »Der da sieht dem Täter am ähnlichsten«, sagte sie und deutete auf das Foto des entsprungenen Psychiatrieinsassen.

Gerhard Hoschek erwirkte die Freigabe der Patientenakte. Als sie vor ihm auf dem Tisch lag und er die ersten Zeilen gelesen hatte, stieß er mehrere lange Flüche aus, die einem Vollmatrosen die Schamröte ins Gesicht getrieben hätten.

In der Akte stand schwarz auf weiß: »Hans Müller wurde wegen eines Sexualmordes im Jahr 1989 durch die Staatsanwaltschaft beim Landgericht Berlin in die geschlossene Abteilung der Klinik Buch eingewiesen. M. gilt als sexuell abartig und äußerst gewalttätig.«

Der Kriminalkommissar forderte die Strafakte an. Es ergab sich folgendes Persönlichkeitsbild: Hans Müller war zeitlebens verhaltensauffällig gewesen und bereits 1941, im Alter von acht Jahren, in die Nervenheilanstalt Brandenburg eingewiesen worden. Wie durch ein Wunder hatte er die Euthanasie überlebt. Auch nach Kriegsende verblieb er in der geschlossenen Abteilung. Dort mussten merkwürdige Zustände geherrscht haben, denn Hans Müller vertrieb sich seine Zeit hinter Gittern damit, dass er in seiner Abteilung mehrere Jungen vergewaltigte und eine Patientin im Park fast zu Tode prügelte.

1980 wurde er als geheilt entlassen. Auf Grund welcher therapeutischer Erfolge dies möglich gewesen war, ließ sich nicht aus der Akte ersehen. Gerhard Hoschek vermutete, dass es sich lediglich um jahrelanges Wohlverhalten gehandelt hatte. Hans Müller bekam eine Wohnung, und in der Wäscherei des Fachkrankenhauses Herzberge eine Arbeitsstelle zugewiesen. 1984 lockte er ein siebenjähriges Mädchen auf einen Speicher, belästigte es dort sexuell und legte abends den Schlüpfer des Kindes unter sein Kopfkissen. Diesmal wurde er für einige Monate in das Klinikum Buch eingewiesen. Von 1985 an arbeitete er in mehreren Gaststätten als Küchenhelfer und verhielt sich bis Herbst 1989 insoweit unauffällig, dass nichts aktenkundig wurde. Am 8. Oktober entdeckte er in der Bierkneipe »Friedrichsfelder Eck« an der Straße der Befreiung eine völlig betrunkene Frau von Mitte 20, die Ute Cizek hieß. Er schleppte sie mit in seine Wohnung in der Lichtenberger Weitlingstraße, fesselte und vergewaltigte sie und tötete sie anschließend mit einem

Stromstoß aus einem abisolierten Kabel. Die Leiche warf er am helllichten Tag aus dem Fenster.

Die Polizei verhörte einige Mieter, kam dem Täter ziemlich rasch auf die Spur und nahm Hans Müller fest. Er legte ein umfassendes Geständnis ab. Zu seinem Motiv sagte er, eine Stimme habe ihm den Befehl gegeben, die Dirne in den Himmel zu schicken. In der Staatsanwaltschaft machte sich niemand die Mühe, den Mörder auf seine etwaige Schuldfähigkeit untersuchen zu lassen. Vor den Juristen, aber nicht nur vor ihnen, standen im Herbst 1989 ganz andere Probleme.

Der Staatsratsvorsitzende Erich Honecker hatte noch einen Tag vor der Tat, auf der Feier zum 40. Jahrestag, mit zittriger Stimme verkündet: »An diesen Realitäten ist nichts zu ändern, dass sich die Deutsche Demokratische Republik an der Westgrenze der sozialistischen Länder in Europa als Wellenbrecher gegen Neonazismus und Chauvinismus bewährt.« Mit der Bewährungsprobe sollte es bald zu Ende sein, die Lage drohte zu eskalieren. Die friedlichen Demonstrationen nahmen in den folgenden Stunden und Tagen ungeahnte Ausmaße an, es gab Hunderte von Festnahmen. Die DDR stand am Rande des Kriegsrechts. Die alles entscheidende Frage lautete: Bleiben die sowjetischen Truppen diesmal in ihren Kasernen, ja oder nein?

Die Mitarbeiter der Staatsanwaltschaften leisteten Sonderschichten, um mit heißer Nadel Anklageschriften gegen die so genannten Störer der öffentlichen Ordnung zusammenzustricken. Die Sache Hans Müller lag da völlig anders und schien außerdem klar zu sein. Aus Zeitnot wurde er deshalb ohne Anklage und ohne Prozess in die geschlossene Abteilung in Buch eingewiesen. Das war sicherlich nicht die verkehrteste Entscheidung jener Tage gewesen, selbst wenn sie sich kaum in Übereinstimmung mit rechtsstaatlichen Grundsätzen bringen ließ.

Auch nach der Wende griff niemand korrigierend ein. Der entscheidende Fehler passierte auf anderer Ebene. In der Nervenheilanstalt machte sich keiner die Mühe, die Akte richtig zu lesen. Dieses Versäumnis sollte letztendlich Nicole Plesch große Schmerzen bereiten und Heike Bloch das Leben kosten.

Auf der Jagd

Ende Februar 1991 rief Kriminaloberrat Frank Backhaus, der Leiter der Berliner Fahndungsinspektion (VB F I-Fahndung), seine drei Kommissariatsleiter zu einer wichtigen Besprechung in sein Büro. Die Inspektion befand sich damals in der Charlottenburger Heerstraße, gehörte zur Direktion Spezialaufgaben der Verbrechensbekämpfung und bestand aus drei Personenfahndungskommissariaten, der Haftbefehlssammlung und einer Datenstation. Der Inspektionsleiter kam gleich zur Sache: »Meine Herren, es gibt etwas zu tun. Erster Tagungsordnungspunkt: Die Mordkommission hat den Fall des S-Bahn-Mörders an uns abgegeben. Sicherlich nicht freiwillig, aber der politische Druck war wohl zu groß. Der Regierende Bürgermeister, der Innensenator und der Polizeipräsident wollen endlich Ergebnisse sehen. Es wurde höchste Priorität angeordnet. Da der Name des Flüchtigen mit einem ›M‹ beginnt, ist das zweite Kommissariat, zuständig für die Buchstaben I–Q, von dieser reizvollen Aufgabe betroffen. Die Akten können in der Gothaer Straße angefordert werden. Ich habe mir versichern lassen, dass die bislang mit der Bearbeitung befassten Kollegen gerne zu Auskünften bereit sind, insbesondere Kriminalkommissar Hoschek.«

Kriminalhauptkommissar Günther Meeden, der Leiter

des zweiten Kommissariats, stellte die rhetorische Frage: »Bis zum erfolgreichen Abschluss bleiben alle anderen Sachen liegen, richtig?«

»Richtig!«, lautete die knappe Antwort. »Kommen wir zum zweiten Tagesordnungspunkt …«

Günther Meeden, ein drahtiger, sportlicher Typ mit vollem schwarzen Haar, war Berliner und Deutscher Boxmeister im Weltschwer- und Mittelgewicht. Mit seinem offenen, netten Lächeln wirkte er wie ein zu groß geratener Schuljunge. Momentan hatte er allerdings nichts Jungenhaftes an sich. Seine Stirn war gerunzelt, und er seufzte. Auf den Schreibtischen seiner Mitarbeiter stapelten sich die Haftbefehle. Allen diesen Betrügern, Einbrechern, Straßenräubern und Totschlägern wurde nun eine unfreiwillige Verschnaufpause gegönnt, sämtliche Planungen waren vorerst über den Haufen geworfen. Außerdem hatte niemand im Kommissariat große Lust, Übergaben anderer Fachdienststellen weiterzubearbeiten. Keiner konnte wissen, was die Kollegen tatsächlich ermittelt, welche Spur sie inzwischen zertrampelt, welchen Beteiligten sie aufgeschreckt oder gar verscheucht hatten. Die Akten konnten nur äußerst unvollkommen Auskunft über den tatsächlichen Stand der Ermittlungen geben. Ihr Inhalt fasste lediglich die wichtigsten Ergebnisse zusammen und diente als Gedächtnisstütze. Kein noch so gewissenhaft geführtes Protokoll war in der Lage, den persönlichen Eindruck einer Zeugenbefragung oder eines Verhörs zu ersetzen. Also musste noch einmal gründlich nachermittelt werden.

Den sechs Streifen vom zweiten Kommissariat standen drei Autos zur Verfügung: ein uralter Opel Rekord, ein Lada der ehemaligen Volkspolizei ohne Kopfstützen und Funkgerät sowie ein Opel Vectra. Der Kriminalhauptkommissar befahl seinen Stellvertreter Carsten Minx zu sich, einen leidenschaftlichen Fahnder, der gern im Team arbeitete, dem

Überstunden nichts auszumachen schienen und der Träger des schwarzen Gürtels im Judo war. Sie nahmen sich den Opel Vectra und fuhren mit ihm nach Buch. Die übrige Mannschaft teilte sich in die restlichen beiden Fahrzeuge auf und schwärmte in alle Himmelsrichtungen (oder besser gesagt: zwei davon) aus, um den Mörder zu fangen.

Im Klinikum verlangte Günther Meeden zunächst, den leitenden Arzt von Haus 213 zu sprechen. Die beiden Kriminalisten mussten über 20 Minuten warten und liefen verärgert in dem nach Desinfektionsmitteln riechenden Flur auf und ab. Schließlich kam eine kleine zierliche Frau von Ende 20 in einem weißen kragenlosen Kittel auf sie zugeschlendert. »Was kann ich für Sie tun?«, fragte sie.

»Nichts«, knurrte der Kriminalhauptkommissar verärgert. »Ich warte auf Dr. Altweck.«

»Die steht direkt vor Ihnen. Ich bin die Stationsärztin von Haus 213. Es tut mir leid, wenn ich nicht Ihren Erwartungen entspreche.«

Günter Meeden verfluchte innerlich seine Instinktlosigkeit. Die meisten Menschen (außer natürlich die Berufsverbrecher) sind gehemmt, wenn sie mit einem Kriminalbeamten reden. Sie pflegen jedes Wort auf die Goldwaage zu legen und verschweigen wichtige Details. Deshalb war es äußerst wichtig, zu Beginn einer jeden Vernehmung einen persönlichen Kontakt zu dem Gesprächspartner herzustellen. Günter Meeden erinnerte sich an seinen Eintritt in den Polizeidienst und eine weit zurückliegende Prüfung zu den Vernehmungsgrundsätzen. Die zwei wichtigsten Sätze hatten gelautet: »Zeugen sind wertvolle Helfer bei der Aufklärung von Straftaten. Daher ist alles zu vermeiden, was ihren Willen, zur Wahrheitsfindung beizutragen, beeinträchtigen könnte.«

Das hatte er nun gründlich vermasselt, daran ließ sich leider nichts mehr ändern. Er übersah geflissentlich das spöttische Grinsen im Gesicht seines Stellvertreters und ließ sich zuerst zu Frank Schurian führen, dem Patienten, der am 20. 12. 1990 mit zur Post gegangen war. Doch der Mann mit der Hasenscharte wusste nichts und hatte nichts gesehen. Zu persönlichen Eigenheiten oder Kontakten des Geflohenen konnte er keine Angaben machen.

Vor der Tür befragte Günter Meeden die Stationsärztin dazu. Dr. Renate Altweck bestätigte die Angaben des Patienten und bezeichnete Hans Müller als einen typischen Einzelgänger, der nie Besuch bekam und keinerlei Kontakte zu anderen Kranken pflegte.

Der Kriminalhauptkommissar untersuchte das Krankenzimmer und die wenigen verbliebenen Sachen des Flüchtigen: abgetragene Kleidungsstücke, Musikkassetten, persönliche Papiere. Er fand nichts, was ihm hätte weiterhelfen können. »Wer schläft in dem anderen Bett?«, fragte er die Ärztin.

»Franz Zumpke, ein extremer Eigenbrötler.«

»Wo finden wir ihn?«

»Im Aufenthaltsraum. Aber es wird wenig Zweck haben, mit ihm zu reden.«

»Das lassen Sie mal bitte meine Sorge sein«, wies der Kriminalist Frau Dr. Altweck zurecht. Es gab nun keinen Grund mehr, auf ihre Befindlichkeiten Rücksicht zu nehmen.

Franz Zumpke stotterte und konnte keinen einzigen zusammenhängenden Satz herausbringen, doch mit viel Geduld und Mühe verriet er zwei äußerst wichtige Dinge: Erstens hatte ihm sein Bettnachbar bereits einige Tage vor dem 20. 12. 1990 mitgeteilt, dass er den nächsten Ausgang für die Flucht nutzen werde. Und zweitens wolle er zu seinem Freund Lars Thost nach Magdeburg fahren.

Günther Meeden sah die Ärztin fragend an. Frau Dr. Altweck dachte einen Augenblick nach, dann erläuterte sie: »Der Name Thost sagt mir nichts. Aber Herr Müller hat eine

Zeitlang mit einem gewissen Lars Trost sein Zimmer geteilt. Trost ist ein extrem gefährlicher Mensch, der andere Leute aus Spaß an der Freude quält. An Herrn Müller hat er sich jedoch nicht herangetraut. Komisch eigentlich. Jetzt im Nachhinein verstehe ich nicht, wieso uns das damals nicht zu denken gegeben hat.«

»Sie meinen, dass Trost ahnte, wer und was Hans Müller wirklich war, erkannte, welches Gefahrenpotenzial in ihm steckte, und dass er deshalb Angst vor ihm hatte?«

»So in etwa, ja«, antwortete die Ärztin bedrückt.

»Was ist aus Trost geworden?«

»Er wurde im Dezember 1990, wenige Tage vor Müllers Flucht, in die Untersuchungshaftanstalt nach Potsdam verlegt. Soviel ich weiß, muss er dort immer noch sein.«

Günter Meeden bedankte sich und verließ das Klinikgelände. In einem Tante-Emma-Laden schräg gegenüber von der Schlosskirche kaufte er sich eine belegte Semmel und eine Flasche Milch. Während der Rückfahrt in die Heerstraße verzehrte er genüsslich das Wurstbrötchen, trank ab und zu einen Schluck Milch und besprach das Ergebnis der Ermittlungen mit seinem Stellvertreter: »Potsdam würde passen, weil es in der Nähe von Zehlendorf liegt. Dort am Mexikoplatz hat der Täter zum ersten Mal zugeschlagen.«

»Aber, Chef, er wird doch kaum bei seinem Freund im Knast wohnen«, gab Kriminaloberkommissar Carsten Minx zu bedenken.

»Das sicherlich nicht. Aber ich denke, dass es sich um einen entscheidenden Hinweis handelt. Ich bin mir sicher, Trost kann und wird uns weiterhelfen. Wollen Sie am Montag hinfahren und mit ihm sprechen?«

Der Kriminaloberkommissar schüttelte den Kopf. »Frank Greger wäre der geeignetere Mann. Er ist ein erfahrener Verhörspezialist. Er wird einen Schlüssel finden, um Trost aufzuschließen.«

»Sollte das jetzt die Andeutung einer versteckten Kritik sein?«

»Um Gottes willen, nein, Chef.«

»Okay, Greger soll mit Trost sprechen. Aber vorher muss er noch in die Weitlingstraße fahren und die ehemaligen Wohnungsnachbarn von Müller befragen. Vielleicht ist der Typ dort irgendwann einmal aufgetaucht. Außerdem ist es von Lichtenberg nach Potsdam nur ein Katzensprung, jedenfalls der Karte nach zu urteilen.«

An der Kreuzung Spandauer Damm/Königin-Elisabeth-Straße musste Kriminalhauptkommissar Meeden scharf bremsen. Die Flasche fiel um, die Milch ergoss sich auf den Wagenboden und tränkte die Fußmatte.

»Oh, oh. Wollen wir es ihm sagen?«, fragte Carsten Minx.

»Nein, er merkt es früh genug am Montag«, antwortete sein Chef.

Protein Casein

Die Lust von Kriminaloberkommissar Greger, einem ehemaligen Personenschützer, der auf schnelles Erkennen von Gefahrensituationen trainiert war, sich stundenlang durch verstopfte Straßen zu quälen – damals gab es nur wenige passierbare Verkehrswege zwischen Ost- und Westberlin – hielt sich in Grenzen. Aber am Montag, dem 4. März 1991, rang er sich ein gequältes Lächeln ab, weil er wenigstens den Opel Vectra benutzen durfte. Beim Einsteigen rümpfte er zwar die Nase, dachte sich aber noch nichts dabei. Schlechte Gerüche und Parkdecks bildeten eine Einheit. Doch nachdem er die Tiefgarage verlassen hatte, einige hundert Meter weit gefahren war und die Heizung auf vollen Touren lief, versteinerte sich sein Gesichtsausdruck. Die auf die Fußmatte vergossene Milch hatte inzwischen einen anderen Aggregatzustand angenommen: Der Milchzucker war zu Milchsäure vergoren, und die Milchsäurebakterien hatten den Ausfall des Proteins Casein veranlasst. Der auf diese Weise ausgesonderte Quark ähnelte in seinem Aussehen (und vor allem in seinem Geruch) herkömmlichem Frischkäse. Der Kriminaloberkommissar hatte keine andere Wahl. Er musste mit geöffnetem Seitenfenster fahren und eine Erkältung riskieren. Sein Partner machte ein verwundertes Gesicht, als er am U-Bahnhof Kaiserdamm zustieg. Kriminalkommissar Florian Faistel war ein unscheinbarer grauer Mann mit einem Dutzendgesicht, der sich ausgezeichnet für Observationen eignete, da er aufgrund seines nichtssagenden Äußeres kaum wahrgenommen wurde und förmlich mit der Umgebung verschmolz.

Das Haus in der Weitlingstraße hatte seine Zukunft schon lange hinter sich. An der Fassade waren nur noch wenige Putzbrocken übrig geblieben, und eine unsichere Hand hatte das schadhafte Pappdach an mehreren Stellen notdürftig mit Folie geflickt. Die dritte und die vierte Etage standen komplett leer. Bei den letzten Hausbewohnern schien es sich nicht um die wichtigsten Stützen der menschlichen Gesellschaft zu handeln, wie sich an den ungeputzten Fenstern ablesen ließ.

Die Korridortür zur Wohnung von Hans Müller war mehrfach aufgebrochen worden, Schloss und Türgriff fehlten ganz. Jemand hatte ein Stahlseil durch zwei Bauklammern gezogen. In den Ösen hing ein Vorhängeschloss. Kriminaloberkommissar Greger zog die Tür einen Spaltbreit auf, so weit, wie es das Stahlseil eben zuließ, und äugte in das finstere Innere. Es roch modrig und nach Fäkalien.

»Wenn Sie wollen, Herr Kollege, kann ich Ihnen aufschließen«, sagte eine Stimme hinter ihm.

Der Kriminaloberkommissar drehte sich um. Vor ihm

stand ein weißhaariger, unrasierter Mann in einem braunen Trainingsanzug mit gelben Streifen an der Seite.

»Ursel, Heinz Ursel, ABV adé«, meinte der Alte.

»AB was?«

»Abschnittsbevollmächtigter der Deutschen Volkspolizei, seit 1988 im Ruhestand. Ich habe die Tür gesichert, weil dort nachts immer Stadtstreicher hausten. Aber Sie werden nichts mehr finden. Dort gibt es nur noch Dreck, Gestank und alten Plunder. Seitdem ich angerufen habe, ist der Müller hier nicht wieder aufgetaucht.«

»Wen haben Sie wann angerufen?«

»Das Revier in Friedrichsfelde. Das wird so etwa am 28./29. 12. gewesen sein. Da schlich der alte Sack hier im Haus herum. Vielleicht hoffte er, noch etwas zu finden, was er gebrauchen könnte. Aber da hatte ihm das andere Lumpenpack schon lange vorher einen Strich durch die Rechnung gemacht.«

»Wie sah er aus?«

»Wie immer: unrasiert und schmutzig. Mich kann er nicht leiden, deshalb hat er sich auch gleich wieder verdrückt.«

»Woran haben Sie erkannt, dass ich von der Kripo bin?«

»Weil Sie zu zweit sind. Außerdem an der Art, wie Sie sich bewegen, und an Ihrer Kleidung. Sie ist bequem, strapazierfähig und soll eine gewisse Eleganz vortäuschen. Kein normaler Mensch würde einen Schlips zu einer Lederjacke tragen.«

Kriminaloberkommissar Frank Greger lachte. »Das ist nur Zufall. Aber bitte, öffnen Sie das Schloss.« Er hielt sich ein Taschentuch vor die Nase und ließ sich die Wohnung zeigen. Sie bestand lediglich aus Zimmer und Küche. Auf dem Fußboden lagen Putzbrocken, zerknüllte Zeitungen, verdreckte Kleidungsstücke, Flaschen, Büchsen und Holzreste von zerschlagenen Möbeln. Die Fenster waren von innen mit Brettern vernagelt.

»Wie ich schon sagte, hier gibt es nichts mehr zu holen. Selbst nicht für einen Keim wie den Müller. Hoffentlich sind Sie nicht in etwas Weiches getreten. Machen Sie es gut, Kollege«, brabbelte der Alte und gab ihm zum Abschied die Hand.

Frank Greger wickelte sich einen Schal um den Hals, fuhr die Frankfurter Allee stadtauswärts bis zur Autobahnabfahrt und dann weiter in Richtung der Brandenburger Landeshauptstadt. Glücklicherweise lagen die Außentemperaturen über dem Gefrierpunkt. Florian Faistel hatte eine harte Nacht hinter sich. Er wickelte sich in eine graue Decke ein, auf der NVA stand, und schlief. In Potsdam begann dann die Suche. Die beiden Kriminalpolizisten kannten weder den Organisationsaufbau noch den Sitz der einzelnen Dienststellen und Ämter. Den neuen Beamten ging es ähnlich, wie er beim Durchfragen erkennen musste. Aber schließlich hatte er die Untersuchungshaftanstalt gefunden, und der Diensthabende erwies sich als kooperativ. Nach einer halben Stunde saß ihnen Lars Trost in der Besucherzelle gegenüber. In dem schmucklosen Raum standen ein Sprelacarttisch und zwei Plastikstühle. Das Fenster war vergittert, weit oben an der Decke brannte eine einzelne Glühbirne. Neben der grau gestrichenen massiven Holztür mit Eisenbeschlägen gab es eine Klingel. Kriminalkommissar Faistel platzierte sich mit vor der Brust verschränkten Armen daneben.

Frank Greger setzte sich und musterte sein Gegenüber aufmerksam. Da der Kriminaloberkommissar gerne malte und sich dadurch sehr gut in der Anatomie des menschlichen Körpers auskannte, hatte er einen Blick für Menschen. Lars Trost war mittelgroß, schlank und Anfang 30. Er trug Tätowierungen an den Händen und am Hals. Sein gelbes Haar war kurz geschoren, seine Stimme klang wie ein Reibeisen. Er pflegte seine Opfer auf offener Straße bewusstlos zu schlagen, ihr Kinn auf den Rinnstein zu legen und auf den Hinterkopf zu treten, wodurch der Kiefer brach. Zweifellos ein harter Brocken. Auf die unsanfte Tour würde man ihn kaum kriegen. Der Kriminaloberkommissar entschied sich für die freundliche Variante: »Haben Sie schon gehört, dass ab dem 1. April die Ostdeutschen mehr Porto auf ihre Briefe kleben müssen? In den neuen Bundesländern gelten dann dieselben Beförderungsgebühren wie in den alten Bundesländern. Aber: Mit einem Briefmarkengeschenk von zehn Mark an alle volljährigen Bürger der ehemaligen DDR will die Post die Gebührenerhöhung im Osten Deutschlands sozialverträglich gestalten.«

»Wat soll die Scheiße, Bulle, willste mir verarschen?«

»Nein, ganz im Gegenteil. Auch Sie werden das Briefmarkengeschenk erhalten. Dann können Sie Ihrem alten Kumpel Hans Müller lange Schreiben schicken.«

»Ach daher weht der Wind. Hat er wat ausjefressen?«

»Kann man so sagen. Er hat die große Flatter gemacht.«

»Ha, ha, det find ick jut. Aber ick weeß ja nüscht.«

Frank Greger zog ein Päckchen Marlboro aus der Tasche und legte es vor sich auf den Tisch. »Wenn Sie rauchen möchten – bitte bedienen Sie sich.«

»Mann, det sind ja Aktive aus'm Westen. Beste Ware! Aber ick weeß trotzdem nüscht.«

»Ihr alter Kumpel hat zwei Frauen abgestochen, nur so, aus Spaß. Wir müssen ihn kriegen, bevor er sich die nächste vornimmt.«

Lars Trost hielt die Zigarette affektiert zur Seite abgespreizt, legte den Kopf zurück und blies den Rauch in Richtung Zimmerdecke. »Ick sitze hier im Knast. Den Müller hab ick schon seit Wochen nich' mehr jesehen.«

Der Kriminalkommissar atmete tief ein, dann sagte er: »Passen Sie auf. Wir spielen ein Spiel. Ich stelle Ihnen eine Frage und wenn Sie sie mir beantworten können, bekommen Sie ein Päckchen Zigaretten. Dann stelle ich Ihnen die nächste Frage und Sie kriegen die nächste Packung. So geht es weiter, bis wir fertig sind. Einverstanden?«

»Einverstanden!«

»Wussten Sie, dass Müller aus Buch flüchten wollte?«

»Na klar doch, wir wollten gemeinsam türmen. Is' bloß nichts draus jeworden, weil ick in diese Scheiße verlegt wurde. Hier gibt's keine Spaziergänge über'n Markt.«

Frank Greger legte das zweite Päckchen auf den Tisch.

Eine Stunde später war er zehn Schachteln losgeworden, aber er kannte nun den vermutlichen Unterschlupf des S-Bahn-Mörders: Eine illegale Wohnung in der Stadt Brandenburg. Die Anschrift lautete: Altes Dorf 44, drittes Obergeschoss.

Zugriff

Die beiden Kriminalisten fuhren zurück nach Berlin, erstatteten ihrem Vorgesetzten Bericht und bereiteten den Einsatz für den nächsten Tag vor. Das Polizeipräsidium in Potsdam musste um Genehmigung und um Amtshilfe gebeten werden.

Am Dienstag, dem 5. März 1991, fuhr Kriminaloberkommissar Greger mit seinem Kollegen Faistel von Berlin nach Potsdam (diesmal in einem geruchsneutralen Passat, der mit einer Laufleistung von 100.000 Kilometern fast noch als Neuwagen durchgehen konnte). In der Landeshauptstadt holten sie sich die schriftliche Genehmigung ab, und weiter ging es über holprige Straßen nach Brandenburg. Auf der dortigen Polizeiwache lächelte der Leiter überlegen, als ihm die Anschrift mitgeteilt wurde. »Eine Straße Altes Dorf gibt es bei uns nicht. Ihr Informant wird nicht Brandenburg,

sondern Neubrandenburg gemeint haben. Fahren Sie dorthin. Wir überprüfen ständig unsere Abrisshäuser. Müller ist
nicht hier, glauben Sie mir.«

Frank Greger studierte den Stadtplan. »Was ist das für
eine Gegend?«, fragte er und deutete auf eine Straße mit
dem Namen Deutsches Dorf.

»Keine gute«, gab der Wachenleiter widerstrebend zu.

»Worauf warten wir, schauen wir uns die Hausnummer 44
an.«

Der Wachenleiter schickte ihnen einen uniformierten
Polizisten mit, der sie durch ein Gewirr von Straßen und
Gassen lotste. Dann stoppte der Passat. »Deutsches Dorf,
Nummer 44, wir sind angekommen.«

Das Haus war erdgrau mit bröckelnden Fassaden und ver-
nagelten Türen und Fenstern, ein typisches Abrissgebäude in
einer Sanierungsgegend. Der ideale Unterschlupf. Die Sache
hatte nur einen kleinen Schönheitsfehler: Es gab keinen Zugang. Alles war verriegelt und verrammelt. Niemand konnte
ein- oder ausgehen. Über das Gesicht des Brandenburger Polizisten huschte die leichte Andeutung eines Lächelns.

»Okay, stehen wir hier nicht herum. Untersuchen wir die
angrenzenden Bruchbuden«, ordnete der Kriminaloberkommissar verärgert an. Die Häuser waren durchgehend
nummeriert. Im Deutschen Dorf 43 und in der 42 gähnten
leere Fensterhöhlen, aber in der Nummer 41 schienen noch
einzelne Mieter zu wohnen, auch wenn das Gebäude seinen
Nachbarn glich wie ein eineiiger Zwilling dem anderen.

Im Hausflur lag Schutt und Gerümpel. Die Korridortüren
im Parterre standen offen. Alle Räume machten einen un-
bewohnten Eindruck, obwohl noch einzelne Möbel herum-
standen. Plötzlich hörten die Männer ein Geräusch aus der
ersten Etage. Der Kriminaloberkommissar zückte seine Pistole, eine Sig Sauer P 225. Das Schmunzeln aus dem Gesicht
des Brandenburger Polizisten war verschwunden.

In der ersten Etage gab es drei Wohnungen. Von der einen geradezu fehlte die Eingangstür, die Zimmer schienen leer zu sein. Das Geräusch kam aus der Wohnung links von der Treppe. Der Kriminaloberkommissar gab ein Zeichen. Auf drei rissen er und Florian Faistel die Tür auf und stürmten hinein, der Polizist sicherte von außen.

In einem kleinen Zimmer standen drei dunkelhäutige alte Frauen in bunten Kleidern und schnatterten aufgeregt durcheinander. Sie verstanden kein Wort Deutsch, und die beiden Kriminalisten nicht ihre gutturale Sprache.

Draußen im Treppenhaus deutete Frank Greger auf die Wohnung rechts von der Treppe. Die Tür war nur angelehnt. Von drinnen waren leise tappende Schritte zu hören. »Jemand kommt auf uns zu«, flüsterte der Kriminaloberkommissar, riss die Pistole hoch und trat mit dem rechten Fuß gegen die Tür, sodass sie weit aufschwang. »Hände hoch, Polizei«, schrie er.

Drinnen stand ein bärtiger alter Mann, der von seinem Äußeren her entfernt an Knecht Ruprecht erinnerte, und streckte erschrocken die Hände in die Höhe. Er hatte nicht die geringste Ähnlichkeit mit der Person auf dem Fahndungsfoto. Die Räumlichkeiten hinter ihm machten einen völlig verwahrlosten Eindruck, und es stank entsetzlich. Der Kriminaloberkommissar erinnerte sich an die Aussage von Nicole Plesch, derzufolge ihr zuerst der furchtbare Geruch aufgefallen sei. Und er wusste aus jahrzehntelanger Erfahrung, dass sich Menschen in kurzer Zeit drastisch verändern können und dann kaum noch Ähnlichkeit mit alten Fahndungsfotos haben. »Wie heißen Sie, was machen Sie hier?«

»Mein Name ist Alfred Neumann. Ich wohne seit 37 Jahren in dieser Wohnung. Wenn Sie bitte näher treten wollen. Es ist etwas unaufgeräumt bei mir, Sie müssen entschuldigen«, lautete die freundliche Antwort. »Darf ich Ihnen etwas anbieten? Eine Tasse Tee vielleicht?« Der alte Mann lächelte. Er schien sich über den ungebetenen Besuch zu freuen.

Der Kriminaloberkommissar drehte sich zu seinem Brandenburger Kollegen um und sah ihn fragend an. Der Revierpolizist zuckte mit den Schultern.

»Nun gut, bitte Ihren Ausweis zur Kontrolle.«

»Meinen Ausweis? Den habe ich nicht. Den hat mein Bruder Wilhelm mitgenommen, zur Sicherheit, verstehen Sie? Ich bin nämlich ein schwerer Trinker. Und wenn ich mich im Delirium befinde, verliere ich alles. Deshalb sieht es auch so aus bei mir. Verzeihen Sie bitte.«

»Wo finden wir Ihren Bruder?«

»Er arbeitet bei einem Wanderzirkus. Sie sind gerade unterwegs. Sobald sie ein neues Quartier bezogen haben, wird sich Wilhelm bei mir melden. Vielleicht schon morgen.«

»Solange können wir nicht warten. Zeigen Sie mir bitte andere Papiere. Eine Fahrerlaubnis, einen Bibliotheksausweis oder etwas Ähnliches.«

»Warten Sie, ich habe hier etwas«, antwortete der alte Mann, kramte in einem Haufen Abfall herum, der auf einer Kommode lag, und zog einen Stapel Briefe hervor. Sie waren an Alfred Neumann, Deutsches Dorf 41, in Brandenburg adressiert.

Der Revierpolizist mischte sich ein: »Die Luft ist hier sehr schlecht. Brauchen Sie noch lange? Wenn ja, dann warte ich solange auf der Straße.«

Frank Greger nahm ein Kuvert entgegen und zog ein liniertes Blatt Papier heraus. Eine gleichmäßige Frauenhandschrift hatte zwei Zeilen geschrieben. Unter dem Datum 12. 09. 1988 stand: »Lieber Fredi, die nächste Zusammenkunft unserer FDJ-Singegruppe findet am kommenden Donnerstag um 19 Uhr im Club statt. Bitte vergiss die Gitarre nicht! Viele Grüße, Sonja.«

Der Kriminalkommissar sah dem unentwegt freundlich

lächelnden alten Mann tief in die Augen und sagte: »Sie sind nicht Alfred Neumann. Ich glaube, Sie heißen Hans Müller und wurden am 12. 11. 1933 in Zepernick geboren.«

Das Lächeln verwandelte sich in ein breites Grinsen. Der Alte nickte und streckte die Hände vor. Die Handschellen klickten.

Draußen vor dem Haus klopfte Frank Greger dem Revier-polizisten auf die Schulter. »Sie gehen wieder hoch und si-chern die Wohnung, bis die Spurensuche und der Fotograf aus Berlin eingetroffen sind. Müller steht in Verdacht, ein mehrfacher Mörder zu sein. Vielleicht hat er weitere Opfer in diese Wohnung hier gelockt.«

Da es keine vernünftige Möglichkeit gab, die Dienststelle in Charlottenburg von Brandenburg aus telefonisch zu er-reichen, verfrachtete der Kriminaloberkommissar den Häft-ling auf den Rücksitz vom Passat, pflanzte den Kojak, also das Blaulicht, auf das Dach und raste zurück nach Berlin. Kurz vor der Stadtgrenze konnte er endlich Funkkontakt mit der Funkbetriebszentrale aufnehmen: »Wir haben ihn. Die Großfahndung kann aufgehoben werden. Die Mord-kommission soll die Anschlussübernahme vorbereiten.«

Während der Wartezeit auf dem Kommissariat in der Heerstraße behielt Hans Müller sein freundliches Wesen bei. Er posierte sogar gemeinsam mit einigen Beamten für ein Erinnerungsfoto. Aber ein Geständnis legte er weder an diesem Tag noch später ab. Bei einer Gegenüberstellung war sich Nicole Plesch nicht sicher, ob es sich bei ihm um den Angreifer in der S-Bahn handelte.

Das Ermittlungsverfahren gegen Hans Müller musste ein-gestellt werden. Er wurde zurück in die Psychiatrie gebracht. Trotzdem kann mit großer Sicherheit davon ausgegangen werden, dass er der Täter war, denn die Überfallserie war abrupt abgebrochen.

Intermezzo 1

Krankenstand: Hundert Prozent

»Völlige Überlastung« hat nach Angaben des Bundes Deutscher Kriminalbeamter (BDK) im Lagezentrum der Berliner Kripo zum Kollaps geführt: »Der Krankenstand liegt bei 100 Prozent – nichts geht mehr«, sagt der BDK-Vorsitzende Holger Bernsee.

Der Kollaps sei programmiert gewesen, da sich die Zahl der Haftbefehle im vergangenen Jahr zwar um 25 Prozent auf rund 30.000 erhöht habe. Gleichzeitig sei aber das Personal in dem Zentrum, wo die Haft- und Vorführungsbefehle per EDV bearbeitet werden, um 25 Prozent abgebaut worden. In den vergangenen Monaten ist nach Bernsees Worten erneut die Zahl der zu bearbeitenden Haft- und Vorführungsbefehle um rund 16 Prozent gestiegen, den Zeitvertrag einer vierten Mitarbeiterin habe man aber nicht verlängert. »Ein klassischer Fall von Kaputtsparen«, sagt Bernsee.

Durch den Ausfall der drei EDV-Mitarbeiter müssten jetzt Personenfahnder für die Verwaltungsaufgaben herangezogen werden. »Die Folge: Die eigentliche Fahndungsarbeit bleibt auf der Strecke. Ganoven bleiben auf freiem Fuß.« In der Pressestelle der Polizei sieht man das anders: »Die Fahndungssicherheit war und ist nicht gefährdet.« Zwar haben eineinhalb Tage lang Kriminalbeamte aushelfen müssen, aber schon heute werde der Engpass im Fahndungszentrum, der durch Urlaub und Erkrankung entstanden sei, behoben sein. »Zur Zeit wird geprüft, ob personeller Überhang aus anderen Stellen übergangsweise in der Zentrale eingesetzt werden kann.«

Der Tagesspiegel, 06. 08. 1997

Dienststellen gem. Verteiler, Betr.: Haushaltsführung 2000,

hier: Geschäftsbedarf und Fachvordrucke

Mit Schreiben LPVA II C 31 vom 12. Januar 2000 teilt das Landespolizeiverwaltungsamt u. a. folgenden Sachverhalt mit:

»… aus dem Titel Geschäftsbedarf kann eine ordnungsgemäße Tätigkeit der Verwaltung mit den uns zur Verfügung stehenden Mitteln aufrechterhalten werden. Fachvordrucke, Kopierpapier und Registraturmittel haben Vorrang. Allerdings muss zunächst auf andere bestimmte Büroartikel verzichtet werden, die in der Vergangenheit reichlich beschafft wurden. Dazu gehören:

Kugelschreiber (bitte Ersatzminen verwenden)
Faserschreiber (bitte Nachfüllungen verwenden)
Schutzhüllen
Scheren
Locher
Heftmaschinen
Schreibtischunterlagen
Selbstklebefolie
Schreibbretter
Gewebebänder
Datumsbänderstempel

Prospekthüllen
Briefkörbe
Andere Büroartikel, auch Stempel, werden zukünftig nur
in begründeten Ausnahmefällen (unabweisbar) beschafft.«
Wir bitten um gefl. Kenntnisnahme und Beachtung.

LKA 0125, 26. 01. 2000

Kuchenbecker, der Pate

1989 war das Jahr der Wende. Die Menschen schauten gebannt auf Deutschland, von wo die großen TV-Sender CNN, CBS etc. den Fall der Berliner Mauer in alle Regionen der Erde übertrugen. Gerührt nahm die Weltbevölkerung Anteil daran, wie sich die Menschen der bislang gespaltenen Nation in den Armen lagen. Trabbis mit deutschen Fahnen beherrschten den Ku'damm.

Zuvor hatte bereits der 18. 10. 1989 für das politische und persönliche Leben des DDR-Staatsratsvorsitzenden Erich Honecker eine dramatische Veränderung mit sich gebracht, die dazu führte, dass er sämtliche Titel verlor und von Juli 1992 bis Januar 1993 in der Berliner Untersuchungshaftanstalt Moabit einsitzen musste. Aber es hätte ihn noch schlimmer treffen können, wie beispielsweise das Staatsoberhaupt von Panama. Der 1934 geborene Manuel Antonio Noriega Morena, wegen seiner Pockennarben auch »Ananasgesicht« genannt, hatte eine ebenso steile Karriereleiter erklimmen können wie der deutsche Dachdecker. Der General schaffte es von einem einfachen Leutnant zur See – über die Zwischenstationen: Anführer des militärischen Geheimdienstes und Stabschef des Heeres – bis hin zum Armeekommandeur und Diktator. Sein Absturz begann nur unwesentlich später als der seines deutschen Kollegen, und zwar am Mittwoch, dem 20. 12. 1989. Um ein Uhr morgens Ortszeit wurde sein in der Altstadt Panamas gelegenes Hauptquartier beschossen. Doch diesmal handelte es sich nicht um irgendeine Revolte in einer Bananenrepublik. Der denkbar schlimmste Fall war eingetreten. 26.000 US-Soldaten, unterstützt von Panzern, Hubschraubern, Kampfflugzeugen und Stealth-Bombern, griffen in ganz Panama die Kasernen der Streitkräfte an. Das Code-Wort lautete »Gerechte Sache«. US-Verteidigungsminister Richard Cheney erklärte vor laufenden Fernsehkameras: »Wir werden Noriega jagen, und wir werden ihn finden.« Dazu kam es nicht mehr. Sobald der panamaische Armeechef die Aussichtslosigkeit der Lage erkannt hatte, stellte er sich freiwillig.

Auf Panama-City fielen 422 Bomben. Auf Grund der extremen militärischen Überlegenheit der US-Truppen dauerten die Kämpfe nur wenige Stunden. Sie kosteten 23 »Ledernacken« und rund 300 Soldaten der panamaischen Armee das Leben. Wie in jedem Krieg starben mit 400 Zivilisten mehr Nichtkombattanten als Kombattanten. Das Unternehmen »Gerechte Sache« belastete das Budget der USA-Streitkräfte mit nahezu 170 Millionen Dollar, der Gesamtschaden in Panama betrug eine Milliarde Dollar. Der Oppositionspolitiker Guillermo Endara wurde als neuer Präsident ausgerufen. General Noriega begab sich auf eine unfreiwillige Reise nach Florida. In Miami wurde ihm der Prozess gemacht und am 10.04.1992 der Schuldspruch verkündet. Erstmals in der Geschichte der USA verurteilte ein amerikanisches Gericht ein ausländisches Staatsoberhaupt. Der Diktator war nach Meinung von Richter William Hoeveler des organisierten Verbrechens, der Geldwäsche und des Kokainhandels in acht Fällen überführt worden. Das Strafmaß wurde am 10.07.1992 festgelegt. Es lautete auf zweimal 20 Jahre, fünfmal 15 Jahre und einmal fünf Jahre, zusammengefasst in einer 40-jährigen Gesamtstrafe.

Die Welt sah staunend zu und verstand auf einmal gar nichts mehr. Galt der Diktator nicht als radikaler Unterstützer der Contras in Nikaragua? War General Noriega nicht vom CIA als Top-Agent geführt worden? Hatte Richter Hoeveler nicht sämtliche dahingehenden Beweisangebote des Verteidigers Frank Rubino mit der Begründung abgelehnt, dass dadurch die nationalen Sicherheitsinteressen bedroht seien?

Wie in den meisten Fällen hatte es auch in dieser Sache mehrere Gründe zum Handeln gegeben, offizielle, inoffizielle und streng geheime. Ein für jeden politisch interessierten Menschen erkennbarer Anlass war der offensichtlich fortschreitende Größenwahn von General Noriega gewesen. Der Diktator entwickelte sich zu einem Sicherheitsrisiko für die USA. Bedeutende Interessen standen auf dem Spiel. 1977 hatte der amerikanische Präsident Jimmy Carter mit dem damaligen panamaischen Diktator Omar Torrijos die 1979 beginnende schrittweise Übergabe des unter USA-Hoheit stehenden Panamakanals an das lateinamerikanische Land vereinbart, die bis zum 31. 12. 1999 abgeschlossen sein sollte. Torrijos war 1981 bei einem mysteriösen Flugzeugabsturz ums Leben gekommen und das »Ananasgesicht« hatte seine Nachfolge angetreten. Der General musste ausgeschaltet werden, damit die Wasserstraße auch nach dem Einholen des Sternenbanners sicher unter amerikanischem Einfluss blieb.

Dafür, dass er nicht wie Grenadas Premierminister Maurice Bishop erschossen worden war, gab es einen wichtigen Beweggrund: Er wurde noch als Informant gebraucht. George Herbert Walker Bush, der am 20. 01. 1989 zum 41. Präsidenten der Vereinigten Staaten ernannt worden war, hatte gleich zu Beginn seiner Amtszeit dem Rauschgifthandel den Kampf angesagt. Aber anders als sein Vorgänger Ronald Reagan folgte er einem ganz konkreten Plan: Er wollte Luzifer mit dem Beelzebub austreiben, also die eine große Gruppe von Rauschgifthändlern mit Hilfe einer anderen Bande ausschalten. Es war ein typisch amerikanisches Prinzip. Der CIA-Chef John Edgar Hoover hatte einmal gesagt: »Gerechtigkeit hat wenig mit Ordnung und Recht zu tun.«

Bei den illegalen Drogen gab es vier große Gruppen: 1.) Opium und Heroin, 2.) Kokain, 3.) Haschisch und Marihuana sowie 4.) alle möglichen synthetischen Substanzen. Die UNO errechnete, dass auf der Erde acht Millionen Menschen regelmäßig Opium und Heroin, zwölf Millionen Kokain sowie 140 Millionen Haschisch und Marihuana konsumierten. Zu der Zahl der »Tablettenwerfer« gab es keine verlässlichen Angaben. Die Weltproduktion von Kokain betrug im Jahr 1989 1230 Tonnen, von denen 300 Tonnen bei Polizeirazzien beschlagnahmt werden konnten. Die Hauptanbaugebiete für Kokain waren Kolumbien mit 65 Prozent, Peru mit 26 Prozent und Bolivien mit neun Prozent.

In Kolumbien hatten zwei große Verbrecherbanden, das Medellín-Kartell und das Cali-Kartell, nach erbitterten Kämpfen die übrigen Konkurrenten ausgeschaltet und den Rauschgifthandel unter sich aufgeteilt. Drei Millionen Menschen waren mit der Herstellung und dem Vertrieb von Drogen beschäftigt. Pro Jahr wurden 7.500 Tonnen Marihuana, 800 Tonnen Kokain und fünf Tonnen Heroin produziert. Der Umsatz erreichte fünf bis acht Milliarden Dollar – das entsprach dem Bruttoinlandsprodukt des Nachbarlandes Panama.

Noriega hatte mit dem Medellín-Kartell zusammengearbeitet und als Mittelsmann die Verteilung von Kokain organisiert sowie den Gewinn aus den illegalen Geschäften in panamaischen Banken gewaschen. Im Prozess gegen ihn traten Drogenschmuggler des Cali-Kartells als Zeugen auf. Der Schuldspruch kam erst nach massivem Druck auf die Geschworenen zustande. Das Verdikt stützte sich hauptsächlich auf die Aussagen von Leuten, die Noriegas Verteidiger als den »Abschaum der Erde« bezeichnete. Tatsächlich musste die Staatsanwaltschaft drei Jahre später einräumen, dass 1,25 Millionen Dollar Bestechungsgelder geflossen waren, und dass dem in den USA einsitzenden Cali-Drogenboss Luis »Lucho« Santacruz Echeverri acht von 23 Haftjahren erlassen wurden, nachdem er einen Drogendealer davon »überzeugt« hatte, vor Gericht gegen das »Ananasgesicht« aufzutreten.

Vor den Geschworenen hatte sich Manuel Noriega selbstsicher gegeben und stundenlange Verteidigungsreden gehalten, weil er nicht an eine Verurteilung unter dem Bruch des Völkerrechts glaubte. Als ihm aber der Ernst der Lage klar geworden war, arbeitete er auf Seiten Beelzebubs mit den Strafverfolgungsbehörden zusammen, um Luzifer, also das Medellín-Kartell, auszuschalten. John Law, der ehemalige Leiter der US-Drogenfahndungsbehörde (DEA) bestätigte später, dass der General sehr kooperativ gewesen sei. Das Engagement wurde belohnt. Im März 1999 minderte ein US-Bundesgericht die Haftstrafe des Ex-Diktators auf 30 Jahre, was ihm nach amerikanischem Recht die Möglichkeit gab, im Jahr 2002 einen Begnadigungsantrag zu stellen.

An der Spitze des Medellín-Kartells stand der Drogenboss Pablo Escobar, der Kolumbien mit blutigem Terror überzog und Hunderte von Polizisten, Richtern, Politikern und Journalisten ermorden ließ. Im Juni 1991 wurde Escobar verhaftet, am 22. Juli 1992 gelang ihm die Flucht aus dem Gefängnis. Auf seinen Kopf wurden 12 Millionen Dollar Belohnung ausgesetzt. Ihm heftete sich ein 2.500 Mann starker Suchtrupp an die Fersen, der aus kolumbianischen Polizei- und Militäreinheiten, CIA- und DEA-Mitarbeitern sowie Mitgliedern des Cali-Kartells bestand. Innerhalb von 16 Monaten kamen 80 Personen aus Escobars unmittelbarer Umgebung ums Leben: Leibwächter, Drogenhändler, Rechtsanwälte und Verwandte. Am 02. 12. 1993 hetzten ihn seine Verfolger über ein Hausdach und erschossen ihn, als er keinen Ausweg mehr hatte.

Mit dem Tod von Pablo Escobar war das Ende des Medellín-Kartells gekommen. Das hatte zur Folge, dass nunmehr das Cali-Kartell den gesamten kolumbianischen Kokain-Handel kontrollierte. Der Rauschgifthandel florierte von da an noch besser als zuvor, da es etliche Monate lang keine ernsthafte Konkurrenz mehr gab. Hauptabsatzmärkte waren die USA und Europa. Die Verbrecherorganisation leitete ihren Namen von der Stadt Cali her, der Metropole des Verwaltungsbezirkes Valle del Cauca im Westen Kolumbiens, einem wichtigen Verkehrs-, Handels- und Industriezentrum mit 2,11 Millionen Einwohnern.

Flucht aus der U-Haft

Im Jahr 1992 stammte weit über ein Drittel des Kokains auf dem deutschen Markt aus Kolumbien. Das Rauschgift wurde mit Schiffen und Flugzeugen nach Europa gebracht, per Lkw oder Pkw zu zentralen Deponien transportiert und von dort aus auf »Bunker« genannte Zwischenlager aufgeteilt, von denen die Händler ihre Tagesrationen zum Verkauf erhielten. Das Ganze war sehr gut organisiert. Von den Bossen gab es keine direkten Verbindungen zu den Händlern, die Verkäufer hatten untereinander keinen Kontakt. Niemand wusste mehr, als unbedingt nötig war. Sobald ein Kettenglied ausfiel, wurde es problemlos ersetzt. Den Drogenfahndern gelang es zwar häufig, Straßenhändler festzunehmen und hin und wieder Bunker auszuheben, aber sie kam weder an die Deponien noch an den Paten heran. Mitunter konnte die Polizei größere Lieferungen beschlagnahmen. Diese Überraschungserfolge beruhten meistens auf Insidertipps, weil der Krieg der kolumbianischen Rauschgiftmafia auch auf deutschem Boden ausgetragen wurde.

Der Statthalter des Cali-Kartells in der BRD war der 1961 in Lima geborene Deutsch-Peruaner Kurt Andreas Bartolomé Kuchenbecker. Der mittelgroße, kräftig gebaute Mann besaß ein rundes Gesicht und blaue Augen. Er sprach fließend deutsch und spanisch. Kuchenbecker verwaltete die Deponie und ließ die Zwischenlager beliefern. Zum Zwecke der Tarnung unterhielt er in Berlin ein völlig legales Fuhrunternehmen und konnte beinah risikolos die Transporte durchführen lassen.

Das meiste per Flugzeug gelieferte Kokain wurde durch Kuriere transportiert, die »Muli« hießen. Das Rauschgift steckte in anscheinend originalverpackten Konfektkästen, Colabüchsen, Gläsern mit Babynahrung und im Inneren von Wachskerzen. Es gab Fälle, in denen Hartschalenkoffer aus gepresstem Kokain bestanden. Andere Boten, die »Bodypacker« genannt wurden, hatten in mehrwöchigen Kursen trainiert, bis zu 150 mit Kokain gefüllte Kunststoffbeutelchen oder Plastikkapseln im Gesamtgewicht von manchmal anderthalb Kilo zu verschlucken. Der Lohn der Angst betrug nur wenige tausend Dollar, und der Job war kreuzgefährlich. Allen Kurieren drohte bei Entdeckung eine langjährige Gefängnisstrafe – den »Bodypackern« darüber hinaus noch der unausweichliche Tod, wenn auch nur ein einziges Behältnis in Magen oder Darm platzte.

Am 13.03.1992 legte ein Frachter aus Kolumbien in Bremerhaven an. Polizei stürmte an Bord. Sie hatte von der Konkurrenz einen Hinweis bekommen. In einer Mehltüte in der Kombüse fand sie 37 Kilogramm Kokain. Es war die größte Menge, die bis dahin jemals in Deutschland sichergestellt worden war. Der Schiffskoch Ulf Lewandowski wurde in die Mangel genommen. Der ernstgemeinte Hinweis auf den Strafrabatt nach § 31 Betäubungsmittelgesetz, der möglich war, wenn Beschuldigte ihre Mittäter preisgaben und der bis zur völligen Straffreiheit führen konnte (wenn der Richter im späteren Strafverfahren mitspielte), löste ihm die Zunge. Er verriet den Zeitpunkt der geplanten Übergabe.

Der Drogenpate Kurt Kuchenbecker kam diesmal höchstpersönlich aus Berlin, weil es um viel Geld ging, um sehr viel Geld sogar. Der Warenwert der 37 Kilogramm Kokain betrug 2.960.000 DM, woraus sich ein Verkaufspreis von stolzen 4.440.000 DM errechnete. Die Drogenfahnder hatten den Deutsch-Peruaner schon längere Zeit im Visier gehabt, ihm aber nichts nachweisen können. Nach dem Tod von Pablo Menendez, dem früheren Statthalter des Cali-Kartells in Deutschland, der Geld unterschlagen und deshalb von seinen eigenen Leuten hingerichtet worden war, hielten sie Kuchenbecker für dessen Nachfolger. Er wurde überwältigt, verhaftet und in die Untersuchungshaftanstalt nach Moabit gebracht.

Dort traf vier Monate später, wie wir wissen, ein anderer prominenter Häftling namens Erich Honecker ein. Kurt Kuchenbecker kochte für den ehemaligen Staatsratsvorsitzenden das Essen, denn der Drogenboss arbeitete in der Gefängnisküche. Im September 1992 wurde er zu einer zwölfjährigen Haftstrafe verurteilt. Sein Versuch, sich damit herauszureden, dass er als kleiner Kurier nur für den Transport verantwortlich gewesen sei, war gescheitert. Er legte gegen das Urteil Revision ein. Das Gericht hielt den Haftbefehl aufrecht, damit der Pate nicht ins Ausland flüchten konnte, bis das Urteil rechtskräftig wäre, sollte er in Moabit bleiben.

Die Untersuchungshaftanstalt, ein Bau aus der Kaiserzeit, erinnerte an ein überdimensionales Flügelrad. Fünf gleich große Gebäudeteile trafen sich im Zentrum und waren von meterhohen stacheldrahtbewehrten Mauern umgeben. Der Gesamtkomplex, der auch die Gebäude des Kriminalgerichts umfasste, nahm ein komplettes Viertel im Berliner Bezirk Tiergarten ein, das von der Wilsnacker, der Turm-, der Rathenower und der Straße Alt-Moabit begrenzt wurde. Wer in die Untersuchungshaftanstalt hinein oder aus ihr heraus wollte, musste eine doppelt und dreifach gesicherte

Schleuse aus Panzerglas und Edelstahl passieren. Die einzelnen Treppenaufgänge, Flure und Stationen im Inneren waren durch Aberdutzende Gittertüren abgeteilt, die immer verschlossen blieben und die nur mit Spezialschlüsseln geöffnet werden konnten. Im Inneren des Gebäudekomplexes hallte es ständig vom Zuschlagen der Eisentore. Eine Flucht schien völlig unmöglich zu sein. Wer das Gefängnis außer der Reihe verlassen wollte, benötigte einen Totenschein.

Am 07.12.1992 übernahm der Vollzugsbeamte Holger Sorgatz die Frühschicht im Wirtschaftstrakt. Er verfügte über besonders feinen Humor, sang das Lied »Kuchen bäckt die Köchin, Kuchen bäckt der Koch« und teilte den Untersuchungshäftling Kuchenbecker der Brotstube zu. Um 11.30 Uhr stellte der Gefängniswärter bei einer Kontrolle fest, dass sich der Pate nicht mehr an seinem Arbeitsplatz befand. Holger Sorgatz machte sich keine großen Gedanken, sondern inspizierte die ihm bekannten Verstecke, in die sich die Gefangenen zurückzuziehen pflegten, um Heroin zu drücken oder selbstgebrauten Alkohol zu trinken. Vielleicht hatte der Drogenpapst der Welt einen Gefallen getan und sich den goldenen Schuss gesetzt?

Der Vollzugsbeamte fand auf der Toilette unter dem Klorand eine leere Spritze. Es war das übliche Versteck, denn kein erfahrener Gefangener nahm ein Drogenbesteck mit in seine Zelle. Heroin im Knast zu bekommen war kein Problem. Das Päckchen kostete 20 Mark. Woran es mangelte, waren Spritzen. Es befanden sich nur wenige, zumeist schon stumpfe Bestecke im Umlauf, die von vielen Häftlingen benutzt wurden. Durch das so genannte Needle-Sharing stiegen die Aids- und Hepatitis-Infektionen dramatisch an, sodass in der Justizverwaltung bereits das so genannte Schweizer Modell diskutiert wurde. In der Frauenhaftanstalt in Bern war seit dem Mai 1992 ein Spritzentauschprogramm angelaufen. Auf jeder der sechs Stationen hing ein Spritzenautomat, der den Häftlingen rund um die Uhr zugänglich war.

Kurt Kuchenbecker blieb verschwunden. Hinter den Schläfen des Vollzugsbeamten begann ein dumpfer Kopfschmerz zu pochen. Die ganze Sache roch nach Ärger, nach verdammt viel Ärger sogar. So wie jedem vernunftbegabten Menschen klar sein musste, dass der bei weitem größte Teil der Rauschgiftströme in den Knast nur durch die Taschen der Gefängniswärter fließen konnte, beschafften die Aufseher auch andere Waren und erbrachten Dienstleistungen jeglicher Art. Alles war nur eine Frage des Geldes. Die Senatsverwaltung für Justiz, die Staatsanwaltschaft nebenan und die Gefängnisleitung wussten dies natürlich und drückten dennoch beide Augen zu. Zum einen, weil der schlecht bezahlte Beruf eines Vollzugsbeamten nicht sehr begehrt war, und zum anderen, weil alles gut war, was der inneren Befriedung der Gefangenen diente. Aber die höchste Dienstleistung, die von einem Schließer erbracht werden konnte, war das Öffnen einiger Türen auf dem Weg in die Freiheit. Und das konnte von niemandem geduldet werden. Es würde interne Untersuchungen, Kontoüberprüfungen und stundenlange Befragungen geben.

Holger Sorgatz war froh darüber, dass er sich den Audi 80 noch nicht gekauft hatte und dass das Geld dafür noch sicher verwahrt auf dem Konto seiner Tante lag. Trotzdem würde an ihm als dem verantwortlichen Aufseher etwas hängen bleiben. Er seufzte tief, aber er hatte keine andere Wahl. Er musste Meldung machen.

Um 13 Uhr wurde der Anstaltsalarm ausgelöst. Er hatte zur Folge, dass sämtliche Tore und Zwischenschotts – auch in den Gebäuden des Kriminalgerichts – geschlossen wurden und niemand mehr hinein oder hinaus kam. Jeder noch so kleinste Winkel wurde durchsucht, jedes bekannte Versteck gründlich kontrolliert. Vergeblich. Kurt Kuchenbecker schien sich in Luft aufgelöst zu haben. Frank-Joachim Hadert, der Anstaltsleiter, fühlte, wie ihm Magensäure die Speiseröhre hinaufstieg. Er sah auf seine Armbanduhr. Es war 14.45 Uhr. Der Gefängnisdirektor schürzte die Lippen. Dann griff er widerwillig zum Telefonhörer.

Monadnock

Zur selben Zeit saß Kriminaloberkommissar Frank Greger an seinem Schreibtisch und fühlte sich der Verzweiflung nahe. Er, der als Langstreckenläufer große Ausdauer bei der Verfolgung von Fahndungsfällen bewies, war am Ende seines Lateins angelangt. Er drehte ratlos einen neuen Ausrüstungsgegenstand, einen Tonfa-Schlagstock PR-24 X, hin und her. Die Waffe war in den USA hergestellt worden. Nach einem berühmten Felsen in New Hampshire trug sie den Namen Monadnock. Ein bekanntes Hochhaus in Chicago hieß ebenso. Das Problem bestand darin, dass die Gebrauchsanleitung des Schlagstocks in Englisch abgefasst war. Auf dem Titelblatt stand: »Wichtige Produkt- und Trainingsinformationen. Vor der Benutzung lesen.« Frank Greger sprach ein leidliches Umgangsenglisch, aber hier versagten seine Kenntnisse. Er buchstabierte laut vor sich hin: »A nylon steel pin assembly recess is machined into the frame to anchor and lock the shaft in the opened position by the nylon steel pin assembly.« Er drehte sich um zu seinem Partner Florian Faistel und fragte: »Was zum Teufel mag das zu bedeuten haben?«

»Ganz einfach. Du sollst keine Nylonstrümpfe tragen, wenn du das Ding benutzt«, lautete die Antwort.

Der Kriminaloberkommissar packte den Schlagstock am Griff und holte aus. Polizeiobermeister Joachim Bayer blies wie ein Frosch seine Pausbacken auf und trötete aus der Ecke: »Halt, halt. Vor der Benutzung Gebrauchsanweisung lesen. Schon vergessen?«

»Halt dich da raus, Ostbirne«, wies ihn Frank Greger zurecht. »In deinen Zuständigkeitsbereich fällt einzig und allein die Russki Jasück.«

In diesem Moment flog die Tür auf und der Kommissariatsleiter kam hereingepoltert. »Ausgeschlafen, Männer«, schrie Günther Meeden und fuchtelte mit den Armen herum. »Code Red. Kuchenbecker, der Pate, ist aus dem Knast abgehauen. Alles andere bleibt liegen. Wir müssen den Mistkerl schnappen, bevor er einem Kollegen das Licht ausbläst.«

Seine Männer wussten, was er damit meinte. Wenige Wochen zuvor hatte ein Rauschgiftfahnder vom Stuttgarter Landeskriminalamt ein fingiertes Drogengeschäft abschließen wollen. Er traf sich mit dem Händler auf einem Parkplatz, nahm 50 Kilogramm Heroin in Empfang und übergab einen Aktenkoffer mit einer Million DM als Inhalt. Der Gangster prüfte die Scheine. Dann zog er eine Pistole und erschoss den verdeckten Ermittler, nahm Geld und Heroin an sich und flüchtete. Der Beamte hatte keine Chance gehabt.

Rund um die Untersuchungshaftanstalt wimmelte es von Streifenwagen mit Blaulicht. »Wie kommen wir jetzt hinein?«, fragte Florian Faistel. »Solange der Alarm läuft, bleiben alle Tore geschlossen. Wir sollten einen Hubschrauber anfordern.«

»Jetzt ist keine Zeit für Witze«, wies ihn Günther Meeden zurecht.

Die Kriminalbeamten stiegen aus und passierten die Schleuse.

Joachim Bayer war zum ersten Mal in Moabit. Er sah sich verwundert um und stellte dann fest: »Ich kann einfach nicht fassen, dass der Typ bei diesen Sicherheitsvorkehrungen entkommen konnte.«

»Niemand von uns kann das«, brummte Frank Greger verärgert und frustriert. »Aber im Gegensatz zu diesen Pennern hier müssen wir uns nun die Nächte um die Ohren schlagen und uns kalte Füße holen.«

»Schluss mit dem Gewinsel«, unterbrach ihn der Kriminalhauptkommissar. »Alle haben die Schnauze gestrichen voll, aber das nützt nichts. Wir müssen unsere Arbeit machen.«

Der Chef und Polizeiobermeister Bayer gingen zum Anstaltsdirektor. Währenddessen durchsuchten Kriminaloberkommissar Greger und Kriminalkommissar Faistel die Zelle des Entflohenen. Sie fanden nicht den geringsten Hinweis. Es gab weder einen codierten Brief noch eine versteckte Zeichnung an der Wand.

»Vielleicht liegt die Lösung des Rätsels nicht in dem, was da ist, sondern in dem, was fehlt«, überlegte der Kriminaloberkommissar. »Wir müssen den Schließer befragen.«

Axel Nisse, ein vierschrötiger Typ, mit dem sicherlich nicht gut Kirschen essen war, erklärte: »Es gibt kein Verzeichnis, aber der Häftling hat absolut nichts besessen, was nicht erlaubt gewesen wäre. Ich kann es nicht beschwören, aber es scheint alles da zu sein.«

»Womit war Kuchenbecker bekleidet?«, erkundigte sich der Kriminalkommissar, denn die Untersuchungshäftlinge trugen keine Anstaltskleidung, sondern ihre Privatsachen.

»Mit dem, was die meisten anhaben: Turnschuhe, Jeans und T-Shirt.«

Florian Faistel sah im Schrank nach. Die Hose hing am Haken. »Er wird wohl kaum in Boxershorts unterwegs sein.«

Der Schließer zuckte mit der Schulter. »Ich habe erst seit Mittag Dienst. Die Frühschicht wird wissen, was er angehabt hat. Oder der Kollege aus der Küche. Aber jetzt fällt mir ein, dass etwas fehlt. Er besaß einen graugrünen Pullover mit einem Elchmuster darauf. Den kann ich hier nirgendwo entdecken.«

Kriminalkommissar Faistel stöhnte verhalten. Es war wohl die normalste Sache der Welt, dass jemand im Dezember einen Pullover anhatte.

Holger Sorgatz erwartete sie bereits. Er erläuterte: »In der Küche arbeiten in der Frühschicht 20 Häftlinge. Sie sind noch alle da.« Er stockte. »Äh, bis auf den einen natürlich. Sie können sie gerne befragen. Aber Sie wissen wohl genauso gut wie ich, dass das nichts bringen wird. Außerdem sind die Hälfte Ausländer. Sie werden feststellen, dass von denen plötzlich keiner mehr unsere Sprache spricht.«

Frank Greger nickte beipflichtend, aber sie mussten jede mögliche Spur verfolgen. Nach zwei Stunden intensiver Gespräche hatten sie von den deutschen Gefangenen die tollsten Geschichten gehört, aber nicht eine einzige, die ihnen weitergeholfen hätte.

Der Kriminaloberkommissar wendete sich an den Vollzugsbeamten: »Was hat Kuchenbecker heute angehabt?«

Holger Sorgatz überlegte eine Weile. »Einen dunklen Jogginganzug aus einem glänzenden Kunststoffmaterial, mit weißen Streifen an den Seiten.«

»Damit es nicht auffällt, wenn er draußen in der Stadt rumrennt. Völlig klar«, meinte Florian Faistel. »Was war mit seinem Pullover?«

»Nichts, er hatte keinen an.«

»Sind Sie sich da völlig sicher?«

»Na klar doch, er hat heute in der Brotstube gearbeitet. Da drin ist es sehr warm. Ich habe mich schon gewundert, dass er die Jacke anbehalten hat.«

»Welche Tätigkeiten musste Kuchenbecker verrichten? War er immer in der Brotstube beschäftigt?«

Der Vollzugsbeamte schüttelte den Kopf. »Nein. Er wollte lieber rumlaufen und Bewegung haben. Er ist ja auch ein sportlicher Typ. Er transportierte Lebensmittel ins Lager oder füllte die Leerkessel mit Essensresten. Das ist so eine

Anweisung von der Justizverwaltung. Alles muss recycelt werden.«

»Was passiert mit den Speiseresten?«, hakte Kriminalkommissar Faistel nach.

»Keine Ahnung. Irgendein Schwein wird sie fressen, nehme ich mal an. Also ein richtiges, mit vier Beinen. Die Tonnen stehen im Hof, dann kommt ein Müllauto und holt sie ab.«

»Was für Tonnen?«

»Na, ganz gewöhnliche Mülltonnen aus schwarzem Kunststoff, mit Rädern hinten dran.«

»Das ist nicht dein Ernst, Kollege«, stöhnte Kriminaloberkommissar Greger auf. »Die Geschichte kenne ich aus einem Edgar-Wallace-Film der 60er Jahre. Kuchenbecker ist in eine Mülltonne geklettert und hat sich zum Lkw tragen lassen.«

Florian Faistel zupfte ihn am Ärmel. »Ich muss dich mal unter vier Augen sprechen«, flüsterte er. Die beiden traten beiseite. »Das ist eine ganz große Geschichte. Da hängen mehrere Leute mit drin. Auf jeden Fall die beiden Gefangenen, die die Tonne zum Auto gebracht haben, der Aufseher, der sie zu kontrollieren hatte, und die Wache am Tor. Vielleicht auch die Müllmänner. Wir müssen sie alle überprüfen.«

»Das ist nicht unser Problem«, gab Frank Greger zurück. »Darum sollen sich die Beamten von der Dienstaufsicht und der Staatsanwaltschaft kümmern. Wir müssen den Burschen schnappen. Darin besteht unsere Aufgabe – und nicht im Wegräumen von Scheiße.«

In der Dienststelle fasste Kriminalhauptkommissar Meeden abends die ersten Ergebnisse zusammen: »Kuchenbecker hatte offensichtlich Helfer in allen Bereichen. Er lieferte ihnen Drogen oder Bargeld. Über beides verfügte er reichlich. Die Untersuchungen werden zeigen, wer was bekommen hat. Das Problem sind die eigenen Leute. Nicht nur die Mitgefangenen haben die Flucht ermöglicht. Die Hilfe muss sich auch auf die Vollzugsbeamten erstreckt haben. Laut Dienstvorschrift war es zwingend vorgeschrieben, die Tonnen mittels Eisenstechens auf ihren Inhalt zu kontrollieren. Nach der momentanen Lage der Dinge versteckte sich Kuchenbecker in einer der Tonnen, deckte sie nach oben mit seinem Pullover ab, ließ Essensreste darauf schütten und sich von eingeweihten Gefangenen auf die Pritsche des Lkw tragen. Weder das Fahrzeug noch die Tonnen wurden kontrolliert. Der Lkw passierte gegen 10.30 Uhr das Lieferantentor der Untersuchungshaftanstalt. Bereits an der nächsten roten Ampel, an der Ecke Turm- und Waldstraße, ist Kuchenbecker von der Ladefläche gesprungen und weggerannt. Die Fahndung wurde um 14.45 Uhr ausgelöst. Inzwischen hat er einen Vorsprung von zehn Stunden. Er hat genügend Geld und besitzt die nötigen Verbindungen, um untertauchen zu können. Auf uns kommen arbeitsreiche Tage zu. Wir beginnen mit der Routinearbeit: Lichtbilder anfordern, Kriminalakte auswerten, Bezugspersonen und sozialen Background ermitteln, Erstellen eines Personogramms mit allem, was er liebte und was er hasste, von der Musik der Beatles bis hin zum Lebertran. Wir müssen überprüfen, mit welchen Besuchern er zuletzt Kontakt hatte.«

Kriminaloberkommissar Greger hob die Hand. »Chef, glauben Sie, dass das alles einen Sinn hat? Kuchenbecker soll der deutsche Drogenpate des Cali-Kartells gewesen sein. Sein Appartement in der Kantstraße hat er vor einem Vierteljahr gekündigt. Sein Geschäft ist geschlossen. Was hätte er hier noch verloren? Sentimentalen Erinnerungen an bessere Zeiten nachhängen? Wohl kaum. Der sitzt jetzt wahrscheinlich schon in einem Flugzeug in Richtung Lateinamerika.«

»Kann sein, muss nicht sein. Wir folgen seinen Spuren, bis wir Gewissheit haben.«

Kriminalkommissar Faistel quälte sich gerade durch die Vernehmungsprotokolle der Strafakte, als er hinter sich ein lautes Prusten hörte. Er drehte sich um. Der Polizeiobermeister hielt sich den Bauch vor Lachen. »Eben ist die Personenbeschreibung gekommen. Ich lese mal vor. ›Fahndung nach gefährlichem Ausbrecher.‹ Bla,bla,bla und bla,bla,bla. Aber jetzt kommt es. ›Narben auf dem Rücken und auf der rechten Gesäßhälfte.‹ Habt ihr schon einmal so etwas Dummes gehört? Wir schrubben hier Überstunden bis zum Umfallen. Wenn es so weitergeht, wird meine Alte meinen Arsch bis nach Weihnachten nicht zu Gesicht bekommen. Aber wir sollen den Paten an einem Kratzer am Hintern identifizieren.«

»Das hat der Chef extra wegen deiner speziellen Vorlieben mit aufnehmen lassen«, hänselte ihn Florian Faistel.

»Frank, gib mir sofort deinen neuen Schlagstock, mit oder ohne Gebrauchsanweisung!«, forderte Joachim Bayer.

Kreuz und quer

Frank Greger hielt ein Foto hoch. »Ratet mal, wer das ist.«

Florian Faistel blinzelte. »Demi Moore?«

»Falsch.«

»Anita Ekberg?«, riet Joachim Bayer.

»Quatsch. Anita Ekberg ist blond und nicht schwarzhaarig, wie die Frau auf dem Foto. Es handelt sich um Maria Vilma Haro Ramirez De Kuchenbecker, die Ehefrau des Paten. Sie wohnt getrennt von ihrem Mann in Buchholz, kurz vor Hamburg. Gestern hat sie 12.000 DM von der Bank abgehoben, sich in ihren Fiat Uno gesetzt und ist nach Berlin gefahren. Es wird sich wohl kaum um einen Zufall handeln. Wir müssen sie aufspüren. Sie wird uns zum Ausbrecher führen.«

Es klappte nicht. Den Kriminalbeamten gelang es zwar, Kuchenbeckers Frau in Berlin zu finden. Sie hielt sich bei Bekannten in der Wilmersdorfer Straße auf. Wohnung und Personen wurden erfolglos durchsucht. Es war klar, dass sie in Berlin keinen weiteren Kontakt zu ihrem Mann herstellen würde. Sie reiste dann auch unverrichteter Dinge wieder nach Norddeutschland zurück.

Ein Name auf der langen Liste von Kuchenbeckers Bezugspersonen lautete Rodrigo Mauro Hoyos. Der Peruaner, der in Bad Breisig in der Eifel lebte, hatte mit dem Paten in Lima die Schule besucht. Die örtlichen Einsatzkräfte stellten bei einer Observation fest, dass sich außer dem Wohnungsinhaber noch eine weitere Person in den Räumen aufhielt. Rodrigo Mauro Hoyos hatte Besuch von einem Unbekannten. Der Mann war etwas über 1,70 Meter groß und ein südländischer Typ. Er besaß krauses schwarzes Haar, einen Schnauzbart und trug eine Brille. Mit dem Flüchtling hatte er nicht die geringste Ähnlichkeit. Kuchenbecker war glatt rasiert, kein Brillenträger und hatte mittellanges braunes Haar. Trotzdem erstattete der zuständige Beamte, Kriminaloberkommissar Stephan Vaupel, bei der Berliner Fahndungsinspektion Meldung.

Günther Meeden befahl den Zugriff. Doch der Fremde war bereits wieder abgereist. Die Beamten kamen zu spät. »Es war mein Schwager aus Huancayo, der eine Tour durch Europa unternimmt. Seine nächste Station wird Amsterdam sein. Sie können ihn dort im Hotel Interkontinental erreichen.« Das Einsatzteam suchte dennoch die Wohnung nach Fingerabdrücken ab. Die Beamten wurden fündig. Auf einem Glas in der Abwaschschüssel fand sich der Daumenabdruck des Paten. Er hatte sich ganz zweifelsfrei noch vor kurzem bei seinem Schulfreund aufgehalten. Sie hingen ihm dicht an den Fersen. Die Fährte war noch warm.

Rodrigo Mauro Hoyos modifizierte nun seine Aussage:

»Also gut, es ist Kuchenbecker gewesen und nicht mein Schwager. Er sagte, er würde von der Polizei gesucht, weil er den Liebhaber seiner Frau verprügelt hatte. Für solche Sachen haben die Deutschen kein Verständnis. Eine Nacht lang hat er bei mir geschlafen. In den frühen Morgenstunden kam ein Kurier und überbrachte ein Päckchen. In ihm befand sich ein Pass und eine größere Menge Bargeld. Kurt meinte, er würde nun nach Südfrankreich fahren. Ich persönlich glaube das nicht. Seine Tochter ist vier Jahre alt. Er hat mir ein Bild von ihr gezeigt. Er wird zu seinem Kind unterwegs sein.«

Sechs Stunden später klingelte bei Maria Vilma Haro Ramirez De Kuchenbecker das Telefon. Eine männliche Stimme sagte, ohne einen Namen zu nennen, einige Worte auf spanisch und hängte grußlos ein. Die Überprüfung ergab, dass das Gespräch von einem öffentlichen Münzfernsprecher auf dem Hamburger Hauptbahnhof geführt worden war. Die Übersetzung der spanischen Worte ins Deutsche lautete: »Tabus muss man vernichten, ohne sie zu berühren.«

Kriminaloberkommissar Greger schlug die Hände über dem Kopf zusammen. »Was, zum Teufel, will er damit sagen? Ist es eine Drohung, weil sich seine Frau zu blöd angestellt hat und die Geldübergabe erst beim zweiten Versuch klappte?«

Florian Faistel zupfte sich nachdenklich an der Lippe. »Das glaube ich nicht. Das Tabu wurde durch uns ausgesprochen, weil wir ihn jagen. In Deutschland ist er nirgendwo mehr sicher. Übermorgen wird sein Bild in der Fernsehsendung ›Aktenzeichen XY ungelöst‹ gezeigt. Dann hält die halbe Bundesrepublik nach ihm Ausschau. In Bad Breisig hätten wir ihn um ein Haar geschnappt. Er will über die Grenze. In einem sicheren Land kann er das Tabu vernichten, ohne es zu berühren, um mal seine gehobene Sprache zu verwenden. Aber welchen Staat meint er? Peru, Kolumbien? Wie will er dorthin kommen? Die großen Flughäfen mit Fernflügen nach Südamerika, insbesondere La Paz und Santa Cruz, sind inzwischen mit Fahndungsunterlagen ausgestattet. Alle Grenzkontrollstellen haben längst Kenntnis.«

»So kommen wir nicht weiter«, meinte Polizeiobermeister Bayer. »Fassen wir lieber zusammen, was wir wissen. Erstens, der Pate verfügt über einen Pass und genügend Geld. Zweitens, er tarnt sich. Drittens, er war ganz in unserer Nähe, nämlich in Hamburg. Viertens, er weiß ziemlich genau, wie wir arbeiten und verhält sich extrem konspirativ. Daraus lässt sich fünftens schlussfolgern, dass mit ihm nicht gut Kirschen essen ist. Ein zweites Mal wird er sich nicht überrumpeln lassen.«

»Das steht schon auf dem Steckbrief: ›Vorsicht, Kuchenbecker gilt als sehr gefährlich!‹«, ergänzte Frank Greger.

Der Ring schließt sich

Auf Weihnachten und Silvester folgte ein kalter Januar. Die frostige Luft schmeckte nach Schwefel. In der Fahndungsinspektion Heerstraße wuchsen die Aktenberge. Dutzende Personen waren verhört worden. Alles deutete darauf hin, dass sich der Pate noch in Europa aufhielt. Es war eine Belohnung in Höhe von 10.000 DM ausgesetzt worden. Ständig gab es neue Hinweise, doch alle Wege mündeten in Sackgassen. Sämtliche Personen, die engeren Kontakt zu Kuchenbecker gehabt hatten, wurden observiert. Auf diese Weise gelang es der Polizei, in Charlottenburg einen Mexikaner aufzuspüren, der einen Bunker verwaltete. In einer Reisetasche fanden sich 14 Kilo Kokain.

Am 5. Februar 1993 rückte Joachim Bayer zu Dienstbeginn mit einer überraschenden Feststellung heraus: »Ich glaube, ich weiß jetzt, wohin Kuchenbecker verschwunden ist.«

»Wie kommst du denn darauf?«, wunderte sich Frank Greger.

»Der Satz ›Tabus muss man vernichten, ohne sie zu berühren‹ entspricht nicht den Ausdrucksformen eines Drogendealers. Mein Bruder arbeitet als Germanistikprofessor an der Humboldt-Universität. Ich habe ihn gefragt, ob ihm dazu etwas einfällt.«

»Das war nicht zulässig«, intervenierte Kriminalkommissar Faistel. »Du darfst einem Außenstehenden ohne ausdrückliche dienstliche Ermächtigung keinerlei Informationen zukommen lassen.«

»Quatsch. Ich habe meinem Bruder weder verraten, worum es geht noch wer diesen Satz gesagt hat.«

»Na gut«, griff Kriminaloberkommissar Greger beschwichtigend ein. »Was hat er herausgefunden?«

»Bei diesem Satz handelt es sich um ein Zitat des polnischen Schriftstellers Stanislaw Jerzy Lec. Daher komme ich zu dem Schluss, dass Kuchenbecker nach Polen getürmt ist!«

Florian Faistel fand diese Folgerung zu weit hergeholt. »Das halte ich für wenig logisch. Maria Vilma Haro Ramirez De Kuchenbecker ist Friseuse und keine Literaturwissenschaftlerin. Sie wird in ihrem ganzen Leben lang noch kein einziges polnisches Buch gelesen haben.«

Frank Greger war anderer Meinung: »Sie sind keine normalen Leute. Du musst bedenken, dass Kuchenbecker als Berufsverbrecher gearbeitet hat. Die Flucht aus der U-Haft war perfekt vorbereitet. Er muss sich Gedanken gemacht haben, wie es draußen weitergehen soll. Für den Notfall kann er durchaus ein Codebuch vorbereitet haben. Eine Zitatensammlung beispielsweise. Agenten arbeiten so. Das lässt sich in jedem Spionagethriller nachlesen. Wir sollten bei Frau

Kuchenbecker eine Hausdurchsuchung vornehmen und gezielt nach einem Buch mit Aphorismen Ausschau halten.«

»Es führt noch eine andere Spur nach Polen«, ergänzte Polizeiobermeister Bayer. »Kuchenbecker ist von Bad Breisig aus nach Hamburg geflohen. Weshalb? Um dort seine Frau in Buchholz zu besuchen? Nein, das wäre viel zu gefährlich gewesen, und er hat es auch nicht getan. Wenn man die Linie von Bad Breisig nach Hamburg weiter verlängert, führt sie nach Polen.«

»Diese Ansicht mag aus dem zweifelhaften Geographieunterricht herrühren, der dir an der Polytechnischen Oberschule zuteil wurde. Tatsächlich aber führt die Linie von Bad Breisig über Hamburg schnurstracks nach Dänemark«, wandte Kriminalkommissar Faistel ein.

Doch Kriminaloberkommissar Greger pflichtete dem Polizeiobermeister bei: »Ich glaube, Joachim hat recht. Wie wir inzwischen ermittelt haben, wohnt eine weitere Bezugsperson des Paten in Slupsk. Und Slupsk ist eine Stadt in Polen.«

Die Zusammenarbeit der Mitgliedsländer der Europäischen Union auf kriminalpolizeilichem Gebiet funktionierte längst nicht so reibungslos, wie es zu erwarten gewesen wäre und wie es die Öffentlichkeit glauben gemacht wurde. Zu den Sprachschwierigkeiten gesellten sich mitunter fast unüberwindbare bürokratische Hürden hinzu. Nur wenn der zuständige Staatsanwalt ausdrücklich zusicherte, die Auslieferung anzuregen, konnten Ersuchen um Festnahmen im Ausland gestellt werden. Das funktionierte dann so ähnlich wie stille Post. Niemand wusste, wie lange die Nachricht brauchte, um die zuständige Dienststelle zu erreichen. Keiner ahnte, was dort ankam und letztendlich passierte.

Polen war aber noch nicht einmal ein EU-Land. Hier gab es keine festen Regeln, sondern nur den guten Willen der beteiligten Behörden. Hoffentlich. Trotzdem verlief alles völlig reibungslos, zunächst jedenfalls. Kriminaloberrat

Frank Backhaus, der Leiter der Berliner Fahndungsinspektion, wandte sich an das polnische Konsulat in Berlin. Das Konsulat nahm Kontakt zu dem Kommissariat in Slupsk auf. Der Leiter versprach, seine deutschen Kollegen zu unterstützen.

Nach einigen Tagen lagen alle erforderlichen Papiere und Genehmigungen vor. In den frühen Morgenstunden des 11.02.1993 machten sich Kriminalkommissar Faistel, Kriminalhauptkommissar André Kleist und der Polnisch-dolmetscher Stanislaw Druschky auf den Weg in das postkommunistische Land. Der Kriminalhauptkommissar war als Leiter dieser Mission ausgewählt worden, weil er ein agiler, erfahrener Typ mit Durchsetzungsvermögen war, der gut mit Menschen umgehen konnte und vor keiner noch so großen Schwierigkeit kapitulierte. André Kleist gehörte zum Bestand der Fahndungsabteilung wie deren Einrichtung.

Die Kriminalpolizisten trugen keine Waffen. Sie benutzten einen zivilen Lada ohne Funkgerät, um bei polnischen Autodieben keine Begehrlichkeiten zu wecken. Die Distanz zwischen Berlin und Slupsk betrug nur 350 Kilometer, aber die drei Männer benötigten trotzdem den ganzen Tag für die Strecke. Bis zur Grenze gab es keine Probleme. Am Kontrollpunkt fuhren sie ohne zu zögern an der langen Schlange der wartenden Autos vorbei, zeigten ihre Dienstausweise vor und konnten ungehindert passieren. Aber die restlichen Kilometer auf polnischer Seite zogen sich unerwartet in die Länge. Das lag am dichten Lkw-Verkehr auf den schmalen Straßen und an den tiefen Fahrrinnen, die teilweise kaum mehr als Schrittgeschwindigkeit zuließen. Glücklicherweise waren sie auf Widrigkeiten vorbereitet gewesen und hatten sich im Voraus drei Einzelzimmer im Slupsker Hotel Europa reservieren lassen.

Das Hotel Europa am Marktplatz war ein Vorkriegsbau mit abbröckelnder Fassade. Der Portier musste ihnen leider mitteilen, dass es bei der Buchung ein Missverständnis gegeben hatte. Es stand lediglich noch ein einzelnes Dreibettzimmer zur Verfügung. Der völlig überhitzte Raum im vierten Stock wurde von einem schmalen Ehebett und einer wackligen Klappliege fast völlig ausgefüllt. Die gusseiserne Dampfheizung besaß kein Thermostat, das Fenster ließ sich nicht öffnen, weil der Knebel fehlte und der schwarzweiße Plastikwasserhahn am winzigen Waschbecken funktionierte nicht. Die Gemeinschaftstoilette befand sich eine Etage tiefer. Im Gegensatz zu den Hotelzimmern waren weder die Flure, noch der Waschraum beheizt.

Hauptmann Waclaw Kowalski, der Slupsker Kommissariatsleiter, empfing sie am nächsten Morgen sehr freundlich und bewirtete sie mit Tee. André Kleist wollte mit seinen Sprachkenntnissen brillieren und sagte auf polnisch: »Dzien dobry. Oto rachunki kupna, prosze o kwit.« Das sollte heißen: »Guten Tag. Ich übergebe Ihnen einen Haftbefehl, den Sie bitte quittieren wollen.« Die exakte Übersetzung lautete allerdings: »Guten Tag. Hier sind die Einkaufsrechnungen. Geben Sie mir bitte den Gepäckschein.«

Waclaw verzog keine Miene und nahm ungerührt den internationalen Haftbefehl entgegen. Der Dolmetscher übersetzte ihm den Text. Der Hauptmann rauchte dazu und reichte die Schachtel herum. Die Deutschen lehnten höflich ab.

Nachdem Stanislaw Druschky geendet hatte, herrschte eine Weile völlige Stille im Raum. Hauptmann Kowalski lächelte und verschränkte die Arme vor seinem Uniformrock. Dann sagte er in gebrochenem Deutsch: »Meine Herren, es gibt ein Problem. Interpol Warschau liegt bislang kein offizielles Fernschreiben des deutschen Fahndungsersuchens vor. Mir sind die Hände gebunden. Ich kann nichts machen. Wir müssen warten.«

»Wie lange?«, fragte Kriminalhauptkommissar Kleist völlig entgeistert, da er nicht die geringste Lust verspürte, eine weitere Nacht Arm in Arm mit seinen Kollegen und einem ekstatisch schnarchenden Dolmetscher zu verbringen.

»Heute ist Freitag. Da werden wir nichts mehr erreichen. Die Telefonverbindungen nach Warschau sind sehr instabil. Am Montag vielleicht, wir müssen sehen.«

»Bis dahin kann der Gesuchte längst über alle Berge sein.«

»Höchstwahrscheinlich.«

»Wie meinen Sie das?«

»Nun, als der Anruf kam, haben wir den jungen Mann natürlich sofort überprüft. Sein Pass war in Ordnung. In Polen lag nichts gegen ihn vor. Es gab keinen Grund für uns, ihn über Gebühr festzuhalten. Ich persönlich glaube, er ist nach Szczecin oder Gdansk weitergereist.«

Kriminalhauptkommissar Kleist krallte sich an der Tischkante fest und wurde aschfahl im Gesicht. »Weshalb haben Sie uns das angetan?«, fragte er mit erstickter Stimme.

»Es gibt Vorschriften. Ich befolge sie. So wie es die Deutschen tun. Wissen Sie, im vorigen Herbst bin ich mit dem Wagen nach Berlin gefahren. Ich wollte meine Schwester besuchen. Eine Polizeistreife hat mich angehalten. Es regnete. Ich zeigte ihnen meinen Dienstausweis. Es hat nichts genützt. Ich musste meine Koffer auspacken, auf der Straße, vor allen Leuten.«

»Was machen wir nun?«, fragte Kriminalkommissar Faistel auf der Rückfahrt nach Berlin. »Wir können Kuchenbecker nicht durch halb Polen verfolgen. Das wäre wie beim Hasen und dem Igel. Wer weiß, was die Polizisten in Stettin oder Danzig von uns Deutschen halten.«

»Ich werde jetzt eine von diesen fettigen polnischen Bratwürsten essen«, entschied Kriminalhauptkommissar Kleist pragmatisch und steuerte mit dem Lada eine Imbissbude am Straßenrand an. »Die sind zwar extrem ungesund, schmecken aber unvergleichlich gut. Hat zufällig jemand eine Tablette gegen Völlegefühl im Magen dabei?«

Unterwegs machten sie sich gegenseitig Mut. Die Fahrt nach Polen wäre nicht umsonst gewesen. Sie hätten ja schließlich den Drogendealer aufgespürt und aus seinem Versteck getrieben. Bei allen Kontaktpersonen von Kuchenbecker würde nun helle Aufregung herrschen. Seine Kumpane spürten den allgegenwärtigen Druck und wären sicherlich kaum noch länger bereit, unkalkulierbare Risiken einzugehen. Dem Paten müsste klar werden, dass er nicht für immer auf der Flucht bleiben konnte.

Es kam tatsächlich so. Am 18. 02. 1993 meldete sich der Rechtsanwalt Oliver Kampe bei der Staatsanwaltschaft und bot einen Handel an. Sein Mandant würde sich freiwillig stellen, wenn er wegen der Flucht aus Moabit mit einem blauen Auge davonkäme.

Am 23. 02. 1993 stieg Kurt Kuchenbecker schließlich unter falschem Namen in einem Berliner Nobelhotel ab. 25 Minuten vor Mitternacht führte Strafverteidiger Kampe zwei Journalisten der Berliner Morgenpost zum Zimmer 63 in der 14. Etage. Dort gab der Pate den Reportern Fabian Wolff und Frank Hauke ein Interview. Er brüstete sich damit, dass er die Justiz monatelang an der Nase herumgeführt habe. Er hätte einem Polizisten ein Auto abgekauft und wäre damit quer durch Deutschland, die Ukraine, Schweden, Dänemark und Polen gereist. »In Polen habe ich mich noch sicherer als in Deutschland gefühlt. Sogar die Polizei behandelte mich sehr freundlich, als sie mich kontrollierte. Aber dann ließen sie mich wieder laufen«, erzählte er den Reportern. »In Polen hätte ich mir eine neue Existenz aufbauen können, mit Fuhrgeschäften beispielsweise. Aber eine Angst wäre geblieben: Dass die Polizei mich über meine Frau doch irgendwann findet.«

Am nächsten Tag war der Spaß zu Ende. Auf der Treppe zum Hauptportal des Amtsgerichts Tiergarten in der Turmstraße nahmen Beamte der Oberstaatsanwaltschaft und der Fahndungsinspektion den Deutsch-Peruaner Kurt Andreas Bartolomé Kuchenbecker in Empfang. Handschellen klickten. Anschließend wurde er wesentlich besser verwahrt als beim ersten Mal.

Das Ende des Cali-Kartells

Doch nicht nur für Kuchenbecker waren die schönen Tage zu Ende, auch seine Hintermänner konnten sich nicht mehr allzu lange an ihren weißen Motoryachten, an ihren Rolls Royce-Cabriolets und Cadillacs, an ihren Villen mit Swimmingpools und Tennisplätzen erfreuen. Das Cali-Kartell landete seinen letzten großen Coup, als es im Juni 1994 die Wahl von Ernesto Samper zum Staatschef Kolumbiens mitfinanzierte. Der Präsident war ein guter Bekannter von Gilberto Rodriguez Orejuela, dem Chef des Cali-Kartells, und hatte sogar an dessen Hochzeitsfeier teilgenommen. Doch die Amerikaner ließen nicht locker und übten immer stärkeren Druck aus. Am 06.08.1995 wurde Orejuela von Spezialisten der 3.000 Mann starken Einsatztruppe, die auf das Cali-Kartell angesetzt war, in einem Versteck aufgespürt und festgenommen.

Weitere Verhaftungen folgten. Das Kartell zerfiel fast völlig. War damit das Drogenproblem gelöst? Keinesfalls. An die Stelle der alten Bosse rückten so genannte Traquetos, junge skrupellose Männer, die ihren Namen von dem Geräusch feuernder Maschinenpistolen ableiteten, oder militärisch organisierte Guerillatruppen, die die unwegsamen Gebiete kontrollierten. In Kolumbien trat dasselbe Phänomen ein wie beim Untergang der Cosa Nostra in den USA: Die Erfolge der Polizei erwiesen sich als Pyrrhussiege. Es gelang ihnen zwar, die alten Strukturen zu zerschlagen, aber keineswegs die Verbrechen einzudämmen. Die alten Mafia-Ehrbegriffe, so brüchig sie auch gewesen waren, galten nun nicht mehr. Den Crack-Kids auf den Straßen bedeutete ein Menschenleben überhaupt nichts mehr. Alles wurde noch viel gefährlicher und unberechenbarer, als es jemals zuvor gewesen war.

International mehrten sich deshalb die Stimmen der Kritiker, die meinten, dass mit polizeilichen Maßnahmen gegen Rauschgifthändler nichts zu erreichen sei. Der US-Milliardär George Soros behauptete sogar, dass der Krieg gegen die Drogen die Gesellschaft stärker als der Drogenmissbrauch selbst schädigen würde. Er spielte damit auf die Erfahrungen der USA mit der Prohibition an.

Andererseits kann die Lösung auch nicht in der völligen Freigabe von Drogen liegen. Es leuchtet aber ein, dass es keinen Sinn hat, noch länger zu versuchen, alle Produktionsstätten zu vernichten und die Vertriebsstrukturen zu zerschlagen. Bei den immensen Gewinnspannen werden die Rauschgiftproduzenten und Drogendealer wie eine Hydra reagieren. Wenn ein Kopf abgeschlagen wird, wachsen zwei neue nach. Es gibt möglicherweise nur eine einzige vernünftige Möglichkeit, den Verkauf nachhaltig zu stören: Der Markt muss ausgetrocknet werden. Aber nicht durch Strafjustiz und Verbote, sondern durch Überzeugungsarbeit und unterstützende Maßnahmen. In der Schweiz erhielten in einem großangelegten Experiment Heroinabhängige ihre Tagesrationen auf Rezept und konnten sie sich unter medizinischer Aufsicht in Fixerstuben spritzen. In Schweden wurden Rauschgiftkonsumenten zwangsweise in geschlossene Anstalten zu Entziehungskuren eingewiesen. Das waren zwar teure Maßnahmen, aber sie dämmten gleichzeitig die anderen Folgen der Sucht, wie soziale Verelendung und Beschaffungskriminalität, ein.

Intermezzo 2

Auszug aus der Vernehmung des Beschuldigten Dieter

Crake, geb. am 10.06.1956, am 08.11.1991, Beginn 18.30 Uhr

Belehrung:
Vor meiner Vernehmung ist mir eröffnet worden, dass mir folgende Tat vorgeworfen wird: Räuberische Erpressung.

Ich bin darauf hingewiesen worden, dass es mir nach dem Gesetz freisteht, mich zu der Beschuldigung zu äußern oder nicht zur Sache auszusagen und jederzeit, auch schon vor meiner Vernehmung, einen von mir zu wählenden Verteidiger zu befragen. Ich wurde ferner darauf hingewiesen, dass ich zu meiner Entlastung einzelne Beweisanträge stellen kann. Ich habe mich wie folgt entschieden: Ich möchte mich äußern.

Zur Sache:
Im Oktober 1976 beging ich zwei räuberische Angriffe auf Kraftfahrer, wurde jedoch wegen drei räuberischen Angriffen zu fünf Jahren Haft verurteilt …

nach meiner Haftentlassung beging ich am 23. September 1984 einen Banküberfall … Ich wurde verurteilt und bekam sechseinhalb Jahre Haft

Ich verbüßte meine Haft in der Justizvollzugsanstalt Tegel. Am 12. Januar 1988 bekam ich Ausgang aus der Haft. In diesem Zeitraum beging ein Mitgefangener einen Raubüberfall auf die Berliner Bank in Berlin. Nach der Verhaftung beschuldigte er mich der Mittäterschaft. Ich wurde am 17. Oktober 1989 beim Landgericht Berlin zu einer nachfolgenden Freiheitsstrafe von sechseinhalb Jahren verurteilt. Meine Haftzeit verbrachte ich danach in der VZA Moabit.

Am 12.10.1991 bekam ich dann Ausgang aus der VZA Moabit in Berlin zwecks eines therapeutischen Gesprächs. Ich wurde ohne Aufsicht zu dem Therapeuten geschickt. Ich beschloss, mich der Haft zu entziehen. Ich schrieb der Anstaltsleitung und dem Senator für Justiz Berlin einen Brief, in dem ich die Gründe für meine Flucht darlegte und ankündigte, mich zu stellen, wenn sich die Haftsituation allgemein den gesetzlichen Erfordernissen des Strafvollzugsgesetzes angleichen würden.

Am zweiten Tag nach meiner Flucht, am 13.10.1991, fuhr ich per Anhalter von Berlin aus über Freiburg nach Südfrankreich. In Frankreich erlitt ich um den 24.10.1991 herum in Cassis einen Unfall und wurde nachts mit einem Krankenwagen in ein Krankenhaus verbracht. Dort stellte man fest, dass ich am rechten Bein schwere Prellungen und einen vermutlich leichten Haarrissbruch hatte. Ich beschloss daraufhin, nach Deutschland zurückzukehren.

Als ich in Berlin ankam, stellte ich fest, dass gegen mich eine heftige Pressekampagne lief. Ich wurde dort als Schwerstverbrecher gesucht. Unter anderem hörte ich als Tatsachenbehauptung, dass ich unter Mitnahme einer Bombe einen Bankraub begangen hatte und dass außerdem weitere folgen würden. Weiter erfuhr ich, dass eine 19-köpfige Sonderkommission der Berliner Kriminalpolizei Jagd auf mich macht. Ich wurde vor meiner Flucht durch Freunde finanziell unterstützt. Meine Absicht war es, keinerlei Straftaten begehen zu müssen. Durch die Fahndungsaktion und den Presserummel wurden meine Freunde derart abgeschreckt, dass sie mich nicht weiter unterstützen konnten und wollten.

In der Folgezeit setzte ich mich dann von Berlin ab. Unter anderem war ich in Magdeburg und Bremen. Im Lauf des Vormittags des 8.11.1991 ging ich dann in Richtung Innenstadt. Gegen 11.30 Uhr fasste ich den letztendlichen Entschluss zum Überfall. Dann ging ich wie geplant in Richtung Schalter. Meinen Revolver nahm ich im Vorraum aus meiner Jackentasche. Der Revolver war zu diesem Zeitpunkt nicht geladen und der Hahn nicht gespannt. Den Revolver hielt ich erst mal verdeckt. Gleichzeitig holte ich aus der anderen Jackentasche die mitgebrachte Stofftasche, die ich auf den Tresen knallen wollte.

Als ich am Schalter ankam, wurde ich überhaupt nicht beachtet. Ich schrie dann irgendetwas, ich meine »Hei« oder so etwas Ähnliches. Ich stand bei einer Kassiererin am Schalter. In der Kassenbox waren aber mehrere Leute. Zu der Kassiererin rief ich: »Vollmachen.« Sie fragte noch: »Warum ich?« Dann hat sie mir im Zeitlupentempo die Tasche vollgemacht. Ich forderte sie mehrmals laut auf, schneller zu machen. Die Kassiererin war zu dieser Zeit in meiner Reichweite. Deshalb stupste ich sie auch einmal mit dem Revolver. Zudem forderte ich sie auf, auch die Tausender in die Tasche zu tun.

Als ich die Tasche hatte, verließ ich die Bank, nahm das abgestellte Fahrrad und fuhr damit quer durch die Stadt. Bereits zuvor habe ich unterwegs meine Maskierung, eine Pudelmütze, vom Kopf gezogen. Diese warf ich zusammen mit dem Halstuch weg. Im Park fuhr ich an einem Bach entlang. Dort stellte ich das Fahrrad ab und zog meine hellgrüne Wetterjacke aus und warf sie in den Bach. Ich setzte mich in ein Baumgrundstück bei einem Feldhäuschen auf den Boden. Hier wartete ich dann die mir bekannte 3-Stunden-Ringfahndungszeit der Polizei ab. Ich selbst habe das Geld oberflächlich gezählt. Ich kam auf einen Betrag von etwa 91.000 DM.

In dem Motorradladen bat ich den Besitzer, mir ein Taxi zu bestellen. Kurze Zeit später kam dann auch das Taxi. Gleichzeitig kam jedoch auch die Polizei und nahm mich fest. Ich habe bei der Festnahme keinerlei Widerstand geleistet.

Frage: Bei der Ausführung des Überfalls benutzten Sie einen Trommelrevolver. Sie hatten zusätzlich am Gürtel ein Messer. Wie kamen Sie zu diesen Waffen und was hatten Sie mit diesen vor?

Antwort: Das Messer habe ich mir in Cassis in Frankreich zum Apfelschälen usw. gekauft. Die Waffe wurde mir von einem Freund mit dem Hinweis »Wenn du Geld brauchst, mach was!« überlassen.

Aus meiner Sicht entstand diese Situation auch nur dadurch, weil die Justiz einen Fehler begangen hat, als sie mich, obwohl ich noch sieben Jahre zu verbüßen hatte, unbegleitet zum Therapeuten schickte.

Ende der Vernehmung: 22 Uhr

(vier Unterschriften)

Mörder auf der Flucht

Für das Wort Gefängnis gibt es viele Synonyme: Zucht-
haus, Hungerturm, Verlies, Kerker, Arrestlokal, Karzer,
Bau, Bunker, Kistchen, Knast, Käfig, Lattenkammer, Loch.
Diese Begriffe machen deutlich, wozu Gefängnisse früher
gebraucht wurden. Sie hatten die Aufgabe, Verbrecher ein-
zusperren, sie zu bestrafen und dadurch die Gesellschaft
vor Wiederholungstaten zu schützen. Im Laufe der Zeit trat
ein Sinneswandel ein. Die Gefängnisse hießen nicht länger Gefängnisse, sondern die Justizbehörden nannten sie
Straf-, Vollzugs- oder Haftanstalten. Sie sollten zwar noch
immer die Allgemeinheit von den Kriminellen abschirmen
und den Gefangenen über den Weg der Strafe zur Einsicht
in das von ihnen begangene Unrecht verhelfen. Sie dienten
aber gleichzeitig dazu, den Willen der Inhaftierten zu einem
gesetzestreuen, geordneten Leben zu stärken und die Stra-
fentlassenen wieder in die Gesellschaft einzugliedern.

Diese Auffassungen galten bis in die Mitte der 70er Jahre
des vorigen Jahrhunderts. Dann mussten sie den Ideen von
einem modernen Strafvollzug weichen, da sie für einen un-
zeitgemäßen, ineffektiven Verwahr- und Sühnevollzug standen. Am 16.03.1976 trat das bis zum heutigen Tage gültige
Strafvollzugsgesetz in Kraft. Die ursprünglichen Strafzwecke
wie Schuldausgleich und Verteidigung der Rechtsordnung
waren völlig in den Hintergrund getreten, wie aus dem Paragraphen zwei hervorging. In ihm wurden die beiden Aufgaben des Strafvollzuges wie folgt beschrieben: »Im Vollzug
der Freiheitsstrafe soll der Gefangene fähig werden, künf-
tig in sozialer Verantwortung ein Leben ohne Straftaten zu

führen (Vollzugsziel). Der Vollzug der Freiheitsstrafe dient auch dem Schutz der Allgemeinheit vor weiteren Strafen.« Im Paragraphen drei hieß es dann weiter: »(1) Das Leben im Vollzug soll den allgemeinen Lebensverhältnissen soweit als möglich angeglichen werden.

(2) Schädlichen Folgen des Freiheitsentzuges ist entgegenzuwirken. (3) Der Vollzug ist darauf auszurichten, dass er dem Gefangenen hilft, sich in das Leben in Freiheit einzugliedern.«

Das theoretische Ziel der Haft war also die Resozialisierung des Inhaftierten und nicht mehr seine Bestrafung, auch wenn sich der Name der Rechtsvorschrift noch immer aus den Worten »Strafe«, »Vollzug« und »Gesetz« zusammensetzte. Viele Begriffe änderten sich. Beispielsweise wurden die Gefängniswärter nicht länger als »Schließer« bezeichnet, sondern als »Vollzugsbedienstete«, »Beamte des allgemeinen Vollzugsdienstes« oder »Gruppenbetreuer«.

Die Gefangenen bekamen größere Rechte und Freiheiten eingeräumt. Sie durften alle möglichen persönlichen Gegenstände in den Zellen aufbewahren, erhielten Ausgang und Urlaub. Die theoretischen Ansätze waren sicher gut und richtig. Doch was Familie, Schule und Gesellschaft mit ihren zahlreichen Anleitungs- und Erziehungsmethoden in Jahren nicht geschafft hatten, konnten noch so gut gemeinte Resozialisierungsmaßnahmen kaum in wenigen Monaten korrigieren. Außerdem bedurften sie drei entscheidender Dinge, um wirken zu können: Kleine Vollzugsanstalten mit einer überschaubaren Zahl von Inhaftierten, gut geschultes Personal und auf den Einzelfall abgestellte Therapiepläne. Doch die gesellschaftliche Entwicklung seit 1976 war gegenläufig. Die Zahl der Straftäter stieg an, die Strafvollzugsanstalten platzen aus allen Nähten, und die Länder mussten immer stärker sparen. Die Folge davon waren überbelegte, personell unterbesetzte Vollzugsanstalten mit einem von

Jahr zu Jahr kleiner werdenden Finanzbudget. Die Vollzugs-
ziele blieben zwar rein theoretisch erhalten, ließen sich aber
in der Praxis nicht mehr umsetzen. Die Vollzugsanstalten
reagierten, indem sie die Gefangenen sortierten. Die guten
ins Töpfchen, die schlechten ins Kröpfchen. Die Fälle von
Freigängern und Hafturlaubern, die durch das Raster fielen
und weitere Straftaten begehen konnten, häuften sich.

Das war kein deutsches Phänomen. Demokratische Länder, an deren Rechtsstaatlichkeit niemand zweifelt, hatten
die Umkehr im Denken längst vollzogen. In Großbritanni-
en beispielsweise wurde bereits 1979 der sichere Gewahr-
sam wieder zur ersten Aufgabe des Strafvollzuges erklärt. In
einem Report dazu vom London Stationary Office hieß es:
»Intensive Forschung hat in keiner Weise zu beweisen ver-
mocht, dass irgendein besonderes Strafvollzugssystem dem
anderen überlegen wäre, oder dass es unter dem Gesichts-
punkt sozialer Wiedereingliederung erfolgreicher ist.«

Tegel

Am Berliner Stadtrand in nordwestlicher Richtung, keine
700 Meter vom internationalen Flughafen entfernt, befand
sich die Justizvollzugsanstalt Tegel. Zu der 13 Hektar großen, von einer 1327 Meter langen Mauer umschlossenen,
mit 13 Wachtürmen bestückten Anlage gehörten mehrere
in Teilanstalten gegliederte Gebäudekomplexe und Ein-
zelhäuser. Tegel besaß eine eigene Kirche, die von einem
katholischen Priester und einem evangelischen Pfarrer betreut wurde. Das Gefängnis war im Oktober 1894 geplant
worden und am 1. Oktober 1898 in Betrieb gegangen. Nach
und nach hatte es Erweiterungen gegeben. Zuletzt war 1988
die technische Versorgungszentrale und die Teilanstalt VI

hinzugekommen. Rund 900 Bedienstete, davon rund ein Viertel weibliche, bewachten und betreuten dort über 1.500 Männer – manchmal mehr und manchmal weniger gut. Sie wurden von 100 Vollzugshelfern und ebenso vielen Gruppentrainern unterstützt. Es hatte etliche spektakuläre Ausbrüche gegeben. Beispielsweise war im April 1990 ein Bankräuber mit einer Strickleiter über die Mauer geklettert. Im Mai 1990 folgte ihm ein Frauenmörder, versteckt in einer Holzkiste.

Die Boulevardpresse bezeichnete Tegel als den »fidelsten Knast Deutschlands« und als »Hotel«. Die Klatschreporter schienen merkwürdige Sachen lustig zu finden und sich in seltsamen Betten wohlzufühlen.

Tatsächlich war Tegel die Hölle. Aufgrund des großen Belegungsdrucks wurde die Häftlinge teilweise zu zweit in 5,1 Quadratmeter großen Zellen zusammengepfercht, in denen gerade mal ein Doppelstockbett, zwei Spinde, ein Tisch sowie die offene Klosettschüssel Platz hatten. Der Bewegungsraum der beiden Insassen war auf einen Quadratmeter eingegrenzt. Dort blieben sie an den Wochenenden bis zu 18 Stunden hintereinander in Gestank, Beschäftigungslosigkeit und Einsamkeit weggeschlossen. An heißen Sommertagen wurde die drückende Schwüle in den schlecht belüfteten Trakten unerträglich. Es hatte deshalb schon Meutereien gegeben. Bei anderen Revolten war es um das Essen gegangen. Der tägliche Verpflegungssatz betrug knapp sechs Mark. Dafür kamen Gerichte auf den Tisch, die in keinem Kochbuch der Welt zu finden waren.

Es gab 14 anstaltseigene Werkstätten. Die Gefangenen arbeiteten dort als Bäcker, Buchbinder, Gärtner, Glaser, Kfz-Schlosser, Maler, Polsterer, Schneider, Schuhmacher, Setzer, Drucker, Tischler oder als Hilfsarbeiter. Wer Arbeit hatte, konnte sich glücklich schätzen. Er erhielt 8,40 DM Entlohnung pro Tag, von denen er einen geringen Teil als persönliches Taschengeld beim Einkauf verrechnen durfte. Ein Drittel der Häftlinge war beschäftigungslos. Sie bekamen eine Stunde Hofgang täglich, abends Aufschluss zum Fernsehen und Gelegenheit zum Sport in kleinen Gruppen. Im Durchschnitt waren 36 Prozent der Gefängnisinsassen Ausländer, die aus bis zu 80 Staaten stammten. Die meisten von ihnen hatten sich illegal auf den Weg nach Deutschland gemacht und besaßen keinerlei deutsche Sprachkenntnisse.

Wie in den meisten Gefängnissen der Welt tyrannisierten sich die Gefangenen gegenseitig. Gründe, einen anderen zusammenzuschlagen oder zu drangsalieren, gab es viele. Die Vollzugsbeamten tolerierten oder förderten das sogar, weil es ihnen die Arbeit erleichterte. Rechtsradikale Gruppen gewannen immer mehr an Einfluss. 70 Prozent der Insassen der Altbauten konsumierten regelmäßig Heroin – im Gegensatz zu nur 20 Prozent der Gefangenen in den Neubauten. Die Selektion erfolgte über Urinproben. Gefangene mit positivem Befund wanderten zur Strafverschärfung in den Altbau. Deshalb florierte der Handel mit der so genannten »keimfreien Pisse«.

Die Anstaltsleitung stand dem Rauschgiftkonsum machtlos gegenüber und teilte Tupfer, Kompressen und Pflaster aus. Das Desinfektionsmittel Betaisodona gab es kostenlos, damit die Häftlinge ihre Spritzen reinigen konnten. Auf diese Weise sollte das Risiko einer HIV- oder Hepatitis-Infektion gemindert werden. Die Sträflinge wähnten sich in einer trügerischen Sicherheit, denn die meisten Männer benutzten ein gemeinsames Drogenbesteck. Drei Viertel von ihnen trugen Hepatitis-Viren im Blut. Durch ein flüchtiges Durchspülen mit einem Desinfektionsmittel war eine verlässliche Reinigung der infizierten Kanülen nicht möglich.

Wie aussichtslos die Lage war, zeigte ein Beitrag des Chefarztes der Berliner Vollzugsanstalten im »Lichtblick«, der Gefangenenzeitung in Tegel. Darin ging es um Verhaltensregeln bei einer Heroin-Überdosis. Der Arzt wusste, dass sich harter Stoff im Knast leichter beschaffen ließ als auf der Straße. In dem Artikel warnte er deshalb vor Wiederbelebungsmaßnahmen mit konzentrierter Kochsalzlösung, weil dies nicht nur wirkungslos, sondern auch gefährlich sei. Stattdessen sollte rasch spezifisch eingegriffen werden mit künstlicher Beatmung, Herzdruckmassage und Verabreichung eines Gegenmittels.

Der Gefängnishandel wurde von Deutschen, Türken und Arabern kontrolliert, die sich hart gegen neue Konkurrenten aus Rumänien, Albanien, Russland und Polen zur Wehr setzen mussten. Zu kaufen gab es alles. Bargeld war verboten und deshalb knapp. Als Verrechnungseinheiten dienten Waren und gewisse Dienstleistungen, letztere hauptsächlich im sexuellen Bereich. Pornohefte und Wodkaflaschen kosteten 80 Mark, ein Gramm Heroin 200 Mark und ein Springmesser 500 Mark. Wer nicht sofort bezahlen konnte, bekam Kredit mit 100 Prozent Zinsen für zwei Wochen: Für eine geborgte Schachtel Zigaretten mussten nach 14 Tagen zwei Päckchen zurückgegeben werden. Säumige Schuldner und Rauschgiftpanscher wurden von den Geldeintreibern im Duschraum abgemahnt, konnten tagelang nicht sitzen und schillerten in allen Regenbogenfarben. Die Häftlinge nannten das »einen Teller bunte Knete fassen«. Wer dann weiterhin mit Zitronentee gestrecktes Heroin verdealte oder immer noch nicht zahlen konnte, verlor einen Finger oder bekam einen Schraubenzieher in den Rücken gerammt. Zum Schutz für diese Kandidaten hatte die Anstaltsleitung die so genannte Schuldenburg eingerichtet. Das war ein abgeschlossener Bereich in der Teilanstalt II, in den sich bankrotte Gefangene verlegen lassen konnten, denen das Wasser bis zum Hals stand.

Es gab sechs voneinander getrennte Teilanstalten. In der Teilanstalt I befand sich der Einweisungsbereich, der Fachbereich Drogen und die Abschirmstation für Drogendealer. In die Teilanstalt II kamen die Gefangenen mit kurzen und mittleren Freiheitsstrafen. Außer der Schuldenburg befand sich dort noch eine Station für die Behandlung von Drogenabhängigen. In die Teilanstalt III wurde das schwierigste multinationale Langstrafenklientel aufgenommen. In die Teilanstalt IV wanderten die leichten und hoffnungsvollen Fälle. Dort liefen die verschiedensten sozialtherapeutischen Programme ab, an denen teilweise auch Angehörige teilnehmen konnten. In der Teilanstalt V, einem 1982 fertiggestellten Neubau, saßen die behandlungswilligen und drogenfreien Gefangenen mit langen Strafen, während in der Teilanstalt VI die kooperativen und drogenfreien Häftlinge mit Strafen unter drei Jahren untergebracht waren.

Klaus-Dieter Jahn

Die ganz harten Jungs mit lebenslangen Freiheitsstrafen schmorten im Haus III C. Einer von ihnen war der 47-jährige Klaus-Dieter Jahn. Der 1,75 Meter große Brillenträger mit dunklen, kurzen Haaren hatte zwei Menschen umgebracht: Im Frühjahr 1973 beging er einen Raubmord an einem Schauspieler und verbrannte die Leiche im Grunewald. Im Mai 1981 brach er aus dem Gefängnis aus und wurde erst sieben Monate später wieder gefasst. Nach seiner vorzeitigen Haftentlassung im Jahr 1985 erschoss er in Nürnberg eine 27-jährige Kellnerin, weil sie ihn als »Knacki« bezeichnet hatte. Diesmal sahen ihn die Richter als nicht resozialisierungsfähig an und gaben ihm das Höchstmaß.

Die meisten Lebenslänglichen erfreuten sich im Gefängnis mit seiner komplizierten Hierarchie von Hafterleichterungen einer Sonderstellung, die sie eisern verteidigten.

Solange sie die wichtigsten Anstaltsregeln befolgten und sich an die Normen hielten, wurden sie vom Personal in den Kreis der Privilegierten befördert. Ihnen standen beispielsweise größere Zellen zu, die mit Radiorekordern und teilweise mit eigenen Fernsehapparaten ausgestattet waren. Sie durften warm und länger als die üblichen drei Minuten duschen. Wer wollte, konnte regelmäßig arbeiten gehen. Fast alle Langzeitinsassen galten als vernünftige Strafgefangene. Speziell die Berufsverbrecher unter ihnen wurden von den anderen Häftlingen in Ruhe gelassen, weil sie nichts mehr zu verlieren hatten und deshalb extrem gefährlich waren. Die Lebenslänglichen kreisten bis zum fernen Tag der Begnadigung in einem geschlossenen Zirkel, der mit der Welt außerhalb der Mauern nichts zu tun hatte. Sie kannten die Dienstpläne besser als der Gefängnisdirektor, konnten wie ein Jäger in der Nacht sämtliche Geräusche identifizieren und besaßen sichere Verstecke für die wichtigen Dinge im Leben eines Sträflings. Sie wussten über die Besonder- und Eigenheiten eines jeden Schließers Bescheid und bewegten sich in geheimen Räumen, von deren Existenz nur wenige Personen etwas ahnten.

Am Sonntag, dem 28. 06. 1992, verließ Klaus-Dieter Jahn gegen 10.30 Uhr seine Zelle. Das an sich wäre noch kein Verstoß gegen irgendwelche Regeln gewesen, denn die Tür stand offen. Aber er trug etwas bei sich, das Schließer nur in Sonnabendnachtkrimis gerne sahen: Er hielt einen Kerzenleuchter und ein Bündel zusammengeknoteter Bettlaken in der Hand. Da die Bettwäsche in Tegel aufgrund rapider Sparmaßnahmen immer und immer wieder geflickt wurde, hatte er sie mit Angelsehnen umwickelt und auf ein Zugmaß verstärkt, dem er seine 85 Kilogramm Körpergewicht anvertrauen konnte. Die übrigen Häftlinge trotteten unterdessen während ihres Freigangs apathisch über den Gefängnishof.

Klaus-Dieter Jahn folgte ihnen nicht sofort nach draußen. Er hatte zunächst noch andere Pläne. Er griff in seine Hosentasche, zog einen Schlüssel heraus und öffnete damit die Tür von Block III C zum Durchgang nach Haus III E. In diesem Trakt befand sich die Tischlerei, in der der zweifache Mörder wochentags als Schreiner arbeitete. Er griff in eine Öffnung in der Wand, in der ein Heizungsrohr verlief, zog eine kurze Brechstange heraus und hebelte damit die Tür zur Werkstatt auf. Aus verschiedenen Verstecken zog er Latten unterschiedlicher Abmaße aus Leichtholz hervor und schraubte sie zu Leiterstücken zusammen. Zur Versteifung und zum Zusammensetzen befestigte er an den Enden Aluminiumhülsen. Anschließend marschierte er ohne zu zögern zum verschlossenen Hofausgang, öffnete auch diese Tür mit einem Nachschlüssel, steckte die Leiter zusammen, schulterte sie, rannte quer über die Freifläche, blieb vor der sechs Meter hohen Mauer stehen, lehnte die Leiter an, kletterte in affenartiger Geschwindigkeit hinauf, hockte sich auf die Mauerkrone, hakte das Bettlaken fest und ließ sich auf der anderen Seite hinunter. Er sprintete einige hundert Meter zu einem in der Seidelstraße parkenden Pkw. Die Tür war nicht verschlossen, der Zündschlüssel klemmte hinter der Sonnenblende. Der Motor jaulte auf, der Wagen raste davon. Erst in diesem Moment begann die Sirene zu heulen.

Alarm

Kriminalhauptkommissar Carsten Minx bekam die Nachricht als Erster übermittelt. Er saß gerade in der Badewanne, seifte seiner Frau den Rücken ein und gab sich lüsternen Gedanken hin, als das Telefon klingelte. Kriminaloberkommissar Frank Greger, Kriminalhauptkommissar André Kleist und Polizeiobermeister Joachim Bayer machten auch keine freudigen Gesichter, als sie in der Dienststelle eintrafen. Sie hatten ihre Frauen, Malpaletten, Rasenmäher und Modelleisenbahnen verwaist zurückgelassen. Der stellvertretende Kommissariatsleiter gab den Lagebericht: »In Tegel ist mal wieder ein Mörder getürmt. Mehrere Funkstreifen und Einsatzkräfte von der Direktion 1 VB I sind bereits vor Ort und suchen die Umgebung nach dem Geflüchteten ab. Ihr lasst alles stehen und liegen und kommt mit mir. Wir müssen die ersten Befragungen durchführen.«

Die vier Männer hetzten zum Passat in der weit entfernten Tiefgarage, setzten das Blaulicht auf das Dach und braus-ten nach Tegel. Die Gegend um das Gefängnis erinnerte an eine Szene aus einem Katastrophenfilm. Es gab mehre-re Straßensperren. Dahinter standen Beamte in Zivil mit Sprechfunkgeräten und Uniformierte mit Maschinenpisto-len. Einige Reporter schrieben etwas in ihre Stenoblöcke. Zwei Fernsehteams bauten ihr Equipment auf. Ein gutes Dutzend Zuschauer, in der Mehrzahl Kinder und Rentner, beobachtete interessiert das Geschehen. Wer etwas sagen wollte, musste laut schreien, denn über ihnen kreiste ein Hubschrauber und wirbelte Staub auf.

»Ich spreche mit dem Wachpersonal. Bayer und André nehmen sich die Mithäftlinge vor, und Frank redet mit dem Gefängnisdirektor. Anschließend ist Einsatzbesprechung in der Dienststelle.«

Der Tegeler Anstaltsleiter Horst Ursel hatte keinen guten Ruf, aber Frank Greger wusste, dass es darauf nicht ankam. Noch nicht einmal zwei Prozent der Landeshaushaltsmittel, nämlich 836 Millionen von insgesamt 41,9 Milliarden DM, flossen in den großen Bereich mit dem Namen Justiz. Das wenige Geld mussten sich die Gerichte, die Staatsanwalt-schaften und die Gefängnisse teilen. Darüber hinaus gab es für das Jahr 1992 den Senatsbeschluss, 398 Stellen im Jus-tizdienst zu streichen. In den Strafgerichten fielen seitdem

Prozesse aus, weil es zu wenige Gerichtsdiener gab, um die Angeklagten rechtzeitig vorführen zu können. Mehrere Staatsanwälte mussten sich eine Sekretärin teilen. Sie hämmerten deshalb häufig selbst ihre Berichte in mechanische Schreibmaschinen oder schrieben sie zu Hause am eigenen Computer.

Horst Ursel verwaltete seit Jahren den Mangel. Er schob einen Schuldenberg in Millionenhöhe vor sich her, und seine Haftanstalt war chronisch überfüllt. Der Krankenstand seiner Mitarbeiter betrug in einigen Bereichen 20 Prozent. Wenn alle Überstunden auf einmal abgebummelt worden wären, hätte die Justizvollzugsanstalt 14 Tage lang offen stehen bleiben müssen.

Die einen Kritiker warfen Horst Ursel zu große Strenge, die anderen extreme Laschheit vor. Die Wahrheit lag irgendwo in der Mitte. Natürlich erfuhr er von den Übergriffen seiner Männer gegenüber den Häftlingen. Selbstverständlich wusste er, wie rabiate Gefangene wehrlose Mitinsassen schikanierten. Seine Obliegenheiten lagen auf anderen Gebieten. Er musste ständig nach Einsparpotenzialen suchen und fand auch welche. Beispielsweise wurde die Frühstücksmarmelade neuerdings nicht mehr in Gläsern, sondern in Pappeimern geliefert. Das senkte die Beschaffungskosten drastisch, denn bei diesem minderwertigen, rot oder gelb eingefärbten und überzuckerten Brotaufstrich war die Verpackung – ähnlich wie bei vielen anderen Produkten – wesentlich teurer als der Inhalt. Ursels Hauptaufgabe stand weder in seinen offiziellen Dienstvorschriften vermerkt, noch wurde sie in einem internen Papier festgehalten. Auch im Strafvollzugsgesetz fand sie keine Erwähnung. Seine Obliegenheit bestand ganz einfach darin, die ihm anvertrauten Leute irgendwie aufzubewahren und dabei die Zahl der unnatürlichen Todesfälle möglichst niedrig zu halten.

»Nehmen Sie Platz«, meinte er zum Kriminaloberkommissar. »Wollen Sie Ihren Kaffee schwarz oder mit Milch und Zucker? Nein, nein keine Angst, er wurde nicht in der Gefängnisküche gekocht. Er wird keine negativen Auswirkungen auf Ihr Liebesleben haben. Obwohl das mit den chemischen Zusätzen ohnehin nur Propaganda ist.« Der Gefängnisdirektor verzog seine schmalen Lippen zu einem Lächeln über diesen Scherz und fuhr dann fort: »Wissen Sie, die Zeiten haben sich geändert. Vor ein paar Jahren gaben sich hier die Menschenfreunde noch die Klinke in die Hand und forderten humanere Haftbedingungen. Doch mit dem allmählichen Wandel in der Spruchpraxis der Gerichte hat auch ein Umdenken in der Gesellschaft eingesetzt. Früher klagten Besuchergruppen über menschenverachtende Zustände. Wenn ich jetzt Jura-Studenten durch die Blocks führe, finden sie die Haftbedingungen noch viel zu human. Die Briten haben es vor Zeiten richtig gemacht, als sie die schlimmsten Galgenvögel nach Australien verfrachteten. Die Amis bauten Alcatraz. Und was haben wir? Nichts! Sollen wir etwa Gefangenenlager auf Helgoland oder Sylt errichten?«

Der Gefängnisdirektor rückte seine Hornbrille zurecht, die ihm ständig nach vorn rutschte, und strich über seinen dünnen, akkuraten Scheitel. »Ich rede und rede, und Sie haben ganz andere Fragen. Sie wollen hören, wie Jahn durch die Türen kam. Sie möchten erfahren, wie es ihm gelang, eine Leiter zu bauen. Um ganz ehrlich zu Ihnen zu sein: Ich weiß es nicht!«

Frank Greger nahm den Stift in die Hand und meinte: »Okay, nähern wir uns dem Thema von einer anderen Seite an. Wer ist hier drinnen augenblicklich der Boss?«

»Es gibt bei den Inhaftierten keinen großen Zampano, der die Strippen zieht. Alles ist auf mehrere Gruppen verteilt.«

»Demzufolge steckt keine Organisation hinter dem Ausbruch?«

»Nein, keinesfalls. Das hat Jahn alles selbst arrangiert und inszeniert.«

»Und was ist mit den Beamten? Vielleicht brauchte einer von ihnen dringend Geld?«

»Korruption halte ich für äußerst unwahrscheinlich. In den vergangenen 20 Jahren hat es weniger als eine Handvoll meiner Mitarbeiter versucht, etwas einzuschmuggeln. Es gab ein, zwei Fälle von Bestechlichkeit. Das waren absolute Ausnahmen, und prozentual gesehen stellen sie zu vernachlässigende Größen dar. Eines ist aber ganz klar: Ich toleriere ein solches Verhalten nicht und setze alles daran, einem etwaigen Verdacht konsequent nachzugehen.«

Frank Greger gab sich mit dieser Antwort nicht zufrieden, sondern hakte nach: »Ich hörte kürzlich von dem Fall des Schließers Axel Köbel, der früher Bodyguard gewesen war. Er hatte einem Gefangenen Geld abgenommen und wurde wegen Unterschlagung zu einer Geldstrafe von 2400 Mark verurteilt. Gegen ihn wird weiterhin wegen Bestechlichkeit und Zeugenbedrohung ermittelt. Trotzdem ist er noch im Dienst. Hatte er Kontakt zu Jahn?«

Heinz Ursel zündete sich ein pechschwarzes Zigarillo an, paffte eine Weile nachdenklich und meinte dann mit betrübtem Gesichtsausdruck: »Nein, keinen Kontakt. Da bin ich mir völlig sicher. Und was die Mannschaft in seinem Block anbelangt. Die Bediensteten sind in einem zweijährigen Lehrgang ausgebildet worden und sollen Gefangene betreuen. Dieser Betreuungsaufgabe können sie nicht nachkommen, weil sie alle zwei Stunden Turmdienst zu versehen haben, um Gefangene an Ausbrüchen zu hindern …«

»… was ihnen heute gründlich misslungen ist.«

»Ja sicher, das ist äußerst bedauerlich, stellt aber eine weitere absolute Ausnahme dar. Viel, viel seltener als anderswo ist einem Gefangenen aus Tegel der Ausbruch geglückt. Heute hat es mal einer mit der Leiter geschafft. Na und? Die

Straßenbahn soll angeblich das sicherste Verkehrsmittel sein. Trotzdem rammt manchmal ein Triebwagen ein Auto. Weil es der Fahrer gerne so wollte? Nein! Das nennt man menschliches Versagen. Auch meine Mitarbeiter sind keine Maschinen. Unser heutiges Problem ist sicherlich auch eine Folge der Überarbeitung der Bediensteten.«

Frank Greger hatte noch nicht viel auf seinem karierten Blatt Papier stehen. Er fragte deshalb weiter: »Es wird behauptet, Gefangene aus Osteuropa würden zunehmend den Drogenhandel beherrschen. Stimmt das?«

»Ich weiß zwar nicht, was das mit dem Ausbruch zu tun haben soll, aber ich kann dies weder bestätigen, noch es dementieren. Selbst wenn es so wäre, würde es zu keinen Konsequenzen führen.«

Der Kriminaloberkommissar schüttelte den Kopf. »Sie weichen mir aus. Wie, bitte schön, sollen wir den Ausbrecher einfangen, wenn wir von Ihnen nicht den geringsten Hinweis erhalten?«

Der Gefängnisdirektor drückte das Zigarillo aus. »Das ist nicht meine Schuld, sondern der Beweis für eine schreckliche gesellschaftliche Situation, die der Vollzug nicht verursacht hat und die mit Mitteln des Vollzuges nun schon gar nicht zu lösen ist. Ich betone nochmals: Es gibt nicht den geringsten Anhaltspunkt dafür, dass ein Bediensteter den Ausbruch begünstigt hat.«

Einsatzbesprechung

»Das mit dem fehlenden Korruptionsverdacht sehe ich aber ganz anders«, meinte Carsten Minx, als die vier Fahnder am späten Nachmittag zu ihrer Einsatzbesprechung zusammenkamen. »Klaus-Dieter Jahn ist zwischen den Wachtürmen

12 und 13 über die Mauer geklettert. Der Posten von Nummer 12 hat nichts mitbekommen, weil er angeblich durch eine von den Gefangenen auf dem Hof inszenierte Prügelei abgelenkt wurde. André sprach mit mehreren Häftlingen darüber. Es hat keine Schlägerei gegeben.«

Polizeiobermeister Bayer hakte ein: »Dies würde bedeuten …«

Frank Greger stöhnte. »Ich weiß schon, was nun kommt. Der Wächter war entweder nicht auf dem Turm, oder er hat geschlafen. Bestenfalls.«

»Posten 13 hat den Flüchtling angeblich erst bemerkt, als dieser das Bettlaken befestigte. Der Beamte griff zu seinem Gewehr Marke Heckler und Koch mit Zielfernrohr. Damit kann auf diese Entfernung selbst der schlechteste Schütze einen Mann an der Mauer erwischen. Doch die Waffe war nicht durchgeladen. Es machte nur klick, als er abdrückte. Der Posten geriet in Panik. Er setzte das Gewehr ab, zog aber in seiner Aufregung den Ladehebel nicht weit genug durch. Die Patrone verklemmte sich. Eine Ladehemmung war die Folge. Behauptet er jedenfalls.«

»Wollen wir ein kriminaltechnisches Gutachten anfordern, um das Gegenteil zu beweisen?«, stellte Kriminalhauptkommissar Kleist die rhetorische Frage. »Es gibt aber noch weitere Ungereimtheiten. Der Ablauf der Alarmgebung stimmte nicht. Normalerweise wird in getrennten Alarmkreisen zunächst die Zentralpforte 1 alarmiert, die dann die Türme einschaltet. Oder aber einer der Türme löst Alarm aus und aktiviert so die gesamte Außensicherung. In diesem Fall hat nach bisherigen Erkenntnissen die Abstimmung zwischen beiden Alarmkreisen nicht geklappt.«

»Das würde bedeuten«, schlussfolgerte Kriminalhauptkommissar Minx, »dass Posten 13 gleich zweimal versagte. Er hat weder geschossen, noch Alarm gegeben. Anderenfalls wäre Posten 12 zum Zuge gekommen – selbst wenn er tief und fest geschlafen hätte.«

»Aber genauso spannend ist die Frage, woher Jahn die Schlüssel für die beiden Türen bekommen hat«, warf Kriminaloberkommissar Greger ein.

»Dem Erfindungsreichtum sind offensichtlich keine Grenzen gesetzt. Knastologen sind äußerst kreativ«, bemerkte Kriminalhauptkommissar Mix. »Ich erinnere da nur an den Ausbruch im vergangenen Jahr in Celle. Vier Häftlinge hatten mehrere Wärter als Geiseln genommen und ihnen Halskrausen aus Alu-Bechern von Teelichtern umgebunden. Die kleinen Behälter waren mit Streichholzköpfen gefüllt und mit Knetmasse abgedichtet gewesen. Als Zünder dienten Batterien aus Transistorradios und der Draht einer Taschenlampenbirne. Wäscheklammern mit zwei Kontakten aus Reißzwecken waren die Schalter, die von den Geiseln gehalten werden mussten. Hätte einer der Beamten seine Klammer fallen gelassen, wäre der Kontakt geschlossen und die Halskrause gezündet worden. Kriminalexperten haben die Wirkung der Bombe später getestet. Die Sprengkraft hätte ausgereicht, um einem Menschen den Kopf abzureißen.«

André Kleist wechselte das Thema: »Wie ist es Jahn gelungen, so schnell das Bettlaken festzubinden?«

Polizeiobermeister Bayer wusste die Antwort: »Er brauchte es nicht festzubinden. Er hatte einen Mauerhaken dabei, der als Kerzenleuchter getarnt war. Das Ding ist ganz offiziell in der Gefängnisschlosserei hergestellt worden und stand wochenlang in der Zelle von Jahn.«

Carsten Minx schüttelte ungläubig den Kopf. »Der Kerl ist verdammt clever.«

Kriminalhauptkommissar Kleist stimmte einen optimistischen Ton an: »Wir werden ihn trotzdem schnappen. Was ist mit seiner Familie? Die meisten werden erwischt, weil sie zu häufig nach Hause telefonieren.«

Frank Greger blätterte in seinen Unterlagen: »Jahn hat 1990 geheiratet. Eine Lehrerin aus Schöneberg. Sie ist zwei Jahre älter als er und hat zwei erwachsene Kinder aus erster Ehe.«

Joachim Bayer wunderte sich: »1990? Wie ging das? Ich denke, er brummte seit 1985 lebenslänglich. War er auf Hafturlaub draußen gewesen, wie der Bankräuber Crake?«

»Nein, seine Frau hatte von ihm in der Zeitung gelesen und an ihn geschrieben. Sie führte mit ihm einen längeren Briefwechsel. Die Hochzeit wurde in der Vollzugsanstalt abgehalten und – soviel ich weiß – bislang nicht vollzogen.« Dem Kriminaloberkommissar war bei dieser letzten Bemerkung eine gewisse Schadenfreude am Gesicht abzulesen. »In der so genannten Sozialtherapeutischen Anstalt in Tegel im Haus IV werden nämlich – wie ihr wahrscheinlich wisst – unkontrollierte Langzeitsprechstunden abgehalten. Dann bekommt ein Gefangener die Erlaubnis, mit seinem Damenbesuch für mehrere Stunden in einer Zelle zu verschwinden. Teilnehmen dürfen jedoch nur Insassen, die mit ihrer Partnerin nachweisbar schon vor der Haft liiert gewesen sind. Und das war bei Jahn nicht der Fall.«

»Dann hängen wir uns an die Braut, und – schnapp – klappt die Falle zu«, schlug André Kleist vor. »Mich würde nur interessieren, was die Alte an einem Mörder findet. Ganz dicht jedenfalls scheint sie nicht zu sein.«

Carsten Minx antwortete: »Es ist ein relativ häufiges Phänomen, dass sich manche alleinstehende Damen zu Gewaltverbrechern hingezogen fühlen. Die schlimmsten Massenmörder führen einen Briefwechsel wie Filmstars. Die Frauen lieben einerseits die Gefahr und suchen den Kitzel des Verruchten. Sie glauben, von dem zweifelhaften Ruhm ihres Idols würde ein wenig auf sie abfärben. Andererseits hoffen sie, sie wären stark genug, um das Monster läutern und auf den Pfad der Tugend zurückführen zu können. Allerdings werden manche dieser Nachtigallen mit durchgeschnittener Kehle aufgefunden, wenn sie die Gelegenheit hatten, ihrem Liebsten in freier Wildbahn zu begegnen.«

»Was für Vögel?«, wunderte sich der Polizeiobermeister.

»Das hat er sinnbildlich gemeint«, erläuterte Frank Greger. »Florence Nightingale war eine berühmte britische Krankenschwester, die ihr gesamtes Leben der Pflege von Siechenden und Verwundeten widmete.«

Ausgetrickst

Am nächsten Tag lief die Fahndung auf vollen Touren. Brigitte Jahn wurde rund um die Uhr observiert. Eine erste Spur des Ausbrechers führte nach Hamburg. Dort hatte er einem Badegast in der Schwimmhalle Simrockstraße die Brieftasche mit Papieren sowie die Autoschlüssel gestohlen. Eine Zeugin beobachtete, wie ein großer dunkelhaariger Mann mit Brille in den silberfarbenen Audi einstieg und damit wegfuhr.

Weitere Meldungen von Diebstählen und Täterbeschreibungen, die auf Jahn passten, kamen aus Österreich und der Schweiz. An seine Frau schickte er Ansichtskarten aus Prag und aus Strassbourg. Es schien ihm weder an Geld noch an falschen Papieren zu mangeln. Um den Druck zu erhöhen, wurde im Herbst 1992 die Öffentlichkeit mit in die Fahndung einbezogen und eine Belohnung von 3.000 DM für sachdienliche Hinweise ausgesetzt. Jahns Foto erschien auf Steckbriefen, und die Staatsanwaltschaft gab die Genehmigung, über den Fall in der Fernsehsendung »Aktenzeichen XY ungelöst« zu informieren. Der internationale Haftbefehl enthielt die Zusätze »gewalttätig« und »bewaffnet«.

Die Öffentlichkeit arbeitete fleißig mit. Überall in der

Bundesrepublik Deutschland gab es genügend Leute, die aus Gründen wie Alter, Krankheit oder Arbeitslosigkeit nichts zu tun hatten, die sich langweilten und die deshalb gerne Detektiv spielten. Es galt nur, die Spreu vom Weizen zu trennen. Die ersten ernst zu nehmenden Hinweise kamen aus dem Gebiet um den Tegernsee und den Bodensee. Dort hatte sich Jahn mehrfach als Dr. Klaus-Dieter Berger oder Thomas Weinzierl ausgegeben und war aus Hotels abgereist, ohne zu bezahlen. Den silbernen Wagen fuhr er nicht mehr. Er war inzwischen auf einen roten Audi 100 umgestiegen. Alle Zeugen gaben übereinstimmend an, dass er einen gepflegten und wohlhabenden Eindruck machte. Er trug elegante Freizeitkleidung der besten Markenhersteller, schmückte sich mit goldenen Ringen und einer teuren Uhr. Sein Äußeres hatte er verändert: Er reiste mit kurzen, blond gefärbten Haaren. Manchmal benutzte er auch eine schwarze Perücke.

Dann verlief die Fährte aus Bayern wieder zurück nach Norddeutschland und in die Nähe von Berlin. Am 27.09.1992 wäre Jahn in Reinbek bei Hamburg beinah festgenommen worden. Er hatte sich in einem Dreifamilienhaus ein Zimmer als Untermieter genommen und war von einem Mitbewohner erkannt worden. Doch sein Instinkt musste ihn gewarnt haben. Er flüchtete wenige Minuten vor dem Eintreffen der Polizei und ließ einen Teil seines Gepäcks zurück. Die Beamten fanden unter anderem einen leeren Karton für Schrotmunition sowie Haarfärbemittel.

Am 31.09.1992 fuhr Brigitte Jahn mit der U-Bahn zur Station Adenauer Platz. Dort stieg sie aus und schlenderte eine Weile ziellos den Kurfürstendamm auf und ab. Sie machte nicht den Eindruck, als ob sie sich beobachtet fühlen würde. Sie drehte sich weder häufig um noch starrte sie prüfend in spiegelnde Schaufenster. Gegen 14 Uhr betrat sie das Lokal »Alter Fritz«, ein Speiserestaurant der oberen

Preiskategorie mit deutscher Küche. Die Frau des Ausbrechers suchte sich in dem fast leeren Gastraum einen Platz ganz hinten am Fenster. Sie hängte ihren Mantel an den schmiedeeisernen Garderobenständer, bestellte sich ein Kännchen Kaffee und eine Schachtel Zigaretten. Einer ihrer »Schatten« wählte einen Tisch in der Nähe der Tür und erfrischte sich mit Selterswasser. Sein Kollege lief derweil auf der Straße auf und ab.

Brigitte Jahn machte einen nervösen Eindruck. Sie blickte andauernd auf ihre Armbanduhr, rauchte hastig und blätterte ziellos in einer Zeitung. Um 14.10 Uhr stand sie auf und ging zum WC. Als sie nach fünf Minuten noch nicht an ihren Platz zurückgekehrt war, wurde der Mann an der Tür unruhig. Er sprang auf und durchsuchte, ohne auf die Proteste des Personals zu achten, die Damentoilette. Erfolglos. Er rannte hinaus auf die Straße und schaute in die Augen seines verdutzten Kollegen.

Brigitte Jahn hatte sie mit dem uralten Zigarettentrick hereingelegt, den vor allem Zechpreller benutzen. Und sie war auf einem ganz einfachen Weg verschwunden: Vom Vorraum mit den Waschbecken führte eine zweite Tür zum Biergarten auf den Hinterhof, den ein Tordurchgang mit der Brandenburgischen Straße verband.

Die Beamten der Fahndungsinspektion rätselten nicht lange herum, welches Ziel dieses Ablenkungsmanöver wohl gehabt haben mochte. Die Bestätigung erhielten sie am Abend, als sich Sonja Eschner, Jahns Sozialpädagogin aus Tegel, bei ihnen meldete. Der Ausbrecher war auch bei ihr gewesen und hatte eine Stunde lang mit ihr gesprochen. Sie sollte eine Nachricht überbringen. Die Botschaft lautete: Jahn forderte die Polizei ultimativ auf, die Fahndung nach ihm abzubrechen. Er würde seine kriminelle Karriere aufgeben, wenn er irgendwo in Ruhe und in Frieden leben könne. Sollte die Verfolgung jedoch fortgesetzt werden, würde es irgendwann zum großen Showdown kommen, bei dem unweigerlich mehrere Leute ins Gras beißen müssten.

Die nächsten zehn Tage blieb Klaus-Dieter Jahn wie vom Erdboden verschluckt. Niemand hatte ihn gesehen. Es gab keinen Diebstahl, keinen Raub, keine so genannte Einmietbetrügerei, die ihm zugeordnet werden konnte. In keiner Herberge, in keinem Hotel meldete sich eine verdächtige Person an, der das Signalement des zweifachen Mörders entsprochen hätte. Wo nur mochte er sich versteckt halten? Hatte er sich etwa auf Dauer ins Ausland abgesetzt?

Am 11. 10. 1992 folgte des Rätsels Lösung. Bei der Hamburger Polizei meldete sich der 57-jährige Karl Oswald, ein alleinstehender Feinkosthändler, der häufig in den Homosexuellenclubs auf der Reeperbahn verkehrte. Er gab zu Protokoll, dass er über eine Zeitungsanzeige unter der Rubrik »Er sucht ihn« einen Mann kennengelernt habe, der sich »Atze« nannte und der für einige Tage zu ihm gezogen war. Auf ihn würde die Beschreibung von Klaus-Dieter Jahn passen. Als weitere besondere Merkmale konnte er eine 15 Zentimeter lange Operationsnarbe auf der Brust, eine auf die linke Wade tätowierte Rose und ein auf den Penis tätowiertes Auge nennen. Atze sei sehr liebevoll gewesen und habe ihm jeden Wunsch erfüllt. Zum Zerwürfnis wäre es gekommen, als er im Koffer seines neuen Freundes eine großkalibrige Pistole und eine abgesägte Schrotflinte gefunden hatte.

»Verdammt«, fluchte Kriminalhauptkommissar Kleist, als er den Bericht las. »Jetzt tut er das, was er im Knast gelernt hat. Wenn er im Schwulenmilieu abgetaucht ist, kriegen wir ihn nie. Die halten alle dicht, weil sie selber ständig Druck bekommen. Wir können nicht darauf hoffen, dass wir noch ein zweites Mal solches Glück wie mit dem Oswald haben werden.«

»Vielleicht brauchen wir das auch gar nicht mehr«, entgegnete Kriminalkommissar Faistel. »Ich bin nämlich auf etwas sehr Merkwürdiges gestoßen. Bei der Kontrolle der Kontoauszüge von Brigitte Jahn habe ich für den 09. 10. eine Überweisung an ›Gallrein St.‹ über 2.500 DM gefunden. Als Codierung ist angegeben ›PB 10.10/11‹.«

»Na und, was soll das bedeuten?«, fragte der Polizeiobermeister.

»Es ist nur so eine Ahnung. Im Zusammenhang mit Frau Jahn ist der Name Gallrein noch nie aufgetaucht. Im Polizeicomputer ist er nicht abgespeichert. Darüber hinaus ist der Name Gallrein relativ selten. In der gesamten Bundesrepublik gibt es nur rund 30 Personen, die so heißen, und nur bei einer einzigen fängt der Vorname mit den Buchstaben St. an. Es ist eine Frau. Sie heißt Steffi Gallrein und wohnt in Waren/Müritz. Nachdem ich das herausgefunden hatte, habe ich die Gegenprobe gemacht und die Bankleitzahl überprüft. Sie gehört tatsächlich zur Warener Sparkasse.«

»Fein, fein. Irgendeine Steffi Gallrein wohnt in Waren/ Müritz und hat ein Konto bei der Sparkasse. Was hat das mit unserem Fall zu tun? Wir suchen doch keine Schwarzgeldkonten, oder?«, blubberte André Kleist.

»Wir fahren hin und fragen sie, wofür sie von Brigitte Jahn 2.500 DM bekommen hat. Aber wie schon gesagt, ich habe da so eine Art Eingebung. Die Müritz ist im Sommer eine Urlaubergegend. Im Herbst herrscht dort Totentanz. Vielleicht hat sich Jahn einen Bungalow gemietet, um dort ungestört überwintern zu können? ›PB 10.10/11, könnte sehr gut bedeuten: ›Pacht Bungalow vom 10. 10. bis 31. 11.‹ Lasst es uns überprüfen. Aber wir müssen mit allergrößter Vorsicht vorgehen, damit wir ihn nicht aufscheuchen«, gab der Kriminalkommissar zu bedenken.

Aufgespürt

Am nächsten Tag fuhren Florian Faistel und Frank Greger frühmorgens mit dem weißen Passat die A 19 in Richtung Rostock und bogen dann auf die B 192 ab. In Waren hielten sie zuerst vor der Polizeistation an und sprachen mit dem Revierleiter. Ihm war nichts Verdächtiges zu Ohren gekommen, aber er versprach, die Augen offen zu halten. Steffi Gallrein kannte er von der Schule. Sie war in seine Klasse gegangen und wollte damals Pädagogik studieren. Allerdings hatte er keinen Kontakt mehr zu ihr. Aber er wusste, dass es mit dem Studienwunsch geklappt haben musste, denn sie arbeitete als Lehrerin an der Warener Grundschule.

»Wenn das kein Zufall ist«, frohlockte Kriminalkommissar Faistel. »Wir sind ganz nah an dem Burschen dran, glaube es mir!«

Zunächst wurde ihre Geduld auf eine harte Probe gestellt, denn sie mussten bis zum Schulschluss warten, weil sie die Lehrerin nicht aus dem Unterricht holen wollten. Sie passten Steffi Gallrein auf dem Parkplatz ab, als sie gerade in ihren Wagen steigen wollte.

Die beiden Polizisten wiesen sich aus. Frank Greger zeigte ihr das Foto von Klaus-Dieter Jahn. »Kennen Sie diesen Mann?«, wollte er wissen.

Steffi Gallrein, eine pummelige Brünette Ende 30, warf einen flüchtigen Blick auf das Bild und kicherte. »Nein, einer reicht mir. Ich bin verheiratet. Mein Mäusebär ist ein Fan von Hansa Rostock. Ich denke, Sie können sich vorstellen, was ich damit sagen will.«

Florian Faistel nickte mitfühlend und erkundigte sich: »Besitzen Sie einen Bungalow hier in der Nähe, den Sie vor kurzem vermietet haben?«

Das Lächeln aus dem Gesicht der Lehrerin verschwand. »Woher wissen Sie das?«, fragte sie verblüfft.

»Sie haben von einer Frau Brigitte Jahn Geld überwiesen bekommen. War das für die Pacht?«

»Ja, genau.«

»Wann und wo haben Sie Frau Jahn kennengelernt?«

»Überhaupt nicht. Den Bungalow besitzen wir seit den 80er Jahren. Wir vermieten ihn das ganze Jahr über und haben lange Zeit gutes Geld damit verdient. Nach der Wende fing der Ärger an. Es gab Probleme mit der Sauberkeit, also mit der Endreinigung, und bei der Bezahlung. Seit einem Jahr annonciere ich deshalb nur noch in der Lehrerzeitung. Mit den Kollegen habe ich bisher nur gute Erfahrungen gemacht. Frau Jahn hat sich auf eine solche Anzeige bei mir telefonisch gemeldet. Sie wollte den Bungalow nicht für sich mieten, sondern für ihren Mann. Der ist Schriftsteller und braucht zum Arbeiten Ruhe und Abgeschiedenheit. Die hat er dort draußen garantiert gefunden. Der Bungalow liegt sehr abgeschieden mitten im Wald am Ostufer der Müritz.«

Der Kriminaloberkommissar schüttelte verwundert den Kopf. »Ich verstehe das nicht. Wie ist er an den Schlüssel gekommen? Wer hat ihm den Weg beschrieben?«

»Der Schlüssel liegt immer unter einem umgedrehten Blumentopf neben der Tanne am Eingang. Den Plan habe ich gefaxt. Vom Sekretariat meiner Schule aus an das Sekretariat ihrer Schule. Am nächsten Tag hat sie angerufen und gesagt, es wäre alles in Ordnung und das Geld sei unterwegs. Das stimmte auch. Die Pacht ist pünktlich auf meinem Konto eingegangen.«

»Wie oft fahren Sie hinaus zu Ihrem Bungalow zur Kontrolle?«

»Wenn er vermietet ist?«

»Ja, genau.«

»Überhaupt nicht. Der Pächter weiß, was er machen muss. Also, wo sich der Sicherungskasten befindet, wie er den Strom einschaltet und wo das Wasser anzustellen ist.

Die Instruktionen stehen auf einem Merkblatt. Wenn etwas schiefgeht, kann er mich anrufen. Ich kontrolliere nur nach der Abreise, ob wirklich alles in Ordnung, sauber und abgewaschen ist.«

»Gibt es eine Heizung?«

»Nein, nicht im eigentlichen Sinne. Nur einen Ölradiator. Jetzt in der Übergangszeit reicht er völlig aus. Die kleinen Räume werden sehr schnell warm. Wir haben dort schon Silvester gefeiert und nicht gefroren.«

»Könnten Sie uns bitte eine Skizze vom Bungalow anfertigen und alle Türen, Fenster und Möbelstücke einzeichnen?«

Die Lehrerin machte eine verwunderte Miene. »Ja, natürlich. Wenn es unbedingt sein muss.«

Kriminaloberkommissar Greger griff die Frau mit beiden Händen an der Schulter, sah ihr tief in die Augen und sagte mit eindringlicher Stimme: »Hören Sie jetzt bitte ganz genau zu. Ihr jetziger Mieter ist kein Schriftsteller, sondern ein Doppelmörder auf der Flucht. Er ist extrem gefährlich. Verhalten Sie sich ruhig. Reden Sie mit keiner Menschenseele über unser heutiges Gespräch. Und auf gar keinen Fall – ich wiederhole – auf gar keinen Fall, dürfen Sie in den nächsten Stunden zu Ihrem Bungalow fahren. Haben Sie das verstanden?«

Steffi Gallrein nickte. Ihre Augen füllten sich mit Tränen. »Komme ich jetzt ins Gefängnis?«, fragte sie mit zitternder Stimme.

»Sie? Nein, weshalb? Wir werden Ihre Angaben selbstverständlich überprüfen, aber ich denke, Sie müssen sich keine unnötigen Sorgen machen. Sie konnten ja schließlich nicht wissen, was für eine Laus Sie sich da in den Pelz gesetzt haben.«

Warten

Einige Stunden später war die Verstärkung aus Berlin eingetroffen und das Sondereinsatzkommando Mecklenburg-Vorpommern angefordert. Die Fahnder warteten am
Waldrand. Über dem See lag abendliche Stille. Die Wellen
glucksten, es roch morastig. Große Vögel flogen mit schwe-
rem Flügelschlag am gelben Mond vorbei. Ab und zu sprangen Fische und platschten zurück ins Wasser. In einigen
wenigen Bootshäusern am Südufer brannte Licht. In der
Datschenfront dahinter herrschte pechschwarze Finsternis,
die nur von einigen vereinzelten Straßenlaternen erhellt
wurde. Der asphaltierte Fuß-, Rad- und Wanderweg war
hier schon längst zu Ende, und die Straße ähnelte mehr einer zufälligen Schneise im Wald als einer von Menschen-
hand angelegten Piste.

Obwohl es bis zum Bungalow noch mehrere hundert Meter weit war, flüsterte Kriminalhauptkommissar Kleist, als er
sagte: »Ab jetzt herrscht striktes Rauchverbot!«

Keiner der Männer an seiner Seite lachte über diesen
Scherz. Seit ihrer Ausbildung wussten sie, dass für einen
Fahnder alles verboten war, was intensive Gerüche abson-
derte und einen Gesuchten auf seine Verfolger im Nacken
aufmerksam machen konnte: Eau de Cologne, Rasierwasser,
stark gewürztes Essen, weich gespülte Wäsche, parfümierte
Seife und natürlich und vor allem Nikotin.

André Kleist erzählte am abendlichen Biertisch gern die
passende Geschichte dazu: Kriminalkommissar Joachim
Lox, ein Kollege aus Hannover, hatte auf einen V-Mann in
dessen Wohnung gewartet. Es war reine Routine gewesen.
Doch der Informant lag inzwischen sehr kalt und sehr tot
im Kofferraum eines 244er Volvo mit gefälschtem Mindener
Kennzeichen. Der Fahrer des Wagens benutzte den Dienst-
boteneingang der 180 Quadratmeter großen Wohnung. Er

wollte einen braunen Diplomatenkoffer holen, der sich, wie er aus dem Mund des Sterbenden kurz vor dessen Exitus erfahren hatte, in einem Versteck über der ehemaligen Speisekammer befand. Der Kriminalkommissar saß im Dunkeln in einem schalenförmigen Ledersessel auf einem runden Drehgestell. Aus der Blickrichtung des Eindringlings war er nicht zu erkennen gewesen. Doch der Mörder des V-Manns hielt sofort inne, als er im Raum den kalten Gestank einer vor Stunden an einem anderen Ort gerauchten Zigarre bemerkte. Er schraubte einen Schalldämpfer auf die Mündung seiner altmodischen Luger und gab drei prophylaktische Schüsse ab, die ein überraschendes Ergebnis zeigten: Von nun an wurde der Schütze als Doppelmörder gesucht.

Frank Greger hatte die Geschichte schon mehrfach gehört und fand sie sehr gut, weil sie auf einfache Art und Weise die Gefährlichkeit ihres Berufs deutlich machte. Allerdings war sie zu großen Teilen frei erfunden. Woher wollte Kleist etwas von der Existenz eines braunen Aktenkoffers wissen, wenn alle Beteiligten tot waren oder sich auf der Flucht befanden?

Überrumpelt

Das Gebiet um dem Bungalow war weiträumig abgesperrt. Auf dem See lag ein Boot der Wasserschutzpolizei in Bereitschaft. Um 2.20 Uhr traf das Sondereinsatzkommando ein. Kriminalhauptkommissar Minx gab den Lagebericht: »Das Zielobjekt befindet sich im Bungalow. Bis um 23.58 Uhr brannte Licht. Seitdem konnten wir keine Aktivitäten mehr feststellen. Der Bungalow besteht aus einem kleinen Schlafraum mit zwei Betten, einem Wohnzimmer mit integrierter Küche, einem Flur sowie einer Toilette mit Dusche. Das

Zielobjekt wird sich aller Wahrscheinlichkeit nach hier aufhalten.« Der Kriminalhauptkommissar deutete auf dem Plan auf die Stelle, wo im Wohnzimmer eine Schlafcouch eingezeichnet war. »Der Mann führt eine Schrotflinte und einen Revolver bei sich. Wir dürfen also kein Risiko eingehen. Vor der Tür steht ein metallicfarbener Audi 100 mit Schweizer Kennzeichen.«

Um 3.25 Uhr gab der SEK-Einsatzleiter den Befehl zum Zugriff. Der Bungalow wurde gestürmt. Es gab ein kurzes Handgemenge. Klaus-Dieter Jahn wurde niedergeschlagen. Er hatte keine Zeit mehr, um nach der Flinte zu greifen, die schussbereit am Kopfende der Couch an der Wand lehnte.

In einem schwarzen Aktenkoffer fanden die Beamten 20.000 DM in bar und einen geladenen Revolver. Seine einsamen Tage hatte der Ausbrecher hauptsächlich vor einem transportablen Fernsehgerät verbracht. Dutzende Videos türmten sich in mehreren Stapeln auf der Kommode. Er hatte eine Vorliebe für romantische Liebesfilme gehabt.

Intermezzo 3

Saustall Tegel. Frauenmörder spazierte aus der Zelle

Von Wolfgang Emrich

Der Knast in Tegel. Montagabend, 21 Uhr. Der zweifache Frauenmörder Klaus-Dieter Jahn will türmen. Er hat alles bestens vorbereitet.

Jahn bricht in der Haftanstalt einen Werkstattraum auf. Darin eine große Leiter aus Aluminium. Länge 3,50 Meter. Zuvor hat er sich einen Generalschlüssel nachgefeilt, kommt so unbehelligt durch alle Sicherheitsschleusen. Gelangt ins Freie. Nur noch 50 Meter trennen ihn von der 5,20 Meter hohen Mauer. Er rennt. Der Mörder hat Pech, die Justiz hat Glück. Der Posten auf Turm 13 bemerkt den Ausbrecher, löst Alarm aus. Sein Gewehr (Heckler & Koch, mit Zielfernrohr, Kaliber 7,62) ist auf Jahn gerichtet. Der Frauenmörder kann seine Leiter noch an die Mauer stellen, doch sie ist zu kurz. Er greift nach dem Stacheldraht, will sich hochziehen, der Draht bricht. Jahn stürzt, muss sich den Justizbeamten stellen.

Saustall Tegel: Schwerverbrecher Jahn floh bereits am 28. Juni 1992 aus Tegel – mit dem gleichen Trick! Er hatte einen Generalschlüssel.

Der Skandal: Obwohl jeder wusste, dass ein Nachschlüssel existierte, wurden die Schlösser bis heute nicht ausgetauscht. Ob und wie viele Kopien es von dem Sesam-Öffne-Dich gab, wurde nicht überprüft. Jahn wurde nach seiner Festnahme wieder nach Tegel gebracht. Seine alte Heimat. Andreas Gram, Justizexperte der CDU: »Eine Justizposse ersten Ranges.« Christoph Flügge, Abteilungsleiter Vollzug: »Das Austauschen der Schlösser hätte mehrere 100.000 Mark gekostet. In Zeiten der tiefen Sparmaßnahmen haben wir andere Baumaßnahmen für wichtiger gehalten.«

Bild, 24. 02. 1994

Brigitte J. (52) vor Gericht. Vorwurf des Staatsanwaltes:

Lehrerin holte einen Mörder aus dem Knast

Von Anne Losensky

Moabit. Keiner war so dreist wie er: In der JVA Tegel bastelte Klaus-Dieter J. (50) eine 5,60 Meter lange Holzleiter, machte sich im Juni 1992 am helllichten Tag über die Anstalts-Mauer aus dem Staub. Und das Irrste daran: Eine Berliner Realschul-Lehrerin half dem Mörder dabei – aus Liebe.

Kriminalgericht Moabit, Saal B 129. In einem grünen Panzerglas-Käfig sitzt Klaus-Dieter J. auf der Anklagebank: Goldrandbrille, Pferdeschwanz, Handschellen, Fußfesseln. »‹Hallo Liebling«, begrüßt er die Frau im blauen Kostüm auf der Anklagebank vor sich.

Brigitte J. (52, graue Lockenmähne) lächelt zurück: »Ich glaube an dich – bis dass der Tod uns scheidet.«

Die attraktive Beamtin und der Lebenslängliche – ein Paar wie Himmel und Hölle.

Sie unterrichtet in Schöneberg Deutsch und Englisch. Bringt Kindern bei, was gut und böse ist.

Er verbringt die Hälfte seines Lebens im Knast …

Doch die Lehrerin glaubt an seine Unschuld: 1990 Heirat im Knast. Blind vor Liebe, verpfändet sie ihr Haus, gibt 100.000 DM für Anwälte aus. Sie wollte alles mit ihm teilen – jetzt ist es die Anklagebank: Gefangenenbefreiung. Das wirft ihr der Staatsanwalt vor:

Sie schmuggelte 10.000 Mark in die Haftanstalt.

Sie ließ einen Nachschlüssel für die Gefängnis-Türen feilen, das Original hatte er sich im Knast »ausgeborgt«.

Sie lieferte die Angelsehne, mit der sein Flucht-Seil aus Bettlaken umwickelt war.

Deponierte »Flucht-Gepäck« auf dem Hauptbahnhof.

1994 wollte der Mörder erneut aus Tegel ausbüxen. Er kommt nach Bayern. Und was finden die Beamten bei seiner Anlieferung? Eine Super-Drahtfeile, versteckt im Anal-Container. Hatte in Berlin niemand bemerkt.

»Ick hab'n Haftkoller, ick brauch 'ne Psychoanalyse«, verlangt er jetzt. Kriegt er auch: Der Ausbrecher-König wird begutachtet, Prozess geplatzt. Kommt er mit der »Psycho-Macke« durch, käme er in die Bonhoeffer-Nervenklinik. Aus »Bonnies Ranch« entspringt es sich ja auch viel leichter …

B.Z., 29. 11. 1995

Ausbrecher bekam zwei Jahre Haft

Der Mörder Klaus-Dieter L., der 1992 durch eine spektakuläre Flucht aus dem Tegeler Gefängnis Aufsehen erregt hat, wurde gestern zu zwei Jahren Haft verurteilt. Das Amtsgericht Tiergarten legte dem 51-Jährigen vier Diebstähle, die er bei der Flucht begangen hatte, und unerlaubten Waffenbesitz zur Last. Das Verfahren gegen L.s 53-jährige Ehefrau wegen Fluchthilfe wurde gegen eine Geldbuße von 7.000 Mark eingestellt …

Berliner Zeitung, 12. 03. 1997

Bonnies Ranch oder Die forensische Psychiatrie

Am 2. Mai 1997 saß André Kleist, von einem Berg unerledigter Akten umgeben, an seinem zerschrammten Schreibtisch in der Berliner Fahndungsinspektion und schien völlig in seine Arbeit vertieft zu sein. Tatsächlich aber blätterte er in einem glänzenden Baumarkt-Katalog. Der alte Rasenmäher hatte endlich seinen Geist aufgegeben und war, wie erwartet, von der Werkstatt als irreparabel bezeichnet worden. Nun stand der Kriminalhauptkommissar vor der schwierigen Aufgabe, ein neues Gerät erwerben zu müssen. Am liebsten hätte er natürlich einen Kleintraktor mit auswechselbarem Scherbalken und Anhängezugvorrichtung genommen. Aber sein schmales Gärtchen hinter dem Reihenhaus war nur knapp 200 Quadratmeter groß. Im Hinblick auf die Lästermäuler in der Nachbarschaft schied die Trecker-Variante von vornherein aus. Es taten sich jedoch noch weitere interessante Möglichkeiten auf. Der Kriminalpolizist fragte sich: Sollte er diesmal ausnahmsweise vernünftig sein und sich für eine kostengünstige elektrische Variante entscheiden – oder aber lieber doch (dem inneren Triebe folgend) die kraftvolle benzinbetriebene Version wählen?

Frank Greger, der unbemerkt von hinten an seinen Kollegen herangetreten war, klopfte ihm mit der rechten Hand auf die Schulter und meinte spöttisch: »Für deinen Bonsairasenplatz reicht eine Nagelschere völlig aus. Ich habe gute Nachrichten. Wir brauchen uns nicht länger um das Feuergefecht unter den Iranern am Donnerstag auf dem Gänsemarkt zu kümmern. Der Schütze ist gefasst worden.

Ein politischer Hintergrund wird ausgeschlossen. Der Streit soll sich um die Freundin des Opfers gedreht haben.«

»Kann mir nur recht sein«, erwiderte André Kleist und verstaute seufzend den Katalog in der Schreibtischschublade. »Aber keine Angst. Uns wird schon nicht langweilig werden.«

Die Gefahr bestand ohnehin nicht bei den vielen Fällen, die parallel bearbeitet werden mussten. Eine halbe Stunde später überbrachte Kriminalkommissar Stephan Gast den nächsten Eilauftrag. »Ein Abgang aus Bonnies Ranch. Wir sollen sofort hinfahren. Kriminaloberkommissar Greger, Kriminalkommissar Faistel und ich zur Verstärkung«, meldete er begeistert. Der junge Kripo-Mann, der zu einem Praktikum in die Fahndungsinspektion abkommandiert worden war, hatte seinen Dienst vor ein paar Wochen in der irrigen Auffassung angetreten, er würde eine Art James-Bond-Ausbildung im Schnellkurs-Verfahren absolvieren. Von dieser Illusion war er inzwischen gründlich befreit worden. Seine Kommissariatskollegen hatten ein ganz einfaches Mittel angewendet und ihm die so genannten Ekel-Akten auf den Tisch gepackt. Das waren aussichtslose Fälle, bei denen jede weitere Bearbeitung reine Zeitverschwendung darstellte, die jedoch aus den unterschiedlichsten Gründen weiter bearbeitet werden mussten. Dazu hatten sie ihm das passende Einstiegsgeschenk überreicht: einen Karton Papiertaschentücher, damit er sich die Tränen der Verzweiflung abwischen konnte. Nun endlich fand sein erster Außeneinsatz statt, aber er hatte nicht die geringste Ahnung, worum es eigentlich ging.

Karl-Bonhoeffer-Nervenklinik

Die drei Kriminalisten stiegen in den weißen Passat. Frank Greger übernahm das Steuer. Auf der Fahrt nach Reinickendorf erklärte er seinem noch unerfahrenen Kollegen die wichtigsten Zusammenhänge: »Unser Einsatz hat nichts mit Django oder Bonanza zu tun. Die Karl-Bonhoeffer-Nervenklinik in der Oranienburger Straße 285 wird im Volksmund als ›Bonnies Ranch‹ bezeichnet. Vielleicht, weil die Gebäude mitten im Grünen liegen und auf manche Leute irgendwie amerikanisch wirken. Dort wurde für viele Millionen Mark das Wilhelm-Sander-Haus erbaut, in dem sich einer der beiden Teilbereiche der forensischen Psychiatrie befindet. Es ist international renommiert, weil die Sicherheitsvorkehrungen, wie Schleusen und Panzerglas, weitgehend unsichtbar sind und geschickt mit dem Wohnkomfort verbunden wurden. Die Vorzeigestation ähnelt einer römischen Atriumvilla. Die Wohneinheiten gruppieren sich um einen verglasten Innenhof mit üppigem Grün. Es gibt eine öffentliche Telefonzelle, von der aus jeder telefonieren oder sich anrufen lassen kann. Die Klinik an sich ist aus der Irrenanstalt Dalldorf hervorgegangen, die 1877 gebaut wurde. Der zweite Teilbereich der forensischen Psychiatrie, in dem alkohol- und drogenabhängige Straftäter behandelt werden, befindet sich in dem alten Dalldorf-Gebäudekomplex.«

»Was ist forsische Psychologie?«, fragte Stephan Gast irritiert.

Florian Faistel lachte verhalten und ergriff das Wort: »Es heißt forensische Psychiatrie. Hättet ihr eigentlich in der Ausbildung haben müssen. In der Medizin wird jenes Teilgebiet, welches sich mit seelischen Störungen und Geisteskrankheiten befasst, Psychiatrie genannt. Die Bezeichnung setzt sich aus den griechischen Vokabeln psyche, also Hauch, Atem, Seele; und iatreia, das ist das Heilen, zusammen. Ein Spezialfach dieses Teilgebietes ist die forensische Psychiatrie. Das Wort forensisch bedeutet so viel wie ›im Dienste der Rechtspflege stehend‹ oder ›kriminologischen Zwecken dienend‹. Es leitet sich vom lateinischen Begriff forum ab, der sowohl für ›Marktplatz‹ als auch für ›Stätte des Gerichts‹ steht. Die forensische Psychiatrie beschäftigt sich mit den Kranken oder Gestörten, die straffällig wurden und aufgrund ihrer Leiden nicht oder nur teilweise gerichtlich zur Verantwortung gezogen werden können. Alles klar?«

»Alles klar«, seufzte der Kriminalkommissar und malte sich in Gedanken aus, wie er über eine Mauer hechtete, im Sprung die Pistole aus dem Halfter riss und einem Frankenstein-Monster ein drittes Auge mitten auf der Stirn verpasste. »Woran erkennt man die Leute, die einen an der Waffel haben? Meine Oma beispielsweise ist völlig harmlos. Aber sie versteckt ihr Geld in der Waschmaschine. Damit es dort niemand findet oder versehentlich wäscht, hat sie die Trommel voller Nüsse geschüttet. Nun schrubbt sie ihre Klamotten mit der Hand in einer Plastikschüssel. Gehört sie deshalb in die Klapper?«

Florian Faistel lachte erneut. »Der Vater von André Kleist soll auch ein völlig verschärfter Kunde sein. Geld spielt für ihn keine Rolle. Trotzdem kauft er nur Lebensmittel im Sonderangebot, bei denen das Verfallsdatum bereits abgelaufen ist. Im Winter stellt er die Heizung auf Frostschutz und sitzt mit Hut und Mantel am Tisch.«

Frank Greger pflichtete ihm bei: »Völlig gesunde Leute gibt es ebenso wenig wie völlig normale. Jede Frau, jeder Mann leidet unter allen möglichen Zipperlein – vom Fußpilz bis hin zur Trichterbrust. Jeder Mensch hat größere oder kleinere Macken. Speziell auf sexuellem Gebiet existieren viele abseitige Strömungen. Es lässt sich kaum noch bestimmen, was normal und was unnormal ist. Wenn du mir nicht glauben willst, brauchst du dir nur abends die Werbung auf einem privaten Fernsehkanal anzuschauen.«

»Genau, das ist der Dreh- und Angelpunkt«, setzte Kriminalkommissar Faistel den Gedankengang fort. »Die meisten Marotten sind harmlos und wirken sich nicht negativ auf die Allgemeinheit aus. Von mir aus kann der Polizeichef unter seiner Uniform schwarze Reizwäsche mit Strapsen tragen. Das ist mir persönlich völlig egal, solange wir nicht darunter zu leiden haben.«

»Stimmt das tatsächlich? Der Präsident ist linksgestrickt?«

»Quatsch!«, intervenierte Kriminaloberkommissar Greger. »Das war nur ein Beispiel. Aber daran siehst du: So werden Gerüchte in die Welt gesetzt.«

»Vielleicht kann man es folgendermaßen sagen«, fasste Florian Faistel zusammen. »Die Aufgaben der Psychiatrie bestehen darin, tatsächliche Erkrankungen als solche zu diagnostizieren und zu behandeln sowie ihre unterschiedlichen Formen und Äußerungen zu erklären. Geisteskrankheiten und tiefergehende seelische Störungen können sich auf fast alle Aspekte im Leben der Patienten auswirken, darunter auf Körperfunktionen, Verhalten, Gefühle, Gedanken, Wahrnehmung, zwischenmenschliche Beziehungen, Sexualität, Arbeit und Freizeit.«

»Das hört sich unheimlich gelehrt an. Gibst du Unterricht an der Bildungsakademie?«, wunderte sich Stephan Gast.

»Nein, ich lese viel. Und ich habe an etlichen Untersuchungen teilgenommen. Daher weiß ich, dass Psychiater eine Reihe verschiedener Verfahren zur Bestimmung seelischer oder geistiger Störungen anwenden. An erster Stelle steht die psychiatrische Befragung. Dabei wird die psychiatrische Krankheitsgeschichte des Patienten aufgenommen und sein gegenwärtiger Geisteszustand ermittelt. Während des Gesprächs schildert der Patient mit eigenen Worten, wie er seine Persönlichkeit sieht, wie sich seine Beziehungen zu anderen Menschen gestalten, welche früheren und gegenwärtigen Erfahrungen er mit psychiatrischen Problemen hat und über welche Eigenschaften er verfügt. Diese Bestandsaufnahme ist mit der körperlichen Eingangsuntersuchung in der Allgemeinmedizin zu vergleichen. Aus ihr lassen sich Aspekte der geistigen Funktionsfähigkeit des Patienten entnehmen und einordnen.«

»Genau«, ließ Frank Greger vernehmen. »Die schwierige Frage besteht also darin, festzustellen, ob beispielsweise der Taschendieb, Brandstifter, Vergewaltiger, Totschläger oder Mörder ein Krimineller ist, der bestraft werden muss. Oder ob es sich bei ihm um einen Kranken handelt, welcher der ärztlichen Zuwendung und der medizinischen Behandlung bedarf. Sofern ein Gutachter zu der letzteren Ansicht gekommen ist und auch das Gericht dieser Meinung folgt, wird das Strafverfahren eingestellt. Der Paragraph 20 Strafgesetzbuch legt dazu sinngemäß fest, dass ohne Schuld handelt, wer bei Begehung der Tat wegen einer krankhaften seelischen Störung, wegen einer tiefgreifenden Bewusstseinsstörung oder wegen Schwachsinns oder einer schweren anderen seelischen Abartigkeit unfähig ist, das Unrecht der Tat einzusehen.«

»Und dann kann ein Schwerverbrecher ungehindert zur Tür vom Verhandlungssaal hinausspazieren?«

»Nein, die Verrücktenregel stellt keinen Freibrief für Gesetzesverletzer dar. Das Gericht ordnet immer dann gemäß Paragraph 63 Strafgesetzbuch die Unterbringung des Täters in einem psychiatrischen Krankenhaus an, wenn von ihm weitere strafbare Handlungen zu erwarten sind und er deshalb für die Allgemeinheit gefährlich ist. Diese besondere Art der Haft wird Maßregelvollzug genannt«, wusste Florian Faistel noch zu berichten.

»Das ist kein Spaß, glaube mir«, gab der Kriminaloberkommissar zu bedenken. »In den Nervenkliniken geht es zu

wie im russischen Märchen: Der Eintritt kostet fünf Kope-
ken, der Austritt fünfzig Rubel. Spätestens seit dem Buch ›Einer flog über das Kuckucksnest‹ von Ken Kesey ist allgemein
bekannt, dass ein Patient in einer geschlossenen Psychiat-
riestation so gut wie keine Rechte hat und – im Gegensatz
zu einem Strafgefangenen – nicht weiß, wann er entlassen
wird. Manche Kranke haben es gut. Sie werden therapiert.
Anderen geht es schlechter. Sie werden mit Psychopharma-
ka, Zwangsjacken, Bettfesseln, Elektroschocks und Gum-
mizellen ruhiggestellt. In ganz schweren Fällen wird selbst
heutzutage noch die Lobotomie angewendet, obwohl sie seit
den 40er Jahren in Verruf geraten ist.«

»Ernest Hemingway ist mit Elektroschocks gegen seine
Depressionen behandelt worden. Vier Wochen später hat er
sich umgebracht. Steht in seiner Biographie«, steuerte Frank
Faistel noch zu dem Thema bei.

Stephan Gast wollte wissen: »Was ist Lobotomie? Habe ich
noch nie gehört.«

»Ein schwerer chirurgischer Eingriff. Bei der Lobotomie
werden am Gehirn die vorderen Stirnlappen operativ entfernt oder zerstört«, erklärte Frank Greger so emotionslos,
als würde er einen medizinischen Beipackzettel vorlesen.

»Hört sich äußerst unangenehm an.«

»In der Tat. Aber trotzdem haben Kriminelle in der Regel in Nervenkliniken ein wesentlich besseres Leben als
die Häftlinge im Strafvollzug. Aus diesem Grund werden
forensische Psychiatrien von einigen Fachleuten ›wattierte
Gefängnisse‹ genannt. Dies spiegelt sich, wie schon gesagt,
sehr plastisch in der Zahl der Ausbrüche wider. Sie ist aus
Nervenkliniken ungleich höher als die aus Gefängnissen.«

Der weiße VW Passat rollte auf den Besucherparkplatz der
Nervenheilanstalt. »Zuerst sprechen wir mit dem Chefarzt.
Mal sehen, welche Entschuldigung er diesmal parat hat. Der
letzte Ausbruch dieser Art ist nämlich erst ein paar Tage her.

Am 11. April 1997 klagte ein Ausländer, der 26-jährige Rachid Sehad aus Algerien, über starke Zahnschmerzen. Der Typ ist ein Schwerverbrecher. Er hatte drei Frauen zusammengeschlagen und vergewaltigt.« Frank Greger stellte den Motor ab, stieg aus und zog sich seine Lederjacke über. »Rachid gilt als unberechenbar und äußerst gefährlich. Einmal war er bereits mit einem Messer in der Hand auf das Anstaltspersonal losgegangen. Am 11. April, bei seinem Gang zum Zahnarzt, wurden ihm deshalb Handschellen angelegt, bevor ihn zwei Pfleger zu der Praxis auf dem Klinikgelände begleiteten. Sie waren trotzdem nicht vorsichtig genug. Als sie ihm im Behandlungszimmer die Handschellen lösten, zog er einen Dolch aus der Hose, bedrohte die Anwesenden und rannte zur Tür hinaus. Es gelang ihm, unbehelligt das Klinikgelände zu verlassen und mit der U-Bahn in die Stadt zu fahren. Bis jetzt haben wir ihn nicht erwischt.«

»Das ist eben das Problem«, meinte Florian Faistel. »Die Nervenklinik untersteht nicht dem Justizsenator, weil sie ein Krankenhaus und kein Knast ist. Die Sicherungsvorkehrungen sind viel, viel lascher.«

»Ich verstehe das nicht«, wunderte sich der Praktikant. »Die Patienten sind doch Verrückte. Wie können sie da einen Ausbruch so detailliert planen?«

»Sie sind nicht völlig plemplem. Sie weichen nur in einigen Bereichen von der Norm ab. Ich habe schon einmal mit einem psychisch kranken Hochstapler zu tun gehabt, dem man im alltäglichen Leben nicht das Geringste anmerken konnte. Das einzige Problem lag darin, dass er darauf bestand, mit ›Seine Königliche Hoheit‹ angesprochen zu werden«, gab Florian Faistel eine kleine Anekdote zum Besten.

Maxim Prabhu auf der Flucht

Das Gespräch mit dem Chefarzt Dr. Mahr erbrachte so gut wie gar nichts. Der Ausbrecher hieß Maxim Prabhu. Seine Wiege hatte 1950 in Mangalore, einer Stadt im Süden Indiens an der nördlichen Malabarküste am Arabischen Meer, gestanden. Inzwischen besaß er die deutsche Staatsbürgerschaft. Der 46-Jährige galt beim Klinikpersonal als sanftmütig und harmlos, obwohl alle wussten, dass er im März 1993 in dem Kreuzberger Café »Anfall« Amok gelaufen war. Ohne erkennbaren Grund hatte er einen Kellner erschossen und zwei Gäste schwer verletzt. Der Täter kannte kein einziges seiner Opfer. Dem tödlichen Zwischenfall war weder ein Streit noch eine körperliche Auseinandersetzung vorausgegangen. Der Schütze behauptete bei seiner Festnahme, er sei mit Blicken und abfälligen Bemerkungen beleidigt worden. Seit dem Juli 1994 saß der Inder in der Station 35 ein und war wegen seiner Sanftmut bei allen Pflegern beliebt.

»Wissen Sie, er strahlte eine Herzensgüte aus, die uns alle anrührte«, meinte Chefarzt Dr. Klaus Mahr. »Er war gebildet und von einer großen Lebensweisheit. Er wusste auf alle Fragen eine Antwort. Häufig kamen andere zu ihm, um ihn um Rat zu fragen. Beispielsweise meinte er auf seine Situation bezogen: ›Keiner ist wirklich weise, der nicht das Dunkle kennt.‹«

»Es muss richtig heißen: ›Wahrlich, keiner ist weise, der nicht das Dunkel kennt.‹ Das Zitat ist von Hermann Hesse. Es stammt aus dem Gedicht ›Im Nebel‹«, korrigierte ihn Florian Faistel.

»Wie Sie meinen«, antwortete Dr. Mahr beleidigt und blitzte ihn durch die Gläser seiner randlosen Brille an. »Auch wir waren uns in seiner Beurteilung uneins. Aus diesem Grund bekam er keine Freigänge. Aber es konnte niemand ahnen, dass er den Arztbesuch zur Flucht benutzen würde.«

Bei der Durchsuchung des Patientenzimmers fand Frank Greger auf dem Schrank eine grüne Mappe mit Dutzenden Zeitungsartikeln. Zuoberst lagen etliche aktuelle Meldungen, die über die Flucht von Rachid Sehad berichteten. Weiterhin hatte der Deutsch-Inder mehrere Seiten mit Anschriften von Berliner Rechtsanwälten aus einem Telefonbuch geschnitten.

Der Kriminaloberkommissar fluchte: »Von wegen, es gab keinen Hinweis auf die geplante Flucht. Deutlicher hätte der Tipp kaum sein können. Prabhu muss mit einem Anwalt telefoniert haben. Außerdem war er bewaffnet. Er hat eine Schere besessen. Alle Zeitungsausschnitte sind fein säuberlich herausgetrennt worden. Der Pfleger hat großes Glück gehabt, dass es zu keiner Konfrontation gekommen ist. Ich glaube kaum, dass Prabhu gezögert hätte, ihm mit dem Mordinstrument in den Hals zu stechen.«

Der Deutsch-Inder war um 10 Uhr von dem Pfleger Lutz Schliebner zu dem Zahnarztbesuch auf dem Klinikgelände begleitet worden. Trotz des Ausbruchs von Rachid Sehad hatte Prabhu bei seinem Gang keine Handschellen tragen müssen. Unterwegs suchte er mit seinem Begleiter sogar die öffentliche Cafeteria der Klinik auf, um etwas zu trinken.

Lutz Schliebner, ein aus der Form geratener Mann Ende 30, schwitzte stark, obwohl es in dem Aufenthaltsraum, in dem die Vernehmung durchgeführt wurde, recht kühl war. »Ich weiß, dass ich jetzt Unannehmlichkeiten bekommen werde«, stammelte er. »Ich habe nicht aufgepasst und meine Pflicht verletzt. Aber wenn Sie ihn kennengelernt hätten … Er war so nett, so freundlich. Ich wäre nie auf die Idee gekommen, er könnte mich hintergehen. Er hatte ganz schmale braune Hände, die sich immer warm und trocken anfühlten. Wenn er mich damit berührte und mir in die Augen sah, dann vergingen meine Rückenschmerzen und mein Kopf wurde hell und klar.«

»Hatten Sie eine sexuelle Beziehung zu dem Patienten?«, fragte Frank Greger mit scharfer Stimme.

Der dicke Mann schüttelte seinen Kopf. Zwischen seinen schütteren, nach hinten gekämmten Haaren glänzten Schweißtropfen. »Es war nicht so, wie Sie denken. Ich bin glücklich verheiratet. Maxim Prabhu war anders als andere Menschen. Ich gehe nicht in die Kirche. Ich bin nicht religiös veranlagt. Aber ich weiß, er hatte das Zeug zu einem Bekehrer. Er verkündete ganz einfache Lebensweisheiten, die mein Herz anrührten. Einmal sagte er beispielsweise: ›Das Bild des Menschen, einst ein hohes Ideal, ist im Begriff, zu einem Klischee zu werden. Wir Verrückten werden es vielleicht wieder adeln.‹«

»Steppenwolf«, murmelte Kriminalkommissar Faistel.

»Wie bitte?«

»Das Zitat. Es stammt aus dem ›Steppenwolf‹. Maxim Prabhu scheint ein Hermann-Hesse-Fan zu sein. Aber wir wollen nicht abschweifen. Erzählen Sie bitte, was sich heute früh ereignet hat.«

»Es war noch genügend Zeit bis zu dem Termin. Ich gehe immer gerne rechtzeitig los. Ich hasse es, zu spät zu kommen. Er wollte einen Kaffee trinken. Ich hatte auch Durst. Es gab keinen Grund, ihm seinen Wunsch zu verweigern. Um 10.15 Uhr musste er aufs Klo. Ich blieb am Tisch sitzen, weil ich von dort aus die Toilettentür im Auge behalten konnte. Ich wartete ein paar Minuten. Als mir die Zeit zu lang vorkam, bin ich nachsehen gegangen. Maxim Prabhu war verschwunden. Ein Fenster stand offen. Er war hindurchgeklettert. Dann ist er wahrscheinlich quer durch den Garten am Pförtner vorbei zur U-Bahn-Station gelaufen und in die Stadt gefahren. Es hat ihn niemand gesehen. Ich habe um 10.25 Uhr Alarm gegeben. Da war es jedoch längst zu spät.«

Lutz Schliebner ließ den Kopf sinken, entfaltete ein kariertes Taschentuch und wischte sich damit über das Gesicht. Er

wirkte wie ein betrogener Liebhaber nach einem Beischlaf-
diebstahl.

Kriminaloberkommissar Greger bemerkte: »Sie haben
Glück, dass Sie noch leben. Prabhu war auf alles vorbereitet.
Er hätte nicht davor zurückgeschreckt, Ihnen eine Schere in
den Hals zu rammen. Wir benötigen eine genaue Personenbeschreibung von ihm. Wie sieht er aus? Wie ist er bekleidet?«

Der Pfleger blätterte in den Patientenunterlagen und
schlug das Stammblatt auf: »Er ist 1,65 Meter groß und
74 Kilogramm schwer. Er hat braune Augen, mittellanges
schwarzes Haar mit grauen Strähnen und braune Haut. Er
trägt ausschließlich dunkle Sachen. Heute hatte er Halb-
schuhe, Jeans, Pullover und eine Blouson-Lederjacke an,
alles in Schwarz.«

Frank Greger blickte in die Mappe mit den Zeitungsartikeln. Dabei bemerkte er, dass der Boden mit einem grünen
Stück Pappe verstärkt worden war. Er bog den Rand nach
oben und löste die mit Klebstoff aufgezogene Pappe vorsichtig ab. Es kam ein Geheimfach zum Vorschein, in dem sich
ein Kästchenblatt befand. Er zog es heraus. Auf ihm hatte
jemand eine lange Doppelreihe von Zahlen notiert:

1002-50

1202-70

1402-350 usw.

Die Ziffern waren von derselben Hand mit Kugelschreiber
notiert worden, aber die Farbe und die Stärke der blauen
Linien differierten. Frank Greger schloss die Augen, dachte eine Weile nach und meinte dann: »Daraus ließe sich
schlussfolgern, dass die Liste fortlaufend geführt worden
war. Bei den ersten vier Zahlen in jeder Reihe scheint es sich
um ein Datum zu handeln. Verfügte Maxim Prabhu über
Bargeld?«

Der Pfleger schüttelte den Kopf. »Nicht, dass ich wüsste.«

»Kam er mit Patienten in Kontakt, die Bargeld besaßen?«

»Sicherlich. Es gibt auf seiner Station eine ganze Reihe von Insassen, die regelmäßig Ausgang haben und ganz legal über kleinere Geldbeträge verfügen dürfen.«

Frank Greger nahm den Taschenrechner aus seiner Einsatzmappe und addierte die zweite Zahlenkolonne. Das Ergebnis lautete 50 240. »Wir müssen noch einmal sein Krankenzimmer besichtigen. Wir suchen ein Versteck, in das 50.000 DM in kleinen Scheinen passen.«

Stephan Gast kroch auf dem Fußboden des Zweimannzimmers herum und klopfte mit einem Schlüssel auf die geriffelten braunen Fußbodenfliesen. Unter dem Bett von Maxim Prabhu, ganz hinten an der Wand, fand er eine Kachel, die hohl klang. Er steckte sein Taschenmesser in die Fuge und hob die lose Fliese aus. Es kam eine geräumige Öffnung zum Vorschein. Der Kriminalkommissar leuchtete mit seiner Taschenlampe in das Loch. Es war leer – bis auf drei Geldscheinbanderolen.

Spätere Ermittlungen ergaben, dass es dem psychisch kranken Gewalttäter aus dem geschlossenen Bereich der Klinik heraus gelungen war, von seinem immer noch existenten Bankkonto Überweisungen an einen Bekannten namens Kalam Shah tätigen zu lassen. Der indische Mittelsmann hatte die Beträge in kleinere Summen aufgeteilt, die Fred Spangenberg, ein Patient auf Ausgang, in Empfang nahm und regelmäßig in die Nervenheilanstalt einschmuggelte.

Zurück in der Fahndungsinspektion in der Heerstraße sonnte sich Stephan Gast noch eine Weile in seinem Ruhm, weil er das geheime Geldversteck gefunden hatte. Doch der stellvertretende Kommissariatsleiter Carsten Minx holte ihn recht bald auf den Boden der Tatsachen zurück. Er packte ihm einen Hefter auf den Tisch und ordnete an: »Das sind die wichtigsten Ausbrüche der letzten Jahre. Arbeite alles in

Ruhe durch. Mach dir Notizen. Versuche, hinter die Fälle zu sehen. Vielleicht gibt es ein Schema, eine Gemeinsamkeit, die uns weiterhelfen kann.«

Zehn Ausbrüche aus Nervenkliniken

Der junge Kriminalkommissar schlug den dicken Hefter auf und begann zu lesen.

1. Fall

Am 17. 07. 1993 sägten mehrere Insassen der Karl-Bonhoeffer-Nervenklinik ein Fenstergitter heraus. Sie benutzten dazu aufgespulte Drähte aus Einwegfeuerzeugen. Die raue Oberfläche der Metallfäden dient normalerweise als Reibefläche für den Feuerstein. Die Patienten hatten die Fäden abgespult, mit anderen Drähten verzwirbelt und dann als Eisenfeilen benutzt. Sieben Gewalttäter entkamen. Unter ihnen befand sich Olaf Schuldt, der am 18. 06. 1992 im Berliner Bezirk Schöneberg ohne erkennbares Motiv mit einem Revolver um sich geschossen, dabei einen Passanten verletzt und mehrere Fahrzeuge beschädigt hatte.

2. Fall

Am 13. 09. 1993 ging bei der Polizei das Fahndungsersuchen nach dem in der Karl-Bonhoeffer-Nervenklinik untergebrachten Georg Willmann ein, dem ein erheblicher Hang zu rechtswidrigen Taten attestiert worden war. Willmann sollte in das Bezirkskrankenhaus Erlangen verlegt werden. Er war angewiesen worden, ohne Begleitung mit dem Zug nach Bayern zu fahren. Der alleinreisende Patient kam nie dort an.

3. Fall

Am 25.09.1994 brachen vier Insassen aus der Station 18 A im Haus 5 der II. Forensischen Abteilung der Karl-Bonhoeffer-Klinik aus. Sie hatten mit einem abgebrochenen Wasserhahn und Glasscherben hinter einem Bett den Putz von der Wand gekratzt und in tagelanger Kleinarbeit elf Ziegel aus dem Gemäuer gezogen. Die Steine waren von ihnen im Spind versteckt worden. Den Putz hatten sie in der Toilette hinuntergespült. Im Anschluss an die Nachtkontrolle um 5.30 Uhr krochen sie durch das 40 × 60 Zentimeter große Loch und kletterten mit einer Leiter über die vier Meter hohe Anstaltsmauer an der Rückseite der Station 18 A. Das Haus 5 hatte nach den Ausbrüchen im Jahr 1993 Gitter aus gehärtetem Mangan-Stahl bekommen. Doch die Mauer hinter dem Gebäude war weiterhin ungesichert. Es gab weder Wächter noch Bewegungsmelder. Der Chefarzt meinte lakonisch: »Wir sind eine Klinik, und kein Hochsicherheitstrakt.«

Der 32-jährige Thomas Eick, einer der vier Ausbrecher, war als Mariendorfer Mädchenmörder bekannt geworden. Er hatte 1982 in einer Berliner Laubenkolonie zwei junge Frauen vergewaltigt und sie anschließend umgebracht.

Der 24-jährige Jens Zühlke war ein jahrelanger Drogenkonsument gewesen. Er hatte am 28. Januar 1994 seinem 84-jährigen pflegebedürftigen und bettlägerigen Stiefvater mit einem Samurai-Schwert den Kopf abgeschlagen »weil er die Verkörperung des Bösen und des Teufels war«. Anschließend trennte er seinem Opfer den rechten Unterschenkel ab, verpackte die Körperteile in eine Plastiktüte und versenkte sie im Tegeler Fließ. Der Staatsanwalt sprach von einer »schuldausschließenden, psychosebedingten wahnhaften Verkennung der Realität«.

4. Fall

Der nach eigenen Geständnissen siebenfache Mörder Thomas Rung hatte 1983 zwei Frauen vergewaltigt und in den Jahren 1990 sowie 1993 zwei weitere Frauen überfallen. Dr. Joachim Weege, der Gutachter im Strafverfahren, bezeichnete ihn als hochgefährlich. Rung leide unter einer Steuerungs- und Schuldunfähigkeit aufgrund eines alkoholisch bedingten Dämmerungszustandes, der einen ziel- und sinnlosen Aggressionswechsel auslösen würde. Für ihn gelte absolute lebenslange Abstinenz. Aber Rung wäre selbst skeptisch, ob er sich daran werde halten können. Eine Unterbringung in einer geschlossenen Anstalt sei deshalb unerlässlich. Für einen Behandlungserfolg gebe es keine Garantie.

Trotzdem wurde Thomas Rung bereits im September 1994 auf persönliche Anweisung von Chefarzt Dr. Mahr als geheilt entlassen. Fünf Monate später ermordete er seinen Stiefbruder und eine junge Frau. Nach seiner Festnahme gestand er fünf weitere Tötungsverbrechen.

5. Fall

Im Februar 1995 entkam der 33-jährige Achim Glagow aus der Karl-Bonhoeffer-Nervenklinik. Auf seiner Flucht vergewaltigte er eine 79-jährige Frau und verletzte sie schwer.

6. Fall

Am 24.04.1995 gegen 4.20 Uhr drangen zwei völlig betrunkene (!) Patienten, der 31-jährige Frank Ludolph und der 26-jährige Siegfried Mildner, in den Personalraum auf der Station 15 der Karl-Bonhoeffer-Klinik ein. Sie bedrohten die Pfleger mit Messern und schrien: »Aufschließen, sonst brennt die Luft!« Dann schlugen sie den Kopf eines Pflegers mehrmals auf den Tisch. Sie zwangen ihre Opfer, die Türen nach außen zu öffnen und verschwanden in der Dunkelheit.

Frank Ludolph hatte im Mai 1991 in seiner Wohnung einen Mann zusammengeschlagen und den Schwerverletzten in eine leerstehende Parterrewohnung geschafft. Das Opfer starb. Die bereits teilweise skelettierte Leiche wurde zwei Monate später gefunden und der Täter zu 22 Monaten Haft verurteilt. Von einem Urlaub am 11. Juli 1992 kehrte er nicht zurück. Am 8. Januar 1993 erschoss er während eines Trinkgelages einen 36-jährigen Mann und verletzte einen weiteren schwer. Am 13. Januar 1993 war er wieder festgenommen worden und wegen seiner alkoholischen Probleme in den Maßregelvollzug gekommen.

Siegfried Mildner hatte bereits mehrere Haftstrafen wegen Körperverletzung hinter sich und verbrachte seit Anfang der 90er Jahre seine Zeit in der Haftanstalt Tegel. Im September 1993 nutzte er einen Ausgang – er sollte an einer Veranstaltung anonymer Alkoholiker teilnehmen – zur Flucht. Er lernte einen 61-jährigen Rentner kennen und trank in dessen Wohnung mehrere Tage lang durch. Am Ende des Saufgelages erschlug er den Wohnungsinhaber. Um die Spuren zu verwischen, meldete sich der Flüchtige in der Haftanstalt zurück. Im Oktober 1993 wurde die Leiche des Rentners gefunden. Zahllose Fingerabdrücke am Tatort stammten von Siegfried Mildner. Er wurde des Mordes angeklagt und in die Karl-Bonhoeffer-Nervenklinik zu einer Alkoholtherapie eingewiesen.

Nach seinem Ausbruch am 24. 04. 1995 trieb er sich mehrere Wochen lang in Berlin herum und betrank sich jeden Tag bis zur Bewusstlosigkeit mit Wodka oder Korn. Schließlich fand er Unterschlupf bei einem 33-jährigen Gastwirt, der ihn als Aushilfskellner einstellte. Als Dank spannte Mildner seinem Gönner die Freundin aus. Am 07. 08. 1995 kam es zu einem Streit um die Frau. Das Wortgefecht artete in eine Schlägerei aus. Siegfried Mildner zog ein Messer und rammte es seinem Arbeitgeber viermal in die Brust. Der Mann verblutete.

Am 22.08.1995 stellte sich der zweifache Mörder selbst der Polizei. In der Gerichtsverhandlung sprach der Gutachter Dr. Joachim Weege von einem dissoziierenden Verhalten, welches vor allem auf die schwere Kindheit zurückzuführen sei. Die frühen Lebensjahre seien von einem inneren Gefühl der Unerwünschtheit geprägt gewesen. Die Folge wäre eine Hassmanifestation gewesen, die sich immer stärker ausgeprägt habe. Trotzdem lehnte die Strafkammer des Landgerichts eine Sicherheitsverwahrung ab.

7. Fall

Am 11. März 1996 gegen 23.54 Uhr stürmten der 24-jährige Thomas Kiefer, der 27-jährige Eike Löhnert und der 29-jährige Torsten Tauchnitz – drei Patienten, die wegen Brandstiftung, Sachbeschädigung, Erpressung und schwerer Körperverletzung mit Todesfolge vor Gericht gestanden hatten – mit Besteckmessern in das Geschäftszimmer ihrer Station in der Karl-Bonhoeffer-Klinik. Sie bedrohten drei Pfleger und zwangen sie dazu, die Türen der geschlossenen Abteilung zu öffnen. Vor der Klinik stiegen die Ausbrecher in ein Taxi und fuhren damit in das Berliner Stadtzentrum. Von dort aus benutzten sie die U-Bahn bis zur Station Frankfurter Allee. Anschließend nahmen sie ein weiteres Taxi und gaben als Ziel den Ostbahnhof an. Weil sie nicht bezahlen wollten, alarmierte der Fahrer die Polizei, die unverzüglich die Verfolgung aufnahm. Bereits um 5.30 Uhr konnten alle drei Ausbrecher festgenommen werden.

8. Fall

Am 12. Mai 1996 hebelten der 36-jährige Frank Enckenhoff und der 37-jährige Frank Salich die Fenster ihres Patientenzimmers in der Karl-Bonhoeffer-Nervenklinik auf, sprangen hinaus, warfen einen selbst gebastelten Metallanker über die Mauer und kletterten an zusammengeknoteten Bettlaken hinauf.

Frank Eckenhoff hatte zehn brutale Sexualstraftaten an Kindern begangen und befand sich seit 1990 in der forensischen Psychiatrie. Frank Salich war ein Schläger und hatte unter anderem einen Taxifahrer überfallen und ausgeraubt. Beide galten als extrem gefährlich, wenn sie unter Alkoholeinfluss standen. Am 29. Mai 1996 konnten sie in der Wohnung eines Bekannten festgenommen werden.

9. Fall

Am 10. Oktober 1996 verhaftete die Polizei den 33-jährigen Alexander Lubasch. Der Tatvorwurf lautete auf Störung der Totenruhe und Leichenschändung in fünf Fällen. Er hatte mehrere frische Gräber geöffnet und die Verblichenen aus den Särgen geholt. Tote Kinder und Männer ließ er unversehrt zurück, er war ausschließlich auf weibliche Verstorbene aus. Zwei Frauen zog er die Haut ab.

Alexander Lubasch war im Jahr 1990 zum ersten Mal wegen Leichenschändung festgenommen worden. Bereits damals hatte er zwei Frauen aus ihren Gräbern geholt und gehäutet. Vier Jahre brachte er in der Karl-Bonhoeffer-Nervenklinik zu. Am 01. Januar 1995 wurde er von Chefarzt Dr. Mahr begutachtet und als geheilt entlassen. Nach seiner erneuten Festnahme legte er ein Geständnis ab und wurde zurück in die Nervenheilanstalt gebracht.

10. Fall

Am 05. Januar 1997 verließ der 59-jährige Joachim Zimmermann die psychiatrische Klinik in Buch, um in ein öffentliches Hallenbad zum therapeutischen Schwimmen zu gehen. Die Anweisung stammte von Chefarzt Dr. Mahr. Der unter dem Namen ›Ballhaus-Mörder‹ bekannt gewordene Geisteskranke kehrte nicht zurück. Im Jahr 1978 hatte er im

Ballhaus Tiergarten eine Frau kennengelernt und auf dem Heimweg erwürgt. Er wurde gefasst und in eine Nervenklinik eingewiesen. Dort gelang ihm bereits nach wenigen Tagen die Flucht. Anfang 1979 lernte Joachim Zimmermann im Ballhaus Tiergarten sein zweites Opfer kennen, eine 78-jährige Rentnerin. Er bot sich an, sie nach Hause zu bringen, zog sie in ein Gebüsch und erdrosselte sie. Der Doppelmörder wurde gestellt und erneut in eine Nervenklinik gesperrt. Seit 1990 war er weitere vier Mal geflüchtet. Am April 1997 wurde Joachim Zimmermann in Prag von der tschechischen Polizei verhaftet.

Stephan Gast schlug die Mappe zu und rieb sich die Augen. Er fand diese Berichte äußerst verwirrend. »In der Hälfte der Fälle spielt der Chefarzt eine entscheidende Rolle. Weshalb unternimmt niemand etwas dagegen?«, fragte er Frank Greger, der an seinem Tisch vorbeiging. »Er scheint sich häufig zu irren.«

»Dafür ist er ja auch Irrenarzt«, lautete die reichlich unbestimmte Erklärung.

Die Finte des Inders

Auf dem Flur warf der Kriminaloberkommissar eine Mark in den Automaten und zog sich ein Getränk, das je nach Färbung als Kaffee, Mokka oder Tomatensuppe verkauft wurde. Die Flüssigkeit in seinem Kaffeebecher war hellbraun. Demzufolge handelte es sich um Milchkaffee. Florian Faistel gesellte sich zu ihm und drückte die Taste für Mokka. Frank Greger fragte seinen Kollegen: »Von wem ist das Gedicht ›Über allen Wipfeln ist Ruh‹? Von Goethe oder von Heinrich von Kleist?«

»Keine Ahnung.«

»Ich denke, du bist ein absolutes Ass auf diesem Gebiet? Ein Literaturprofessor im Dienste des Polizeipräsidenten?«

»Nein, da muss ich dich enttäuschen«, antwortete der Kriminalkommissar. »Meine bescheidenen Kenntnisse beziehen sich ausschließlich auf Hermann Hesse. Ich habe mal an einem Quizwettbewerb im Fernsehen teilgenommen.«

»Und, hast du gewonnen?«

»Nein, leider nicht. Ich hatte den Vornamen seiner Mutter vergessen.«

»Schade eigentlich.«

»Genau, du sagst es.«

Sie tranken ihre Becher aus und warfen sie in den Papierkorb. Dann gingen sie zur Dienstberatung.

Kriminalhauptkommissar Minx berichtete über die neueste Entwicklung: »Maxim Prabhu hat in der Klinik angerufen und einen Mitpatienten darum gebeten, ihm bei der Beschaffung von gefälschten Entlassungspapieren behilflich zu sein. Ich habe für alle Fälle eine sofortige Telefonüberwachung angeordnet, obwohl er sich kaum ein zweites Mal melden wird.«

»Du glaubst also an eine Finte?«, fragte Kriminaloberkommissar Greger.

»Wir wissen, dass Prabhu äußerst gerissen ist. Er hat die Flucht bis in das letzte Detail geplant und besitzt genügend Geld, um lange Zeit durchzuhalten. Er wird sein Aussehen radikal verändert haben und ins Ausland unterwegs sein, nehme ich an. Er will uns an der Nase herumführen und lässt uns an der falschen Stelle suchen. In Bonnies Ranch ist zwar vieles möglich, aber ein Patient kann ohne die Hilfe des Personals unmöglich an irgendwelche Unterlagen herankommen. Obwohl es ansonsten in der Nervenklinik wirklich drunter und drüber geht.«

»Wie meinen Sie das, Chef?«, fragte Stephan Gast.

»Die Kriminalstatistik wies für das Jahr 1993 die Zahl

von 346 Fahndungsfällen aus dem Bereich Strafvollzug und Unterbringungsanstalten aus. In den Folgejahren stieg diese Zahl noch erheblich an. So wurden 1996 rund 450 Fahndungsfälle aus Justizvollzugsanstalten und ca. 120 aus der Karl-Bonhoeffer-Klinik und aus Buch gemeldet. Erst aufgrund öffentlichen Drucks reduzierten sich diese Quoten deutlich nach unten. Das war die gute Nachricht. Die schlechte lautete: Es gelang mehreren gefährlichen Gewalttätern, aus dem Maßregelvollzug zu entkommen. Einige wurden sogar als geheilt entlassen.«

»Ich weiß, ich habe vorhin die Berichte gelesen. Der Name des Chefarztes wurde häufig genannt.«

»Bereits im April 1995 forderte der Staatssekretär der Senatsgesundheitsverwaltung, dass ein unabhängiger Sicherheitsdienst die Nervenklinik bewachen muss. Im August 1996 wurden die Abteilungen in Buch und in der Karl-Bonhoeffer-Klinik, in denen psychisch kranke Straftäter behandelt werden, im so genannten Krankenhaus des Maßregelvollzugs zusammengefasst. Für Wachschutzkräfte, Metalldetektoren an den Eingängen sowie Bewegungsmelder hatte der Senat über sechs Millionen DM eingeplant. Doch das war und ist nur eine trügerische Sicherheit.

Aber Kriminalkommissar Gast hat recht. Das Hauptproblem bleiben die Patienten, die durch irgendwelche Lücken schlüpfen, wie Maxim Prabhu, oder die vom Ausgang nicht zurückkehren. Wer raus darf, liegt im Ermessen der Ärzte. Es ist ein subjektives Abwägen und Einschätzen. Geisteskranke weisen keine äußerlich sichtbaren Veränderungen auf. Röntgengeräte und andere Apparaturen helfen nicht weiter.«

»Hat mal jemand ein Pfefferminzbonbon für mich?«, fragte Florian Faistel dazwischen.

Carsten Minx fuhr fort: »Allerdings gibt es im Klinikalltag bestimmte Regeln. Wer einen anderen Menschen umgebracht hat, soll beispielsweise in den ersten vier Jahren seines Zwangsaufenthalts nicht nach draußen gehen dürfen. So lautet die Theorie. Die Ärzte behaupten, sie würden immer auch an die Opfer denken. Aber sie haben – im Gegensatz zu uns – nicht die verstümmelten Leichen, die missbrauchten Kinder, die geschändeten Frauen gesehen. Sie kennen nur ihre Patienten und lassen sich von deren Schauspielkünsten blenden. Sie glauben, nach eingehenden therapeutischen Gesprächen sicher sein zu können, dass alles in Ordnung geht. Aber beschwören können sie es nicht. Niemand kann in den Kopf eines anderen hineinschauen. Und wir haben anschließend die Arbeit.«

Carsten Minx wendete sich dem nächsten Thema zu. Eine halbe Stunde später war die Dienstberatung zu Ende. Frank Greger zog sich auf dem Flur noch ein Getränk aus dem Automaten. Er schlürfte die heiße Flüssigkeit in kleinen Schlucken und knüllte anschließend den Becher zusammen. Fünf Minuten später versuchte er, sich daran zu erinnern, was er eben getrunken hatte. Kaffee oder Suppe? Es fiel ihm nicht mehr ein.

Am nächsten Tag überbrachte André Kleist eine Hiobsbotschaft: »Ich bin einem Hinweis nachgegangen. Maxim Prabhu soll gestern Taxi gefahren sein. Es ist mir gelungen, die Fahrerin ausfindig zu machen. Er winkte sie in Neukölln heran und ließ sich nach Wannsee bringen. Er hatte bereits sein Aussehen verändert: Seine Haare waren kurz und schwarz, er trug eine Brille, einen Nadelstreifenanzug und einen Aktenkoffer. Er wirkte wie ein gut situierter Geschäftsmann – sagte die Taxifahrerin –, und schien nicht die Bohne nervös zu sein. In Wannsee gibt es auch einen Fernbahnhof. Die Züge vom Bahnhof Zoo in Richtung Hannover halten dort.«

»Vielleicht hat sie den indischen Botschafter befördert. Der sieht so ähnlich aus. Was macht sie so sicher, dass es unser Mann sein könnte?«, wollte Florian Faistel wissen.

»Er hat sie laufend mit Reimen zugetextet und ständig etwas von Herz, Abschied und neuem Anfang gefaselt.«

»Okay, dann war es wirklich unser Mann«, stellte Florian Faistel fest. »Der Originaltext lautet ›Bereit zum Abschied sein und Neubeginne, um sich in Tapferkeit und ohne Trauern in neue, andre Bindungen zu geben.‹, Hermann Hesse, Das Glasperlenspiel.«

Trotz der landesweiten Fahndungsmeldungen wurde Maxim Prabhu nirgendwo mehr in Deutschland gesehen, weder an diesem, noch an einem der folgenden Tage. Die Ermittler vermuteten deshalb, dass er sich über Holland nach Südamerika abgesetzt hatte.

Da es keine heiße Spur gab, blieb die Sache liegen. Die Fahnder hatten genügend andere Fälle, um die sie sich kümmern mussten.

Am 20. Mai 1997 rief Kriminalhauptkommissar Günther Meeden um 16 Uhr seine Männer zu einer Besprechung zusammen. Der Lagebericht lautete: »Am heutigen Tag um 11 Uhr flüchtete ein Patient der Karl-Bonhoeffer-Nervenklinik am U-Bahnhof Zoo. Es handelt sich um den 28-jährigen Weißrussen Igor Pikous. Sein Hobby ist es, Frauen zu quälen. Er hat mehrere vergewaltigt und anschließend schwer misshandelt. Er lebt irgendwelche perversen Phantasien dabei aus. Heute befand er sich auf dem Weg zu seinem Rechtsanwalt in der Kantstraße. Ein einzelner Pfleger begleitete ihn. Am Bahnhof Zoo sollten sie einen Dolmetscher treffen. Weshalb der Anwalt und der Übersetzer nicht in die Klinik gekommen sind, konnte mir noch niemand erklären. Es ist auch unbekannt, weshalb der Psychopath nicht gefesselt war. Mir liegt eine erste Stellungnahme der Sprecherin der Gesundheitsverwaltung des Berliner Senats vor. Sie kündigte an, dass dies ›ein Nachspiel für die Krankenhausleitung‹ haben werde. Gleichzeitig beschrieb sie den Flüchtigen als sehr gefährlich. Es soll der begründete Verdacht vorliegen, dass sich Igor Pikous inzwischen eine Schusswaffe besorgt hat. Weshalb wir die Letzten sind, die davon erfahren, kann ich euch nicht sagen, Männer. Und nun an die Arbeit! Fangt den Burschen wieder ein, bevor er weitere Frauen massakriert.«

Zurwehme

Doch nicht nur in Berlin, auch in anderen Bundesländern gelang es einigen Psychopathen aus der Haft zu entkommen. Es gab zwei Hauptgründe: Entweder lag es an der Schlamperei des Personals oder die eklatanten Fehleinschätzungen der Nervenärzte waren dafür verantwortlich.

Eines der bekanntesten Beispiele für das völlige Versagen der forensischen Psychiatrie ist der Fall Dieter Zurwehme. Der Mörder von Remagen, der zu den meist gesuchtesten Schwerverbrechern Deutschlands zählte, war am 2. Juli 1942 in Bochum als uneheliches Kind geboren und im Alter von vier Wochen ins Waisenhaus gekommen. Er wurde von strengen Adoptiveltern aufgezogen und für die geringsten Fehler hart bestraft. In der Grundschulzeit gab es mit ihm große Erziehungsprobleme. Mit 13 Jahren kam er in ein Erziehungsheim, weil er ein 15-jähriges Mädchen überfallen hatte. Zwei Jahre später beging er seinen ersten Raubüberfall. Mit 16 wurde er wegen Diebstahls verurteilt. Er türmte zur Fremdenlegion, wurde aber, weil er zu jung war, wieder nach Hause geschickt. Seine sich anschließende kriminelle Karriere reichte vom Autodiebstahl über Betrügereien bis hin zu tätlichen Angriffen.

1972, er hatte bereits neun Jahre abgesessen, vergewaltigte er in einer kurzen Phase der Freiheit zwei Frauen und erstach eine weitere. 1974 wurde er zu lebenslanger Haft verurteilt. In dem Urteil hieß es, dass seine Taten »von einem hohen Maß an Niederträchtigkeit und Gefühlsrohheit« geprägt gewesen seien.

Im Gefängnis verhielt sich Dieter Zurwehme vorbildlich. Er befolgte peinlich genau die Regeln und tat immer das, was ihm gesagt wurde. Mehrere Psychologen und Psychiater beschäftigten sich eingehend mit ihm. Im Januar 1988 bekam er seinen ersten Hafturlaub. Es gab keine Probleme. Zurwehme wurde von dem Psychiatrie-Professor Günter Gonschorek persönlich betreut. Der Arzt schätzte ein: »Mit an Sicherheit grenzender Wahrscheinlichkeit kann ein Missbrauch der Lockerungen ausgeschlossen werden.«

1989 setzte die Gefängnisleitung die Zahl der Hafturlaubstage Zurwehmes auf 21 jährlich fest. Am 15. Februar 1990 bedrohte der Freigänger in Bergheim eine Passantin mit einer Gaspistole und versuchte, sie in ein Gebüsch zu zerren. Die Frau konnte sich losreißen. Zurwehme wurde festgenommen. In einem von ihm angemieteten Schließfach im Bahnhof fand die Polizei einen Elektroschocker und Handschellen.

Der Gewalttäter wurde wieder für einige Jahre weggeschlossen. 1995 kam die Ärztin Anke Birk zu dem Ergebnis, dass »bei dem Patienten Zurwehme keine behandlungsbedürftige Sexualproblematik mehr vorliegen würde«. Die Medizinalrätin empfahl, ihm eine Förderung durch therapeutische Gespräche anzubieten. Dieter Zurwehme wurde daraufhin in den offenen Vollzug der Außenstelle Steinhagen der Strafvollzugsanstalt Bielefeld-Senne verlegt. Er bekam regelmäßig Ausgang und arbeitete tagsüber als Koch in einer Bielefelder Gaststätte. Nach einem Streit am 2. Dezember 1998 mit seinem Chef warf er ihm die Schürze vor die Füße und rannte weg. Als er nicht in die Haftanstalt zurückkehrte, wurde die routinemäßige Fahndung nach ihm ausgeschrieben. So richtig kümmerte sich niemand darum. Die Sachlage änderte sich schlagartig Ende März 1999.

Im Dezember 1998 war Zurwehme zunächst nach Holland geflüchtet. Er stahl sich dort ein Fahrrad und fuhr von Arnheim am Rhein flussaufwärts zurück in Richtung Deutschland. Unterwegs schlief er in Bungalows und lebte von Gelegenheitsdiebstählen.

Am Abend des 20. März erreichte er Remagen, eine Kleinstadt in Rheinland-Pfalz. Er drang in ein Baugrundstück ein und übernachtete in dem Rohbau einer Villa. Am nächsten Morgen wurde er von dem 71-jährigen Besitzer überrascht. Es gab einen heftigen Wortwechsel. Der empörte Hauseigentümer drohte, die Polizei zu rufen. Zurwehme schlug ihn zu Boden und versuchte, ihn zu fesseln. Der alte Mann wehrte sich und schrie um Hilfe. Zurwehme geriet in Panik. Er zog sein Fahrtenmesser und stach mehrmals zu. Der Widerstand des Mannes wurde schwächer und erstarb in einem Röcheln. In diesem Moment klingelte das Handy des Opfers. Der Mörder nahm das Gespräch an. Es meldete sich die Frau des Hausbesitzers. Zurwehme sagte zu ihr, dass er ihren Mann als Geisel genommen habe und ein Lösegeld in Höhe von 8.000 DM verlangen würde. Die Übergabe solle in ihrer Wohnung stattfinden. Die Bedingung laute: Keine Polizei!

Als Zurwehme am vereinbarten Treffpunkt eintraf, warteten dort mehrere Leute auf ihn. Die völlig verängstigte Frau des Ermordeten hatte sich zwar an die Vereinbarung gehalten und nicht die Polizei verständigt. Aber sie wollte dem Erpresser nicht allein gegenübertreten. Sie hatte deshalb ihren Schwager und dessen Gattin zu Hilfe gerufen.

Zurwehme war die ganze Zeit völlig planlos vorgegangen. Er hatte nur spontan reagiert, als das Funktelefon klingelte. Genau dasselbe tat er nun wieder. Sobald die Wohnungstür hinter ihm ins Schloss gefallen war, zog er eine Gaspistole aus seiner Tasche. Er bedrohte die Anwesenden und forderte sie auf, sich gegenseitig zu fesseln. Doch auch danach fühlte Zurwehme eine starke psychische Bedrohung von den drei alten Leuten ausgehen. Er zog erneut sein Fahrtenmesser und ermordete alle. Anschließend nahm er die 8.000 DM und flüchtete.

Die Spurensicherung der Polizei entdeckte Zurwehmes Fingerabdrücke am Tatort. Aus dem Routinefall war ein Kapitalverbrechen geworden. Die Großfahndung wurde ausgelöst. Der fünffache Mörder avancierte zum meistgesuchtesten Schwerverbrecher Deutschlands. »Dieter Zurwehme verfügt über eine ausgeprägte soziale und emotionale Intelligenz«, sagte ein Sprecher der Ermittlungsbehörden gegenüber der Presse. »Aber er kann von einer Sekunde auf die andere sehr aggressiv werden und sogar töten.«

Dieser Umstand und die Inkompetenz zweier Polizeiobermeister in Thüringen kostete dem 62-jährigen Friedhelm Beate das Leben. Der Rentner war am 27. Juni 1999 in einem Gasthof in Heldrungen abgestiegen. In der MDR-Fernsehsendung »Kripo live« wurde das Interesse der Zuschauer auf Einzelwanderer mit Rucksäcken gelenkt. Eine Anruferin hatte Friedlhelm Beate mit einer großen Kraxe gesehen. Sie machte die Polizei auf den Gast im Hotel »Zur Erholung« aufmerksam.

Vier Polizisten – zwei in Uniform, zwei in Zivil – fuhren nach Heldrungen. Sie benutzten den Hoteldirektor als Lockvogel. Er musste an die Tür des Rentners klopfen, während die beiden Zivilbeamten neben ihm standen. Die anderen Polizisten sicherten das Treppenhaus. Als Friedhelm Beate die Zimmertür öffnete, trat der Hoteldirektor zur Seite. Der Rentner sah sich völlig unvermutet zwei ihm völlig unbekannten Männern gegenüberstehen, die mit Pistolen auf ihn zielten. Der 62-Jährige zog sofort die Tür wieder zu. Zwei Schüsse fielen. Der eine durchbohrte das Türblatt, der andere ging durch den Türspalt. Ein Projektil traf das Herz, das andere blieb in der Brust stecken. Friedhelm Beate brach tot zusammen.

Der Polizeisprecher meinte dazu: »Die beiden Polizeiobermeister haben eindeutig ihre Kompetenz überschritten. Sie hätten das Spezialeinsatzkommando der Polizei rufen müssen.« Allerdings wäre es erst gar nicht zu der folgenschweren Verwechslung gekommen, wenn dem Hoteldirektor ein Fahndungsfoto vorgelegt worden wäre. Friedhelm Beate besaß nicht die geringste Ähnlichkeit mit Dieter Zurwehme.

Die weiteren Stationen der Flucht des Mörders von Remagen waren:

Am 21. Juli 1999 versuchte er bei Stadthagen eine 15-Jährige zu vergewaltigen. Das Mädchen wehrte sich und verletzte ihn äußerst schmerzhaft im Genitalbereich. Der Täter blutete stark und flüchtete. Der aus der Blutlache gewonnene genetische Fingerabdruck konnte eindeutig Zurwehme zugeordnet werden.

Am 24. Juli wurde er bei Bückeburg gesehen. Ein Polizeigroßaufgebot durchkämmte vier Tage lang vergeblich die Felder und Wälder der Region.

Am 26. Juli unternahm Zurwehme in Cuxhaven den nächsten Vergewaltigungsversuch. Er misslang aufgrund einer anatomischen Fehlbildung der Fortpflanzungsorgane des Mörders. Diesmal war eine 19-Jährige sein Opfer. Ein forensischer Gutachter erklärte später: »Zurwehme kann keinen Geschlechtsverkehr ausüben, weil er körperlich dazu nicht in der Lage ist. Daraus erklärt sich seine Aggressivität gegenüber Frauen. Er will sie unterwerfen und auf diese Weise besitzen. Deshalb tötet er sie auch nicht – im Gegensatz zu alten Menschen. Diese setzt er mit seinen Adoptiveltern gleich, gegenüber denen er immer noch einen abgrundtiefen Hass empfindet.«

Wäre nur ein einziger Psychiater schon früher zu dieser

Erkenntnis gekommen, hätte vielen Menschen großes Leid erspart bleiben können.

Am Tatort ließ Zurwehme seinen Rucksack zurück. Er enthielt einen Kulturbeutel, ein buntes Tuch und eine braune Jacke. Der Polizeisprecher Arno Stabbert aus Cuxhaven erklärte siegessicher: »Damit haben wir Zurwehmes Wohnzimmer und sein Bad erwischt. Jetzt legen wir uns auf die Lauer, um auch sein Schlafzimmer zu finden.«

Am 30. Juli 1999 tauchte Dieter Zurwehme am Berliner Stadtrand auf. Der Grunewald wurde erfolglos durchsucht.

Am 31. Juli erkannte ihn ein Zeuge in Erfurt.

Am 3. August 1999 wurde er in Limburg gesehen. Der Großeinsatz der Polizei ging ohne Erfolg zu Ende.

Am 6. August 1999 schwärmten mehrere Hundertschaften in der Nähe von Templin aus. Diesmal meinte ein Polizeisprecher: »Der Verbrecher versteckt sich keineswegs ausschließlich in Wäldern, sondern er sucht den Kontakt zu Menschen. Er gibt sich als Tourist aus oder erbettelt Geld mit mitleiderregenden Geschichten. Er hat sogar gelegentlich gearbeitet. Er entrostete Strommasten, half bei Renovierungen und betätigte sich als Fassadenreiniger. Dabei gibt er sich sehr freundlich. Er ist redegewandt, besitzt hohe soziale Kompetenz und tritt inzwischen wieder mit gepflegtem Äußeren auf.«

Der Polizeisprecher hatte sich – wenigstens in dem letzten Punkt – geirrt. Am 19. August 1999 kam dem 46-jährigen Wilfried Bückler in Greifswald ein braun gebrannter Mann mit Jeansschlapphut und blauer Stofftasche, der ungewaschen wirkte und dementsprechend streng roch, auf der Straße entgegen. Wilfried Bückler ging zum nächsten Telefon und rief die Polizei an. Zufällig stand in diesem Moment gerade eine Streifenwagenbesatzung zur Verfügung. Der Dienstabschnittsleiter schickte um 9.30 Uhr die beiden Kontaktbereichsbeamten Horst Ebeling und Hermann Seeck mit einem VW-Transporter los. Unterwegs sammelten sie Wilfried Bückler am Wegesrand ein. An der Ecke Gützkower Straße/Scharnhorststraße sahen sie den einsamen Wanderer. Der Polizeiwagen stoppte. Die beiden Polizisten stiegen aus.

»Ich bin es, den ihr sucht«, sagte Zurwehme und hob die Hände. Die Handschellen klickten. Der Mann stellte sich folgsam an die Wand und ließ sich durchsuchen. Das Fahrtenmesser und die Gaspistole gab er freiwillig heraus.

Auf der Rückfahrt bat Wilfried Bückler darum, vorne sitzen zu dürfen. »Ich habe Angst, dass er mein Gesicht sieht und sich später an mir rächt«, flüsterte er.

Zurwehme erzählte unterdessen, dass er einen Tag zuvor in Waren einen Laubenbesitzer überfallen, gefesselt und geknebelt hatte und dann mit dem Auto seines Opfers davongefahren war.

Am 8. Juni 2000 wurde Dieter Zurwehme zu einer lebenslangen Haftstrafe verurteilt. Das Gericht stellte eine besondere Schwere der Schuld fest und verhängte auf Antrag der Staatsanwaltschaft und der Nebenklage außerdem Sicherheitsverwahrung. Der Sinn dieser Regelung besteht darin, dass Zurwehme nicht bei guter Führung nach 15 Jahren aus der Haft entlassen werden kann.

Doch Dieter Zurwehme und seine Taten gerieten nicht so schnell wieder in Vergessenheit. Er erhielt zahlreiche »Fanpost« von zumeist weiblichen Bewunderern ins Gefängnis. Am 15. Februar 2001 heiratete er eine dieser neuen Brieffreundinnen in der Besuchsabteilung der Wuppertaler Justizvollzugsanstalt Simonshöfchen. Die frisch gebackene Frau Zurwehme war eine Berliner Kellnerin, die als Buffetkraft in einer Kaserne arbeitete. Ihren Mann durfte sie anderthalb Stunden lang pro Monat besuchen. »Die Eheschließung hat keinerlei Vollzugslockerung zur Folge. Sie führt auch zu keinem Anspruch, die Ehe vollziehen zu können«, erläuterte

Klaus Gröner, Sprecher des Justizvollzugsamtes, gegenüber der Presse. »Das bedeutet, dass Zurwehme kein Recht darauf hat, mit seiner Frau in einem so genannten Langzeit-Besuchsraum mehrere Stunden lang ungestört intim werden zu dürfen.«

Schmökel

Am Mittwoch, dem 25. Oktober 2000, wurde der mehrfache Sexualstraftäter und Mörder Frank Schmökel von drei Pflegern zu einem Ausflug nach Strausberg begleitet. Schmökel, der 1995 zu 14 Jahren Haft verurteilt worden war, saß seit drei Jahren unter strengsten Sicherheitsbedingungen im Maßregelvollzug der Nervenklinik Neuruppin ein. Der 38-jährige Geistesgestörte hatte im Verlauf seiner kriminellen Karriere mehrere kleine Mädchen vergewaltigt, eines starb an den Folgen. Er war bereits fünfmal aus Nervenkliniken geflüchtet.

Weshalb und wieso ihm dieser Besuch genehmigt worden war, blieb im Nachhinein allen Beteiligten schleierhaft, weil Schmökel seine Mutter hasste und lange Zeit keinen Kontakt zu ihr haben wollte. Aber der Patient hatte sich viele Monate lang als äußerst therapiewillig gezeigt, sodass die Ärzte der Nervenklinik ihm auf einer zehnteiligen Skala die Lockerungsstufe vier zubilligten und einen Ausgang unter strengsten Sicherheitsvorkehrungen genehmigten. Schmökel war nicht gefesselt, seine Pfleger trugen keine Waffen. Auf der gut zweistündigen Fahrt wurde gescherzt und geplaudert. Die Atmosphäre in der mütterlichen Wohnung in Strausberg war ebenfalls so entspannt, dass zwei Pfleger nach unten vor das Haus gingen, um auf der Straße in aller Ruhe zu rauchen.

Der Mörder blieb unterdessen allein mit seiner Mutter und dem dritten Pfleger zurück. Plötzlich und ohne jede Warnung griff sich der 1,90 Meter große Mann gegen 11.20 Uhr ein 30 Zentimeter langes Küchenmesser und stach damit zuerst auf seine Mutter, anschließend auf den Pfleger ein. Beide kamen mit leichten Verletzungen davon. Schmökel rannte aus der Wohnung, die Treppe hinunter und griff unten vor der Haustür einen Pfleger an, der sich ihm in den Weg stellte. Der Mann erhielt zwei tiefe Stiche in der Brust und einen in der Hüfte. Er brach blutüberströmt zusammen. Schmökel flüchtete nach links, der unverletzt gebliebene dritte Pfleger in panischem Entsetzen nach rechts.

Anschließend setzte das totale Chaos ein. Es dauerte Stunden, ehe die Fahndung nach dem Verbrecher in Gang kam. Die Polizei suchte zunächst nach einem unbekannten Messerstecher, weil sie Schmökels Namen nicht kannte. Erst einen Tag später wurde die Öffentlichkeit über das Blutbad informiert und noch ein Tag musste vergehen, ehe die Polizei in Strausberg und Umgebung Flugblätter mit dem Steckbrief von Schmökel verteilte. Dabei stellte sich heraus, dass es kein aktuelles Foto von dem Flüchtenden gab. Das letzte war mehrere Jahre alt und stimmte mit seinem tatsächlichen Aussehen nicht überein.

Am Freitag fand sich endlich die erste Spur. Ein Wachschutzmann berichtete, er habe den Gesuchten am S-Bahnhof Strausberg-Hegermühle gesehen. Die Polizei suchte vergeblich die Umgebung ab. Unterdessen wurde beim Brandenburger Landeskriminalamt eine zwölfköpfige Sonderabteilung, bestehend aus fünf Zielfahndern und sieben Kriminalisten gebildet, die jede Adresse und jede Person überprüften, die jemals irgendeine Verbindung zu dem Verbrecher gehabt hatten.

Dann tauchten Briefe von Schmökel auf, die in Neuruppin aufgegeben worden waren. Die Fahndung konzentrierte sich auf diese Region und auf den Wohnort eines der früheren Opfer des Gewaltverbrechers in Mecklenburg-Vorpommern. Schmökel hatte in seiner Zelle einen Zettel zurückgelassen, auf dem stand, dass ihm das Mädchen nicht aus dem Kopf gehen würde.

Doch tatsächlich hielt sich der Flüchtling immer noch im Raum Strausberg auf. In der seen- und waldreichen Gegend gab es zahlreiche Bungalows, die sich im Herbst als ideale Verstecke eigneten.

Am 2. November überraschte der 61-jährige Johannes Blank einen Eindringling in seiner mit dunkelbraunen Holzstämmen verkleideten Laube in der so genannten Postbruch-Datschensiedlung. Schmökel kannte kein Erbarmen. Er erschlug den Mann, stahl ihm Autopapiere, Geldbörse sowie EC-Karte und fuhr mit dem Pkw davon. Am nächsten Tag rief er einen ihm bekannten Arzt an und gestand den Mord. Die Polizei hatte große Schwierigkeiten, den Tatort zu finden. »Das Gelände ist schwer überschaubar. Es gibt auch keine Klingelschilder«, erläuterte Dietmar Weist, der Leitende Polizeidirektor aus Frankfurt/Oder.

Später gelang es, den Telefonanruf zu lokalisieren. Er war aus dem sächsischen Nisky gekommen. Insgesamt gingen 1200 Hinweise aus allen Teilen der Bundesrepublik bei der Polizei ein. Danach war Schmökel gleichzeitig in Brandenburg, Mecklenburg-Vorpommern, Sachsen-Anhalt und Niedersachsen gesehen worden. Zehn Verwandte und Bekannte Schmökels wurden als besonders gefährdet eingestuft und unter Polizeischutz gestellt. Die Fahndung kostete Tag für Tag 250.000 DM.

Nach und nach erfuhr die Öffentlichkeit weitere Einzelheiten aus dem Leben Schmökels. Sein Anwalt berichtete: »Er hat volle Einsicht in das Unrecht seines Tuns, aber er kann die Triebe, die sein ganzes Leben steuern, nur bedingt beeinflussen.« Im letzten unabhängigen Gutachten über ihn stand die Empfehlung, den Triebtäter sicher zu verwahren: »Er ist praktisch nicht therapierbar. Er hat wenig Skrupel und ist grundsätzlich gewaltbereit.« Und der Polizeisprecher Dieter Schulze fügte hinzu: »Schmökel hat bewiesen, dass er mehrere Tage lang in Erdlöchern leben kann. Er ist bereit, sich von Würmern, Schnecken und Müll zu ernähren. Deshalb hat er sich den Spitznamen ›Ötzi‹ gegeben. Er ist trainiert. Er kann eine Weile durchhalten.«

Am 4. November 2000 fand die Polizei in Großdubrau bei Bautzen in Ostsachsen das Fluchtauto. Einen Tag später entdeckte sie das Nachtlager des Mörders in einem Bungalow. Neben mehreren Messern, billigem Wein und einem Luftgewehr wurden auch persönliche Aufzeichnungen von ihm gefunden. Darin schilderte er die Stationen seiner Flucht. In Strausberg an der Hegermühle habe er unter einem Laubhaufen gelegen, als eine Polizeistreife das Areal absuchte. In der Laube in der Postbruch-Datschensiedlung hatte er mehrere Tage zugebracht und die Polizei mit Briefen abgelenkt. Im Nachbargarten habe ein alter Mann gemeinsam mit einem Mädchen Gras gemäht. In Schmökels Tagebuch stand: »Opa macht Rasen, Enkelin harkt, bückt sich auch noch so gut. Die Versuchung ist immer und überall.«

Die Fahnder waren sich sicher, dass Schmökel ihnen erst in allerletzter Sekunde entkommen war. Er musste sich noch in dem unwegsamen, 55 Quadratkilometer großen Waldgebiet bei Bautzen aufhalten. Die Polizeiführung ging davon aus, ihn in wenigen Stunden stellen zu können. Hundestaffeln durchstreiften das Gelände, Hubschrauber flogen Patrouille und nach Einbruch der Dunkelheit kamen Wärmebildkameras zum Einsatz. Trotzdem gelang es Schmökel, den Kordon zu durchbrechen. Die Aktion musste ergebnislos abgebrochen werden.

Am Dienstag, dem 07. November 2000, wollte Sven Jeske in dem kleinen Ort Saritsch bei Bautzen in seinem Bungalow nach dem Rechten sehen, als er an der Tür Einbruchsspuren bemerkte. Ihm schoss sofort der Gedanke durch den Kopf, dass der Eindringling noch im Gebäude sein könnte. Sven Jeske entfernte sich vom Grundstück und rief aus sicherer Entfernung die Polizei an.

Ein paar Minuten später trafen die beiden Polizeibeamten Martin Hottinger und Jörg Kröber ein. Sie zogen ihre Dienstwaffen und öffneten die Tür. Im Inneren des Bungalows lag ein Gestalt zusammengekauert auf dem Boden. Sie hielt ein Messer in der Hand »Lassen Sie das Messer fallen und stehen Sie auf«, befahl Polizeiobermeister Hottinger.

In diesem Moment sprang Schmökel auf und griff an. Ein Schuss in die Milz setzte ihn außer Gefecht. Der Verletzte wurde unter Polizeibewachung mit einem Krankenwagen nach Bautzen gebracht und von dort aus zwei Tage später per Hubschrauber in das Haftkrankenhaus Fröndenberg bei Dortmund geflogen.

Andreas Schuster, Chef der Brandenburger Gewerkschaft der Polizei (GdP), erklärte später, dass die Suche nach Schmökel die wahrscheinlich aufwendigste Fahndung in der Geschichte der BRD gewesen sei, an der zeitweilig bis zu 2000 Polizisten teilnahmen. Die Gesamtkosten lagen bei sieben Millionen Mark. Beispielsweise schlug der Hubschrauberflug mit 13.000 DM und der 20-tägige Klinikaufenthalt mit 10.597 DM zu Buche. Sven Jeske erhielt für den entscheidenden Hinweis, der zur Ergreifung des Täters führte, 25.000 DM Belohnung. Doch damit war in Bezug auf die Kosten noch lange nicht das Ende der Fahnenstange erreicht.

Die Schussverletzung von Frank Schmökel konnte auskuriert werden. Am 29. November 2000 wurde er vom Haftkrankenhaus Fröndenberg in die Landesklinik Brandenburg verlegt. Inzwischen galt der Triebtäter als ein ähnlich gefährliches Monster wie Dr. Hannibal Lecter aus der Romantrilogie von Thomas Harris. Die Direktion der Nervenklinik wollte nicht das geringste Risiko eingehen. Die Kosten für einen gewöhnlichen Gefangenen im Maßregelvollzug lagen bei 400 DM pro Tag, bei Schmökel machten sie gut und gerne das Doppelte aus. Der berühmt-berüchtigte Patient kam in eine Spezialzelle, die 14 Quadratmeter groß war und außer Tisch und Stuhl noch ein Bett, eine Dusche sowie eine Toilette enthielt. Im Raum gab es keine frei beweglichen Gegenstände, die als Waffen benutzt werden konnten. Tisch und Stuhl waren aus Weichplastik. Da der sechsfache Ausbrecher bereits zweimal Gitterstäbe durchgesägt hatte, versperrte ihm nun eine Scheibe aus Panzerglas den direkten Zugang zum Fenster. Schmökel wurde rund um die Uhr durch zwei Aufseher überwacht. Ein Fenster vom Dienstraum ging direkt in seine Zelle, an deren Decke zusätzlich eine Videokamera hing.

Beim einstündigen Hofgang musste Schmökel Handschellen tragen, ebenso im Fernsehraum. Er durfte keinen Kontakt zu anderen Patienten haben. Er wurde, wo er auch hinging, von zwei Pflegern begleitet. Beim Öffnen der Zellentür stand außerdem ein dritter Mann zur Absicherung auf dem Gang.

Für die Öffentlichkeit tat sich ein unerklärbarer Widerspruch auf: Während auf der einen Seite im Bereich von Justiz und Polizei unerträgliche Sparmaßnahmen das Funktionieren des Systems insgesamt in Frage stellten, schien bei spektakulären Fahndungsaktionen das Geld überhaupt keine Rolle zu spielen.

Seine Zeit vertrieb sich Schmökel im Maßregelvollzug hauptsächlich damit, Briefe zu lesen und zu beantworten. Wie Dieter Zurwehme bekam er reichlich Fanpost von jungen Frauen und Mädchen, die ihn für seine Taten bewunderten. Petra Marx, die Sprecherin der Staatsanwaltschaft stellte resignierend fest, dass es keine gesetzliche Möglichkeit geben würde, diese Kontaktaufnahmen zu unterbinden. »Jeder Brief wird vom Ermittlungsrichter gegengelesen.« Aber wenn es nichts zu beanstanden gäbe, müsste die Post, unter der sich auch einige Heiratsanträge befanden, weitergeleitet werden.

In der Neuruppiner Nervenklinik revoltierten im Februar 2001 fünf völlig betrunkene Patienten, zerschlugen das Mobiliar auf ihrer Station und bedrohten das Personal. Erst als die Situation noch weiter zu eskalieren drohte, wurde die Polizei zu Hilfe gerufen. Den Beamten gelang es nur durch entschiedenes Durchgreifen, den Aufstand niederzuschlagen. Einige Tage später kehrte ein weiterer Straftäter nicht vom Freigang zurück. Er konnte erst einen Tag später in Halle gestellt werden.

Im März 2001 überprüfte eine Expertenkommission unter Vorsitz des Essener Gerichtspsychiaters und Neurologen Professor Norbert Leygraf das Krankheitsbild aller 56 Patienten im Neuruppiner Maßregelvollzug. Bei einem Drittel aller Fälle kamen die Gutachter zu völlig anderen Ergebnissen als ihre Kollegen vor Ort.

Eine weitere Arbeitsgruppe unter Leitung des ehemaligen nordrhein-westfälischen Innenministers Herbert Schnoor (SPD) bezeichnete die maroden Bauten der Nervenklinik als untragbar.

Die Landesregierung zog die Konsequenzen aus all diesen Vorfällen: Dr. Christina Gonschorek, die Chefärztin des Neuruppiner Maßregelvollzugs, wurde nach Eberswalde versetzt, wo sie eine kleinere Station zu leiten hatte.

Am 03.12.2001 erhob die Staatsanwaltschaft Frankfurt/ Oder Anklage gegen Frank Schmökel. Ihn wird ein ähnliches Urteil wie Dieter Zurwehme erwarten.

Scharlatanerie

Ein gebrochenes Bein ist ein gebrochenes Bein. Ein praktischer Arzt kann sehr genau feststellen, wie gut der Bruch geheilt ist. Ein »Seelenklempner« hat es da viel schwerer. Er ist nur äußerst unvollkommen dazu in der Lage, in das Innere eines Patienten zu blicken. Es gibt beispielsweise Fachleute, die meinen, die einzige vernünftige Therapie, die bei Triebtätern angewendet werden könne, sei die Kastration, weil die meisten Handlungen des Menschen durch das Unterbewusstsein und nicht durch den Verstand gesteuert werden. Der Homo Sapiens wäre viel weniger weit vom Tier entfernt, als er es selbst wahrhaben wolle und sich eingestehen würde. Und wenn der Verbrecher seine eigenen Triebe nicht beherrschen könne, wäre ein kleiner Schnitt die beste Lösung – sowohl für ihn, als auch für die Gesellschaft.

Andere Neurologen sagen, dass eine Kastration überhaupt nichts bringen würde, weil das Gehirn das größte Sexualorgan sei und die Sexualität im Kopf stattfände, woran der Entzug von Testosteron, dem männlichen Keimdrüsenhormon, nichts ändern würde.

Doch sei es, wie es will. Seit der Euthanasie und dem »Gesetz zur Verhütung erbkranken Nachwuchses« im Dritten Reich ist die Zwangssterilisierung von Sexualstraftätern in Deutschland kein öffentlich behandelbares Thema mehr. Auch der Missbrauch, der im Rahmen der Eugenik-Bewegung in den USA und in Schweden getrieben wurde, hat jeder vernünftigen Diskussion den Boden entzogen: Von 1907 bis 1979 wurden in den USA 60.000 bis 100.000 Männer und Frauen zwangsweise sterilisiert. In Schweden waren es zwischen 1935 und 1976 rund 3000 Männer und 59.000 Frauen, denen die Fortpflanzungsfähigkeit genommen wurde.

Die Eugeniktheorie beruhte auf der absurden Vorstellung, durch die Ausschaltung ungünstiger und der Bevorzugung erwünschter Gene die Rasse verbessern zu können. Kriminelle und unmoralische Elemente oder Alkoholiker sollten durch das Skalpell daran gehindert werden, ihr »schlechtes Erbgut« weitertragen zu können.

Doch die eigentlichen Probleme der forensischen Psychiatrie liegen auf ganz anderem Gebiet. Zum einen ist die Ausstattung der Nervenkliniken, die noch bis vor 15 Jahren hauptsächlich zum Wegschließen der Patienten dienten, äußerst schlecht. Zum anderen wird das Fachgebiet nur an wenigen Universitäten gelehrt, die Decke der tatsächlichen Spezialisten ist äußerst dünn.

Im Maßregelvollzug führte das teilweise mangelhafte Wissen und die ständige arbeitsmäßige Überforderung dazu, dass bei Patienten, die sowohl schwere Verbrechen begangen hatten als auch sozial gestört waren, Heilerfolge festgestellt wurden, sobald sie sich nicht mehr auffällig verhielten. Die Rückfälle in die kriminellen Karrieren waren damit vorprogrammiert, wenn die Täter der Anstalt den Rücken kehren durften. Andere psychisch Kranke verhielten sich im geschlossenen Mikrokosmos der Nervenklinik jahrelang vorbildlich und verwandelten sich vor den Toren wieder vom Dr. Jekyll in Mr. Hyde.

Manche Psychiater können sehr gut mit den Widrigkeiten ihres Berufs leben, andere wiederum nicht. Chefarzt Dr. Klaus Mahr von der Karl-Bonhoeffer-Nervenklinik, der für den Ausbruch von Maxim Prabhu verantwortlich gewesen war und der den mehrfachen Mörder Thomas Rung als geheilt entlassen hatte, konnte ein erneutes Versagen nicht verkraften: Ein Patient von ihm benutzte im Januar 1998 einen Freigang, um eine Bank zu überfallen und die Kassiererin zu erschießen.

Am 12. Januar 1998 erhängte sich Dr. Mahr. In seinem Abschiedsbrief schrieb er: »Ich kann den Menschen in der U-Bahn nicht mehr in die Augen sehen, wenn wieder ein

Fall bekannt wird, in dem ein Patient rückfällig wurde und tötete.«

Untersuchungen ergaben, dass gerichtlich bestellte Gutachter, die seit Jahren in zahlreichen Prozessen umfangreiche Stellungnahmen vorgetragen hatten, nicht aufgrund ihrer fachlichen Kompetenz dafür ausgewählt worden waren, sondern nur deshalb, weil sie sich beworben hatten. Therapeuten im Maßregelvollzug wurden nicht auf ihre fachliche Qualifikation hin überprüft. Sie mussten keine spezielle Ausbildung nachweisen, sie hatten keine Pflicht zur fachlichen Weiterbildung. Ihre Kenntnisse auf diesem Spezialgebiet wurden nicht überprüft.

Der größte Scharlatan aller Zeiten auf diesem Gebiet war der selbsternannte Amtsarzt Dr. Dr. Bartholdy alias Gert Uwe Postel. Der Hochstapler, der über keinerlei höhere Bildung verfügte, hatte ursprünglich als Briefträger gearbeitet und war seitdem mehrfach mit dem Gesetz in Konflikt gekommen, weil er sich gern mit falschen Abiturzeugnissen, Diplomen und Doktorentiteln schmückte. Im Jahr 1995 nahm der damals 36-jährige Schwindler im Sächsischen Krankenhaus Zschadrass seine sechste Stelle als Arzt an. Er trat in 25 Fällen in Strafprozessen als gerichtlich bestellter Gutachter für forensische Psychiatrie auf und kassierte dafür – neben seinem eigentlichen Gehalt – 40.000 DM an Gebühren.

Postel

Gert Postel hatte sich auf eine Ausschreibung hin in Zschadrass beworben. Er gab sich als Psychiater, Neurologe und Psychotherapeut aus. Dr. Horst Krömker, der Chefarzt, führte das halbstündige Einstellungsgespräch und war von dem neuen Kollegen begeistert. Mehrere Zeugnisse, die vom

Generalbundesanwalt beglaubigt worden waren, und etliche gute Beurteilungen bescheinigten Postel beste Arztleistungen. Er wurde als Oberarzt eingestellt und war für die geistig gestörten Straftäter im Maßregelvollzug verantwortlich. Nach Ablauf der halbjährigen Probezeit urteilte der Chefarzt, dass er sich überdurchschnittlich gut bewährt habe und alle Anforderungen überträfe.

Gert Postel arbeitete insgesamt anderthalb Jahre in Zschadrass. Während dieser Zeit gelang es ihm, nicht einen einzigen Patienten körperlich untersuchen zu müssen. Mal war er erkältet, mal aus irgendwelchen Gründen unabkömmlich. Auch die medizinische Betreuung der Kranken überließ er seinen Mitarbeitern. Allerdings bewährte er sich auf organisatorischem Gebiet und als Krisenmanager, wie beispielsweise bei einer Häftlingsrevolte. Im sächsischen Gesundheitsministerium wurde deshalb überlegt, ihm eine Chefarztstelle im Maßregelvollzug Arnsdorf im Raum Dresden anzubieten.

Auch von einer Professur war bereits die Rede, als eine neue Mitarbeiterin aus Norddeutschland in ihm jenen falschen Amtsarzt zu erkennen glaubte, der 1986 in Flensburg wegen Hochstapelei verurteilt worden war. Eine sofortige interne Überprüfung ergab, dass die Frau recht gehabt hatte. Doch als die Polizei den Hochstapler am 11. Juli 1997 morgens um 2.30 Uhr verhaften wollte, war er längst ausgeflogen. Die Leipziger Staatsanwältin Sylvia Braun hatte ihn am Abend zuvor telefonisch gewarnt, dass ein Haftbefehl gegen ihn vorliegen und der Zugriff unmittelbar bevorstehen würde. Die Beamten fanden nichts, was auf seinen weiteren Verbleib hindeuten konnte. Auf dem Küchentisch lag lediglich ein Foto, das Postel zusammen mit dem Papst Johannes Paul II. zeigte. Der Hochstapler hatte sich als Theologiestudent ausgegeben und sich über den Jesuitenorden eine Audienz beim Heiligen Vater verschafft.

Zehn Monate lang befand er sich auf der Flucht. Immer wieder konnte er sich in letzter Sekunde der Verhaftung entziehen, weil ihn sein Instinkt oder eine seiner sexuellen Eroberungen – er bevorzugte Richterinnen und Staatsanwältinnen – warnten. In Berlin beispielsweise, wo er sich unter dem Namen »Dr. Gert von Berg« eine Wohnung in der Ludwigkirchstraße gemietet hatte, sah er einen Polizeiwagen auf der Straße vorfahren und drei Beamte aussteigen. Als sie die Treppe heraufkamen, heftete er schnell einen Zettel an die Wohnungstür. Auf ihm stand: »Hallo Peter, ich bin zu Susanne nach Bremen gefahren. Wir treffen uns nächste Woche.« Die Beamten zogen enttäuscht wieder ab – Postel beobachtete sie durch den Türspion.

Über die Arbeitsweise der Zielfahnder hatte er sich in der Bibliothek vom Polizeipräsidium informiert. Als Staatsanwalt Dr. Stecher war er den Mitarbeitern in guter Erinnerung geblieben.

Von Berlin aus flog er nach Hannover. Das Flugticket hatte er telefonisch unter dem Namen Michael Dahms bestellt. So hieß der gegen ihn ermittelnde Staatsanwalt in Leipzig.

Am 12. Mai 1998 wurde er von Zielfahndern in einer Telefonzelle in Stuttgart verhaftet, nachdem er mehrmals im Dresdner Landeskriminalamt angerufen und gefragt hatte: »Wie wäre es, wenn ich mich stelle?« Die Telefonnummer war ihm von Monika Rogowsky, einer Stuttgarter Richterin, zugesteckt worden. Die Zielfahnder hatten in Baden-Württemberg eine heiße Spur entdeckt, mit der Richterin darüber gesprochen und um ihren Rückruf gebeten, falls es weitere Hinweise geben sollte. Was sie nicht wussten: Zum selben Zeitpunkt saß Gert Postel in Monika Rogowskys Wohnung in der Badewanne.

Im Januar 1999 wurde dem Hochstapler im Leipziger Landgericht, vor dem er mehrfach als Gutachter aufgetreten war, der Prozess gemacht. Dr. Horst Krömker, der Chefarzt der Zschadrasser Klinik erläuterte, wie es überhaupt zu der Anstellung kommen konnte: »Ein Facharzt, der sich um den therapeutischen Strafersatz gekümmert hatte, war vorzeitig in seine Heimat nach Bayern zurückgekehrt. Auf die Neuausschreibung der freien Oberarzt-Stelle gab es lediglich zwei Bewerbungen. Nur einer davon konnte fehlerfrei Deutsch. Er nannte sich Dr. Gert Postel und kam mit den besten Empfehlungen.«

In der Klinik hatte es keine Probleme mit ihm gegeben, allerdings beim Leipziger Amtsgericht. Einer Justizsekretärin war 1996 eine Honorarabrechnung überhöht erschienen. Auf die Monierung hatte der Oberarzt Dr. med. Postel mit einer wütenden Dienstaufsichtsbeschwerde reagiert. Darin hieß es: »Es handelt sich um eine bislang nicht erlebte Ungehörigkeit. Die Mitarbeiterin besitzt nicht die Qualifikation, auch nur ansatzweise meine Tätigkeit zu beurteilen.« Die Justizkasse hatte daraufhin den vollen Honorarsatz in Höhe von 1.830 DM überwiesen.

In der Verhandlung musste der Staatsanwalt Michael Dahms einräumen, dass zwischenzeitlich kein einziges der 25 von dem Scharlatan verfassten Gerichtsgutachten aufgehoben worden war. Alle dahingehenden Anträge waren in den Wiederaufnahmeverfahren abschlägig beurteilt worden.

Am 22. Januar 1999, dem letzten Prozesstag vor dem Leipziger Landgericht, wurde der Hochstapler selbst begutachtet. Die Psychologin Sabine Nowara fand keine guten Worte für ihn: »Seine Fähigkeit zum abstrakten logischen Denken ist im Unterschied zu seiner Redefertigkeit unterdurchschnittlich. Ihm fehlt die Fähigkeit zur Selbstkritik. Er ist stark ichbezogen. Auf Kritik reagiert er verunsichert, gereizt und aggressiv. Anderen gegenüber ist er deutlich herablassend.«

Der Richter Erich Drath sprach Gert Postel des Betrugs

in 37 Fällen, der Urkundenfälschung sowie des Missbrauchs von Titeln und Berufsbezeichnungen schuldig und verurteilte ihn zu vier Jahren Haft. Die Missstände in der forensischen Psychiatrie insgesamt hatten in dem Verfahren keine Rolle gespielt.

Intermezzo 4

Der Arzt Karl Bonhoeffer (1868–1948)

Der Name Bonhoeffer verbindet sich mit dem bekannten deutschen Theologen Dietrich Bonhoeffer (1906–1945), dem international hochgeachteten deutschen Widerstandskämpfer. Sein Vater Karl Bonhoeffer lebte als Psychiater gemeinsam mit seiner Frau Paula (geb. von Hase, 1874–1951) den acht Kindern Tugenden ärztlicher Ethik und humanistischer Einstellung vor.

Als Karl Bonhoeffer, im 70. Lebensjahr stehend, 1938 emeritiert wurde, galt er unter den deutschen Psychiatern und Neurologen als der Nestor. Immerhin verwaltete er 26 Jahre lang das Ordinariat für Psychiatrie und Neurologie an der Charité, so lange wie kein Fachkollege vor ihm.

Die Auswertung entsprechender Akten der Humboldt-Universität für die Zeit von 1934 bis 1938 ergab, dass er 68 Gutachten anfertigte, von denen 33 (= 48,5%) den Vermerk ›Sterilisation‹ enthielten. Das ist ein relativ hoher Prozentsatz, der allerdings wesentlich geringer ist als bei vergleichbaren Fachkollegen anderer Universitäten.

Bernhard Meyer, Berlinische Monatsschrift 9/2000

Presseerklärung

Schon am 2. Oktober wurde am Ort der Schreckensherr-schaft von Karl Bonhoeffer, der Charité, das ehrende Ge-denken an ihn durch die Beseitigung seines Fotos aus der »Ahnengalerie« und die Umbenennung des Karl-Bonhoef-fer-Raums in Gerd-Postel-Raum vollzogen.

Darüber hat Herr Postel 1993 die wunderbarste Spontan-heilung bewiesen, als er sich aus seiner Rolle als Patient der Psychiatrie der Charité heraus beim Berufsförderungswerk als Oberarzt mit Einstellungsdatum 1.2.1994 bewerben konnte. Er hat wiederholt den Beweis angetreten, dass die beste Ausbildung zum psychiatrischen Facharzt ein Lehre bei der Post ist, was völlig neue Ausbildungsperspektiven und eine Entlastung der Universitätsbudgets erlauben würde.

Landesverband Psychiatrie-Erfahrener Berlin-Brandenburg,
09.12.1998

Flucht aus Nervenklinik

Seit Sonntagabend fehlt von dem aus der Berliner Karl-Bon-hoeffer-Nervenklinik geflohenen Russen Igor Pikous jede Spur. Der wegen Vergewaltigung und gefährlicher Körper-verletzung verurteilte 32-Jährige war über das Dach der Nervenklinik im Bezirk Reinickendorf entkommen. Er hat-te wahrscheinlich Sicherheitsmängel und Komplizen außer-halb der Klinik zu seiner Flucht ausgenutzt. Die Polizei geht davon aus, dass sich der Straftäter in seine Heimat Russland absetzen will.

Unterdessen steht Sozialsenatorin Gabriele Schöttler (SPD) in der Kritik. Sie habe den Ausbruch zwei Tage lang verschwiegen und Warnhinweise zur Gefährlichkeit des Russen missachtet.

Die Sozialverwaltung wies die Vorwürfe zurück. Der Mann gelte keineswegs als gefährlicher Triebtäter. Nach Ansicht von Experten gehe von dem Mann keine Gefahr für Unbeteiligte aus. Auch angebliche Sicherheitsmängel in der Klinik wurden zurückgewiesen. Der Ausbruch sei der erste seit acht Jahren. Parallelen zu dem im vergangenen Herbst in Brandenburg geflüchteten Sexualstraftäter Frank Schmökel gebe es nicht.

Der Russe war bereits 1997 bei einem Ausgang geflüchtet, wenig später jedoch in Polen verhaftet worden. Dort soll er sich an Autoschiebereien beteiligt haben. Eine zunächst vermutete Beteiligung an Tötungsdelikten konnte ihm aber nicht nachgewiesen werden.

Brisant, 18. 01. 2001

Pressemeldung der Gewerkschaft der Polizei

Für die Bevölkerung ist es nicht mehr nachvollziehbar, dass der Senat nicht in der Lage ist, die Berliner Bevölkerung vor Schwerstkriminellen, wie dem Vergewaltiger Igor Pikous, zu schützen. Seit Jahrzehnten ist es den verantwortlichen Politikern in Berlin nicht möglich, die Karl-Bonhoeffer-Nervenklinik ausbruchssicher umzubauen.

Als unglaublich bezeichnete es der stellvertretende Landesbezirksvorsitzende der GdP, Uwe Hundt, dass die Öffentlichkeit erst nach 2 Tagen vom Ausbruch dieses brutalen Vergewaltigers Kenntnis erhält.

Es bleibt jetzt nur zu hoffen, dass die Polizei diesen Schwerstkriminellen sehr schnell wieder festnehmen kann und dabei kein Mensch zu Schaden kommt.

Der Landesbezirksvorstand der
Gewerkschaft der Polizei, 17. 01. 2001

Kreuzberger Mörder in Venezuela gefasst

Von Andreas Kopietz

In Kreuzberg hat er 1993 einen Mann erschossen. 1997 flüchtete er aus der Psychiatrie. Seither war der Schwerverbrecher Maxim Prabhu verschwunden. Kaum jemand glaubte, dass er noch einmal gefasst werden könnte. Doch am Freitag klickten die Handschellen. Berliner Zielfahnder hatten Maxim Prabhu aufgespürt – in Higuerote, einer Stadt in Venezuela. Prabhu ist heute 51 Jahre alt. Er stammt aus Indien und lebte viele Jahre in Kreuzberg. Er wird schnell aufbrausend und gilt als psychisch labil. Im März 1993 zog er in einem Kreuzberger Café in der Gneisenaustraße eine Pistole aus seiner Jacke und schoss. Er tötete den Kellner Rolf K. und verletzte vor dem Lokal zwei Gäste lebensgefährlich. Dies alles, weil sich Prabhu von dem Kellner beleidigt fühlte. Für die Tat wurde er zu 13 Jahren Haft und Unterbringung in einem psychiatrischen Krankenhaus verurteilt.

Am 2. Mai 1997 sorgte Prabhu das zweite Mal für Schlagzeilen: Er flüchtete aus der Karl-Bonhoeffer-Klinik. Im Anschluss an einen Zahnarzt-Termin war Prabhu durch ein offenes Toilettenfenster der Cafeteria geklettert. Er rannte quer durch den Garten der Klinik am Pförtner vorbei zur U-Bahn. Der Ausbruch löste einen Skandal aus, weil sich herausstellte, dass der Verbrecher nur von einem Pfleger begleitet wurde und nicht mit Handschellen gefesselt war. Eine Großfahndung der Polizei blieb ergebnislos. Prabhus Spur verlor sich. Er hatte sich – wie sich nun herausstellte – einen belgischen Pass besorgt und war unter falschem Namen mit einem Touristenvisum nach Venezuela gereist.

Higuerote, nahe der Hauptstadt Caracas, ist unter anderem als Ferienort bekannt, mit langen Stränden, großen Hotels, Surf- und Tauchbasen. Doch in der Stadt gibt es auch ein Armenviertel. Dort hatte Prabhus ein Zimmer gemietet. »Er lebte dort unter erbärmlichen Verhältnissen, das Zimmer war eine einzige Bruchbude«, sagt ein Ermittler. Geld verdiente er mit Gelegenheitsjobs, manchmal bekam er auch Zuwendungen von Freunden. Dies wurde Prabhu schließlich zum Verhängnis, denn dadurch kamen die Zielfahnder des Landeskriminalamtes im Oktober auf seine Spur. Alle drei bis vier Wochen hatte ein Berliner Bekannter Prabhus nach Venezuela Geld überwiesen. Die Kriminalisten verständigten das Bundeskriminalamt, und dieses bat die Polizei in Caracas um Hilfe. Zwei Berliner Polizisten flogen daraufhin nach Higuerote und beobachteten mehrere Wochen lang gemeinsam mit einheimischen Beamten die Bankfiliale, bei der Prabhu – unter falschem Namen – Kunde war. Als der Gesuchte dort am frühen Freitagnachmittag eintrat, um Geld abzuheben, griff die Polizei zu. Er leistete keinen Widerstand.

Nun sitzt Prabhu in Caracas in Abschiebehaft. »Und in wenigen Tagen sitzt er im Flugzeug nach Berlin«, sagt ein Polizist. Ob er in die Psychiatrie kommt oder ins Gefängnis, steht aber noch nicht fest.

Berliner Zeitung, 31. 01. 2002

Die Zielfahnder

Vor dem eigentlichen Thema dieses Kapitels ist noch ein kurzer Ausflug in die Geschichte notwendig: In der 60er Jahren zogen sich die amerikanischen Jugendlichen Blümchenhemden und Glockenhosen an, probierten freien Sex, spülten die Pomade der Rock'n'Roll-Zeit aus den Haaren und ließen sie sich lang wachsen. In der Flower-Power-Bewegung drehte es sich anfangs nur um Liebe, Glück und Frieden. Dabei spielten Beatmusik und Rauschgift sowie die Abkehr von allen materiellen Werten eine große Rolle. Mit dem Eintritt der USA in den Vietnam-Krieg im Februar 1965 wurden die Blumenkinder politisiert. Die antiautoritäre Hippie-Welle schwappte – getragen von Rockmusik und unkonventioneller Mode – nach Europa über und mündete auch dort in jugendlichen Protestbewegungen. In Westdeutschland waren es vor allem die Studenten, die aufbegehrten. Sie wollten den alten Muff aus den Universitäten vertreiben. Eine wichtige Rolle übernahm dabei der Sozialistische Studentenbund Deutschlands (SDS). Er wirkte tonangebend in der APO mit, der »Außerparlamentarischen Opposition« zur 1966 gebildeten großen Koalition der Bundesregierung, die aus CDU/CSU und SPD bestand.

Die Studenten gingen gegen die Notstandsgesetze, gegen den Vietnamkrieg und für eine Gesellschaft freier Individuen auf die Straße. Am 2. Juni 1967 besuchte der persische Schah Resa Pahlewi Berlin. Es gab eine große Gegendemonstration, die in Straßenkämpfen endete. Dabei wurde der Student Benno Ohnesorg erschossen.

Die Fronten verhärteten sich. Das Jahr 1968 entwickelte

sich zum Jahr der größten gesellschaftlichen Umbrüche seit der Gründung der Bundesrepublik Deutschland. Viele Konflikte, die bis dahin nur im Verborgenen geschwelt hatten, kamen offen zum Ausbruch. Am 11. April 1968 schoss ein Attentäter dem populären Studentenführer Rudi Dutschke in den Kopf. Dutschke überlebte schwer verletzt, 1979 starb er an den Spätfolgen. Der Mordanschlag mobilisierte die Massen und führte zu den Osterunruhen von 1968, dem Höhepunkt der Studentenrevolte, bei denen viele hundert Demonstranten verletzt wurden.

Die Gesellschaft veränderte sich, aber nicht in dem Maße, wie es die Protestler wollten. Sie verlangten die Herrschaft des Volkes, mussten sich aber mit der parlamentarischen Demokratie begnügen. Die Außerparlamentarische Opposition resignierte. Sie begann, sich in mehrere Flügel, Gruppierungen und Grüppchen zu zersplittern. Manche Klassenkämpfer traten in politische Parteien ein. Andere machten sich auf den so genannten ›Weg durch die Instanzen‹, wiederum andere widmeten sich ökologischen Projekten. Ein Großteil fügte sich in sein Schicksal und zog sich nach dem Motto »Global denken, lokal handeln« ins Privatleben zurück. Ein geringer Teil suchte tätliche Auseinandersetzungen bei Demonstrationen. Der verschwindend kleine Rest wählte als letzten Ausweg den »bewaffneten Aufstand« gegen das »Schweinesystem«.

Die ersten militanten Akteure der linksradikalen Szene hießen Andreas Baader und Gudrun Ensslin. Sie wollten ein Fanal setzen, indem sie Feuer in Frankfurter Kaufhäusern legten. Zu ihnen stießen die Journalistin Ulrike Meinhof (Baader-Meinhof-Gruppe) und der Student Jan-Carl Raspe. Gemeinsam gingen sie in den Untergrund und begründeten die so genannte Rote-Armee-Fraktion. Die RAF führte einen »Krieg« gegen das »imperialistische Regime« der BRD und gegen den »militärisch-industriellen Komplex«. Die

Fanatiker begingen Attentate, zündeten Bomben und legten Feuer. Im Juni 1972 wurden die vier führenden Köpfe der RAF verhaftet.

Danach eskalierte die Gewalt. Terroristen der zweiten und der dritten RAF-Generation ermordeten hochrangige Juristen, Diplomaten, Politiker und Manager. Der Staat antwortete mit verschärften Gesetzen zur Bekämpfung des Terrorismus und räumte dem Bundesamt für Verfassungsschutz sowie dem Bundeskriminalamt größere Kompetenzen ein. Die RAF erklärte diese Reaktionen als erwünschtes Ziel: Der Druck durch den »Überwachungsstaat« auf die Bevölkerung sollte so unerträglich werden, dass eine revolutionäre Situation entstünde, die die Volksmassen ergreifen und zum Sturz des Regimes führen würde.

Dieses Konzept ging nicht auf. Am 20. April 1998 erklärten die letzten noch im Untergrund lebenden Mitglieder der RAF desillusioniert das Ende des bewaffneten Kampfes und die Auflösung ihrer Organisation.

Rasterfahndung

Die Jagd auf die Terroristen hatte nicht nur eine veränderte Gesetzeslage und erhöhte Kompetenzen für Teile der Strafverfolgungsbehörden mit sich gebracht. Sie führte auch zur Zielfahndung, einer völlig neuen Methode zum Aufspüren von gesuchten Tätern. Jeweils zwei Beamte wurden auf ausschließlich eine Zielperson angesetzt, die sie unerbittlich jagten.

Einige andere Verfahren waren erst durch die Fortschritte im Bereich der elektronischen Datenverarbeitung möglich geworden. Mitte der 70er Jahre kamen die ersten Mikroprozessoren auf den Markt. Die neuen Computer konnten große Mengen an Daten verarbeiten, vergleichen und nach bestimmten Kriterien ordnen. Horst Herold, von 1971 bis 1980 Präsident des BKA, fand heraus, dass sich dadurch Rückschlüsse ziehen ließen, auf die ein Mensch ohne Hilfe der EDV kaum kommen konnte. Die Geburtsstunde der Rasterfahndung hatte geschlagen.

Linke Terroristen, so lauteten seinerzeit die Erfahrungen der Strafverfolgungsbehörden, lebten unter falschen Namen in konspirativen Hochhauswohnungen, wo sie in der anonymen Masse kaum auffielen. Sie waren nicht krankenversichert, besaßen keine Bankkonten und bezahlten deshalb nur mit Bargeld. Diese Erkenntnisse ließen sich bei einem Datenabgleich verwenden.

Beispielsweise wurden in den Einwohnermeldeämtern die Namen und Anschriften aller Mieter in den großen Neubaublocks der Satellitenstädte erfasst und mit der Kundenkartei der Energieversorger verglichen. Der Computer war so programmiert, dass er bei der Rasterfahndung in einem ersten Arbeitsgang die Anschriften aller Stromabnehmer aussortierte, die nicht mit polizeilichen Meldeanschriften übereinstimmten. In einem zweiten Modus wurde überprüft, wer von diesen Kunden die Strom-Abschlagszahlungen nicht – wie üblich – überwies, sondern in bar einzahlte.

Doch auch bei den übrig gebliebenen Namen musste erst noch die Spreu vom Weizen getrennt werden. Nicht jeder Bürger, der gegen die polizeiliche Meldevorschrift verstieß, war ein Terrorist. Es konnte sich um hartnäckige Unterhaltsschuldner, antiautoritär veranlagte Eigenbrötler, illegale Einwanderer, Kleinkriminelle oder um frustrierte Eheleute handeln, die ohne Wissen ihres Partners ein geheimes Liebesnest unterhielten. Es blieb also ein beträchtlicher, kritischer Bodensatz übrig, der mit herkömmlichen Methoden überprüft werden musste. Das waren Nachfragen bei der

Post, bei Fernmeldeämtern, Banken, Firmen, Hausmeistern, Briefträgern und Nachbarn sowie sich daran anschließende Überprüfungen von Handschriften auf Verträgen und Formularen.

Verlässliche statistische Angaben, wie viele Terroristen ermittelt und von Zielfahndern festgenommen werden konnten, liegen nicht vor. Es ist aber bekannt, dass einige Personen nur aus dem einzigen Grund der Terroristenszene zugeordnet wurden, weil sie sich konspirativ verhalten hatten und so durch das Raster gefallen waren. Einer von ihnen war der RAF-Verdächtige Wolfgang Grams gewesen. Er kam unter nicht genau geklärten Umständen im Jahr 1993 ums Leben, als ihn die GSG 9, eine Spezialeinheit des Bundesgrenzschutzes zur Bekämpfung von Gewaltkriminalität, auf dem Bahnhof in Bad Kleinen festnehmen wollte.

Doch schon viel früher geriet die Rasterfahndung in das Kreuzfeuer der Kritik. Diese Art der Terroristenjagd wurde als latente Bedrohung der bürgerlichen Freiheiten angesehen, weil die benötigten Informationen nur durch den Datenabgleich und damit unter Verletzung von Persönlichkeitsrechten unschuldiger, nichtverdächtiger Personen erlangt werden konnten.

Horst Herold, dem ›Vater‹ der Rasterfahndung, brachte seine Erfindung kein Glück. Der Druck auf den Präsidenten des Bundeskriminalamtes wurde so groß, dass er 1981 in den vorzeitigen Ruhestand treten musste.

Neuauflage

Der großflächige Datenabgleich per Computer verschwand mit dem Ende der RAF aus dem Bewusstsein der Bevölkerung. Als Folge der terroristischen Anschläge vom 11. September 2001 in den USA auf das World Trade Center und das Pentagon erhielt die Rasterfahndung eine Neuauflage. In der BRD wurde sie erneut in großem Umfang betrieben, um die »Schläfer« aufzuspüren. So wurden jene Terroristen bezeichnet, die sich (analog zu den »U-Booten« in der Agenten- und Spionageszene) so lange ruhig und unauffällig verhielten, bis sie ihren Einsatzbefehl bekamen.

Eines der ersten Bundesländer, welches die elektronische Terroristenjagd einführte, war Brandenburg. Dort suchten die Ermittler nach jungen Männern zwischen 20 und 30 Jahren, die aus arabischen Ländern stammten, dem islamischen Glauben angehörten, an einer technischen Universität oder Fachschule studierten, häufig verreisten und in Deutschland noch nie mit dem Gesetz in Konflikt gekommen waren. Dieses Täterprofil basierte auf jenen Erkenntnissen, die das FBI und das BKA über die drei, in Hamburg wohnhaft gewesenen, mutmaßlichen Flugzeugentführer hatten gewinnen können.

Unter der Studentenschaft regten sich sofort Proteste gegen dieses grobe Schema. Witzbolde riefen ihre ausländischen Kommilitonen dazu auf, sich beim Ladendiebstahl erwischen zu lassen, weil sie dann automatisch aussortiert werden würden. Aber auch ohne diese Aktionen endete der groß angelegte Neustart der Rasterfahndung in einem Debakel.

Im Brandenburger Innenministerium war nämlich völlig unbekannt gewesen, dass die 212 Meldestellen des Landes keine einheitliche Software benutzten. Im Datenverarbeitungssystem der Stadt Bernau beispielsweise war gar keine Registrierung von Ausländern vorgesehen. Ohne diese Einschränkung lieferte der Computer Daten von jedem zehnten Einwohner. Die Mitarbeiter taten trotzdem ihre Pflicht. Sie kamen kaum mit dem Einlegen der Leporellobögen hinterher. Die Kisten voller Datensätze mussten mit Lkws nach Potsdam geschafft werden.

Das Meldeamt der Stadt Altlandsberg registrierte zwar ausländische Geburtsorte, differenzierte aber nicht nach Staatsbürgerschaften und Herkunftsländern. Auf diese Weise wurde Dr. Ravindra Guijjula, der Bürgermeister der Stadt, erfasst und weitergemeldet, obwohl der gebürtige Inder seit langem die deutsche Staatsbürgerschaft besaß. Am 9.10.2001 musste der Brandenburger Innenminister Jörg Schönbohm in einer Pressekonferenz erhebliche organisatorische Mängel bei der Rasterfahndung einräumen: »Teils wird per Hand, teils halbautomatisch, teils automatisch geprüft.«

Das Bundeskriminalamt übersah diese Patzer großzügig, da nicht wahr sein konnte, was nicht wahr sein durfte. Als Zentralstelle für das polizeiliche Auskunfts- und Nachrichtenwesen widersprach es am 20.10.2001 der Ansicht, dass es Mängel im System der Rasterfahndung geben würde: »Es trifft nicht zu, dass die im Rahmen der Terrorismusbekämpfung eingeleiteten Maßnahmen der Rasterfahndung nicht sachgerecht durchgeführt werden können. Für die Rasterfahndung stehen bewährte Datenverarbeitungssysteme zur Verfügung. Diese arbeiten mit einem einwandfreien Antwort-Zeit-Verhalten.«

Normaler Polizeialltag

Trotz aller negativer Kritik war die Rasterfahndung zu keinem Zeitpunkt völlig eingestellt worden. Seit den 70er Jahren wurde sie auch außerhalb der Terrorismusszene in der normalen Polizeiarbeit verwendet. Die Rechtsgrundlage dafür bildeten die Paragraphen 98 a, b und c der Strafprozessordnung. Sie regelten, weshalb, wann und wie der »maschinelle Abgleich und die Übermittlung personenbezogener Daten« erfolgen durfte: Grundsätzlich musste es sich um eine Straftat von erheblicher Bedeutung handeln. Außerdem konnte der Einsatz der Rasterfahndung nur durch einen Richter oder einen Staatsanwalt angeordnet werden.

Als beispielsweise am 22.02.2001 die zwölfjährige Ulrike Brandt aus Eberswalde mutwillig angefahren, verschleppt, mehrfach vergewaltigt und anschließend ermordet wurde, führte die Rasterfahndung auf die Spur des Täters. Der 25-jährige Mario Jahn, ein lebensuntüchtiger, mehrfach vorbestrafter Gewaltverbrecher, war mit einem gestohlenen Pkw zum Tatort gefahren. Die Sonderkommission der Polizei hatte jeden bekannten Autodieb überprüft und – wenn der Verdächtige dem Phantombild ähnelte – Speichelproben für einen DNA-Test genommen. Auf diese Weise stieß sie auf den Täter, der schließlich nach anfänglichem Leugnen ein umfassendes Geständnis ablegte.

Als am 28.12.2001 im Land Brandenburg Einbrecher in das Betriebsgelände eines Strausberger Autohandels eindrangen und die Büroräume aufbrachen, um an die Pkw-Schlüssel zu kommen, wurden sie von einem 65-jährigen Wachmann überrascht. Die Täter lenkten ihn ab und schnitten ihm brutal die Kehle durch. Bereits wenige Stunden später konnten die Mörder mit Hilfe der Rasterfahndung ermittelt werden. Die unmittelbar am Ort des Verbrechens gefundenen Fußspuren deuteten auf vier junge Männer hin. Im Polizeicomputer wurde daraufhin die Datei »Checklisten zu jugendlichen Tatverdächtigen«, ein Pilotprojekt im Landkreis Märkisch Oderland, gerastert. Das Programm enthielt mehr als 2.000 Listen, die Angaben zu Alter, Geschlecht, Ortskenntnis, Kontakten, rechts gerichtetem Gedankengut, Alkohol- und illegalem Drogenkonsum sowie Vorstrafen enthielten. Nach der letzten Feinabstimmung blieben vier Namen mit dem höchsten Wahrscheinlichkeitsgrad übrig. Es handelte sich um Jugendliche im

Alter zwischen 16 und 18 Jahren. Sie waren vorher bereits mehrfach bei Autodiebstählen erwischt worden, kannten sich untereinander und stammten aus der Region. Drei von ihnen wohnten rund 300 Meter vom Tatort entfernt. In diese Richtung verlief auch eine Blutspur. Der Vierte stammte aus dem Nachbarort. In der Öffentlichkeit waren sie mehrfach als Trinker und Störenfriede aufgefallen. In den Häusern, in denen sie wohnten, hatten sich Mieter bei der Hausverwaltung beschwert. In die Klingelschilder waren Hakenkreuze und SS-Runen eingeritzt worden. Die jungen Männer wurden verhaftet. Noch am gleichen Tag legten sie umfassende Geständnisse ab. Den Mord hatten sie begangen, um den Einbruch zu verschleiern.

Organisierte Kriminalität

Doch zum wichtigsten Instrument ist die Rasterfahndung beim Kampf gegen das organisierte Verbrechen geworden, weil sich bestimmte kriminelle Strukturen nur auf diese Weise erkennen und beweisen lassen.

Die schulbuchmäßige Definition der organisierten Kriminalität (OK) lautet:

OK ist die von Gewinn- oder Machtstreben bestimmte planmäßige Begehung von Straftaten, die einzeln oder in ihrer Gesamtheit von erheblicher Bedeutung sind, wenn mehr als zwei Beteiligte auf längere oder unbestimmte Dauer arbeitsteilig a) unter Verwendung gewerblicher oder geschäftsähnlicher Strukturen, b) unter Verwendung von Gewalt oder anderer zur Einschüchterung geeigneter Mittel oder c) unter Einflussnahme auf Politik, Medien, öffentliche Verwaltung, Justiz oder Wirtschaft zusammenwirken.

Die direkten oder indirekten Vorbilder der straff organisierten Verbrecherbanden waren die Gangstersyndikate am Anfang des vorigen Jahrhunderts in den USA. Die »Goldenen Zwanziger« brachten – unter anderem als Folge der Prohibition, des gesetzlichen Alkoholverbots vom 16. Januar 1920 – ein rasches Anwachsen krimineller Netzwerke mit sich. Der Abschaum der Straße bildete riesige Syndikate, die sich unter dem Deckmantel legaler Geschäfte dem Alkoholschmuggel, dem Rauschgifthandel, der Prostitution, dem Glücksspiel und dem organisierten Einbruchsdiebstahl widmeten. Das System funktionierte relativ einfach: Da an bestimmten Waren und Dienstleistungen, deren Lieferung gesetzlich verboten war, Bedarf bestand, agierten die Banden gewissermaßen als Versorgungsbetriebe. Sie lieferten ihren Kunden, was sie haben wollten: Schnaps, Spielhöllen und Frauen. Um ihre Ruhe vor den Gesetzeshütern zu haben, griffen die Syndikate gegenüber Mitgliedern von Bundeskommissionen, Abgeordneten, Staatsanwälten und hohen Polizeibeamten zu Mitteln der Bestechung, Erpressung und finanziellen Beteiligung an ›krummen Sachen‹. So gelang es ihnen in den großen Städten, die zur Bekämpfung des organisierten Bandenwesens rekrutierten Spezialeinheiten zu überwachen und damit wirkungslos zu machen. Die Verbrecherbosse erschlossen sich ständig neue Märkte, wie den betrügerischen Bankrott von Unternehmen, den Handel mit gestohlenen Wertpapieren, den Geldverleih und das Kassieren von so genannten Schutzgeldern, die sie von Landbesitzern und Geschäftsleuten erpressten.

Das so zusammengeraffte Geld steckten sie in völlig legale Unternehmen. Der Reichtum einiger heute in den USA hochangesehenen Familien speiste sich ursprünglich aus diesen finsteren Quellen.

In der Bundesrepublik befassten sich die Verbrecherbanden mit ähnlichen Unternehmen wie ihre amerikanischen Vorbilder. Allerdings spielten illegale Schnapsbrennereien und Alkoholschmuggel – im Gegensatz zu den nordischen Ländern – keine große Rolle, was an den moderaten Ladenverkaufspreisen für Spirituosen lag. Der Spitzenreiter im Bereich der organisierten Kriminalität war mit großem Abstand der Rauschgifthandel. Den zweiten Rang nahm die Wirtschaftskriminalität ein, dicht gefolgt von Eigentumsdelikten und Schleusertätigkeit im Bereich illegaler Einwanderer.

Dann kam die Kriminalität im Zusammenhang mit dem Nachtleben, also Prostitution, Zuhälterei, Menschenhandel und illegales Glücksspiel. Nach Schätzungen von Prostituierten-Selbsthilfegruppen waren in Deutschland Ende der 90er Jahre 400.000 Gunstgewerblerinnen tätig. Von ihnen wurden pro Jahr 356 Millionen sexuelle Dienstleistungen aller Art erkauft. Dafür gaben die Freier 12,5 Milliarden DM aus.

Laut Strafgesetzbuch war die Prostitution an sich nicht strafbar, wohl aber die Zuhälterei und der Bordellbetrieb. Nur dieser Bereich spielte im Rahmen der organisierten Kriminalität eine Rolle. Die Frauen kamen zumeist aus Osteuropa. Sie stammten vor allem aus der Ukraine, der Russischen Föderation und den baltischen Staaten. Polen und die Tschechische Republik blieben als Herkunftsländer von geringerer Bedeutung, aber als Transitländer interessant. Nur wenigen Frauen war vor ihrer Reise nach Deutschland nicht bekannt gewesen, was sie dort erwartete. Doch bei dem Wohlstandsgefälle – ein Tagesverdienst entsprach einem heimischen Jahreseinkommen – verbot sich die Frage nach der Moral.

Auf den hinteren Plätzen der organisierten Kriminalität rangierten Gewaltverbrechen und Fälschungsdelikte. Der illegale Waffenhandel blieb im Inland nur eine Randerscheinung.

Die Schutzgelderpressung gehörte mit zum Bereich der

Gewaltkriminalität. Sie diente einerseits dazu, Geld ohne Leistungen zu erhalten, oder andererseits legale Gewerbebetriebe (wie z. B. Gaststätten) komplett zu übernehmen. Speziell in diesem Bereich lag die Dunkelziffer sehr hoch. Es war allgemein bekannt, dass in den Großstädten im Bereich der Nachtclubs und Diskotheken in der Regel nichts ohne Schutzgeldeintreiber lief, die praktischerweise gleich die Einlassdienste und Bodyguards stellten und so ohne Umwege direkt an das Geld herankamen. Die Öffentlichkeit wurde nur dann aufgeschreckt, wenn eine rivalisierende Bande der anderen einen Tanzschuppen abjagen wollte und es zu blutigen Auseinandersetzungen kam.

Im Schutzgeldbereich waren außer den deutschen Tätern auch noch türkische und vietnamesische Gruppierungen aktiv, die es aber auf die eigenen Landsleute abgesehen hatten und diese erbarmungslos ausplünderten. Die Vietnamesen, die vor allem den illegalen Zigarettenhandel überwachten, gingen ganz besonders brutal und grausam vor. In Dutzenden Fällen zelebrierten sie Hinrichtungen auf offener Straße – häufig durch Kopfschüsse – um Exempel zu statuieren.

Solange sich die Ausländer untereinander drangsalierten, spielte die organisierte Kriminalität im öffentlichen Bewusstsein keine große Rolle. Nur wenn rumänische Straftatentouristen heuschreckengleich in ein bestimmtes Gebiet einfielen und einen Wohnungseinbruch nach dem anderen begingen, wurden die Bürger wach.

Der durch die organisierte Kriminalität insgesamt angerichtete Schaden war immens hoch. Er lag im Jahr 2000 bei 7,286 Milliarden DM, während der geschätzte Gewinn 1,530 Milliarden DM betrug. Es gab mehrere hochrangige Polizeibeamte, die resignierend sagten, dass der Kampf gegen die organisierte Kriminalität bereits verloren war, bevor er aufgenommen wurde.

Ein Großteil der Tatverdächtigen im Bereich der OK

waren Ausländer (1999: 58,4 Prozent, 2000: 56,2 Prozent). Die meisten der kriminellen Ausländer hielten sich in Deutschland ohne Genehmigung auf, befanden sich auf der Durchreise oder operierten von Nachbarländern aus. Aus den unterschiedlichsten politischen Gründen wurde dieses Phänomen nicht thematisiert und konnte deshalb auch zu keinen Konsequenzen führen. Echte und falsche Asylbewerber, legale und illegale Einwanderer, zahlende und stehlende Touristen sowie seit vielen Jahren im Lande lebende Ausländer wurden in einen Topf geworfen. Jede Forderung, härter gegen kriminelle Elemente vorzugehen, galt als unzulässige ausländerfeindliche Verallgemeinerung und wurde als rechter Populismus abgetan.

Viele Bundesbürger ahnten noch nicht einmal, dass außerhalb der gepflegten Vorstadtsiedlungen Parallelwelten voller Gewalt und Hass existierten; dass es ein verdecktes und verstecktes Leben in verlassenen Fabrikhallen, auf Hinterhöfen und hinter verschlossenen Türen gab, welches mit dem normalen Alltag der meisten Leute nicht das Geringste zu tun hatte. Unter den ausländischen Verbrechern waren die Türken in Deutschland am aktivsten. Sie kümmerten sich hauptsächlich um den Heroinschmuggel. Ihnen folgten die Italiener (Kokainhandel), die Jugoslawen (Schleusertätigkeit), die Polen (Kfz-Schiebereien und Zigarettenschmuggel), die Russen (Menschenhandel und Geldwäsche), die Rumänen (Einbrüche) sowie die Nigerianer (Rauschgifthandel und Betrügereien). Am Schluss rangierten die Vietnamesen (Zigarettenschmuggel und Erpressung). Sie fielen nur deshalb überdurchschnittlich auf, weil sich der profitable Zigarettenhandel am leichtesten in der Öffentlichkeit abwickeln ließ.

Die komplizierten Strukturen und das gewerbsmäßige Vorgehen der Banden erschwerte die Aufklärung der von ihnen begangenen Straftaten. Die durchschnittliche Dauer für ein Ermittlungsverfahren betrug über 15 Monate, was häufig nicht nur den unübersichtlichen Aktenbergen, sondern auch der mangelhaften technischen und personellen Ausstattung der Ermittler geschuldet war. Die Probleme wurden zwar von den Politikern erkannt, aber die Sparzwänge führten mitunter zu gänzlich entgegengesetzten Ergebnissen. Im Jahr 2001 wurde beispielsweise in Mecklenburg-Vorpommern die Zahl der mit der organisierten Kriminalität befassten Kommissariate von vier auf sieben erhöht. Die Polizeiführung im Land Brandenburg hingegen reduzierte die Zahl der Kommissariate von acht auf vier.

Axel Lüdders, der Direktor des brandenburgischen Landeskriminalamtes meinte dazu betont optimistisch: »Die Generalstaatsanwaltschaft des Landes Brandenburg forderte diese Zentralisierung. Wenn wir diese Vorgehensweise jetzt noch besser gestalten, dann bekämpfen wir die organisierte Kriminalität aus einer Hand. Brüche im Informationsfluss bleiben aus.«

Zielfahndung steht

Der Bund Deutscher Kriminalbeamter, die Gewerkschaft der Polizei und andere Interessenverbände hatten in Berlin erstmals 1991 die Polizeiführung aufgefordert, endlich auch in der Bundeshauptstadt Zielfahndungskommandos ins Leben zu rufen. Der Begriff »Zielfahndung« fand sich in keinem herkömmlichen Lexikon, sondern ließ sich nur aus der Polizeiarbeit ableiten. Damit gemeint war die gezielte, besonders intensive Fahndung nach einzelnen schwerstkriminellen Verbrechern, die als besonders gefährlich galten. Ganz oben auf den Listen standen gewalttätige Flüchtlinge aus Psychiatrien, skrupellose Gefängnisausbrecher oder brutale Bandenchefs, denen allen gemein war, dass sie nicht mehr viel zu verlieren hatten.

Zielfahndungen wurden ausschließlich durch die Landeskriminalämter (LKAs) und das Bundeskriminalamt (BKA) durchgeführt. Diese besondere Art der Verbrecherjagd trug insbesondere der Erfahrung Rechnung, dass routinemäßige Fahndungen häufig nicht dazu geeignet waren, jene Ganoven aufzuspüren, die ihre Flucht systematisch organisiert und mit hohem logistischen Aufwand durchgeführt hatten, wie dies im Rahmen der organisierten Kriminalität häufig der Fall war.

Gut ausgebildete, leistungsstarke Fahndungsbeamte sollten ausschließlich die gefährlichsten Straftäter suchen, ohne von alltäglicher Routinearbeit erdrückt zu werden. Die Beamten der Zielfahndung mussten, um erfolgreich sein zu können, natürlich mit ausreichenden personellen und materiellen Mitteln ausgestattet sein.

Am 19. März 1991 teilte der damalige Polizeipräsident Schertz den Berliner Initiatoren für ein Zielfahndungskommando abschließend mit, dass die Einrichtung eines Zielfahndungskommandos an der Spree nicht in Betracht gezogen werden könne. Als Begründung führte er – trotz der Anerkennung eines grundsätzlichen Bedarfs – die angespannte finanzielle und personelle Situation an. Er verwies als Alternative auf die Möglichkeit eines Rückgriffs auf andere Dienststellen. Der damalige Innensenator Heckelmann schloss sich dieser Auffassung an.

Er blieb bei dieser Ansicht selbst dann noch, als zur Jahreswende 1991 ein extremer Anstieg der Kriminalität im Vergleich zum Vorjahr zu verzeichnen war. Die Rate schnellte um 42 Prozent auf 500.000 erfasste Straftaten! »Erfasst« bedeutete, dass die Dunkelziffer in vielen Deliktgruppen, wie Diebstahl, Körperverletzung und sexueller Missbrauch sehr hoch war. Senat und Polizeiführung wussten das. Sie hatten ein Patentrezept dagegen. Es lautete: Mehr Grün auf den Straßen.

Selbstverständlich blieb dieses Programm nicht ohne positive Folgen. Eine stärkere Polizeipräsenz wirkte auf Gelegenheitstäter abschreckend. Aber bei professionellen Kriminellen blieb sie wirkungslos. Untersuchungen hatten ergeben, dass Uniformen und Streifenwagen sogar wesentliche Hinderungsgründe für eine erfolgreiche Kriminalprävention darstellten. Schirmmützen und grün-weiße Autos waren auf große Entfernungen erkennbar. Die Täter warteten einfach ab, bis Funkwagen oder Fußstreife vorüber waren. Anschließend schlugen sie zu, weil sie wussten, dass in nächster Zeit mit keiner Gefahr mehr zu rechnen war.

Nach weiterem jahrelangen Hinauszögern wurde endlich im April 1995 bei der Fahndungskommission Berlin (LKA 611) ein Zielfahndungskommando auf Probe mit vier Beamten eingerichtet. Die hauptsächliche Arbeit eines Zielfahnders bestand darin, alle verfügbaren Informationen allgemeiner und spezieller Art – von der Augenfarbe über Trinkgewohnheiten bis hin zu Hobbys und sexuellen Vorlieben – über den Gesuchten zu sammeln und in Form eines Personagramms auszuwerten. Das erforderte ein umfangreiches Aktenstudium und einen regen Informationsaustausch mit anderen Dienststellen.

Die anschließende Ermittlungsphase erstreckte sich auf das Überprüfen möglicher Kontaktpersonen des Gesuchten, früherer Aufenthaltsorte sowie fester Adressen und natürlich der Rasterfahndung, wenn sich dazu spezielle Kriterien auswählen ließen. Es galt eine ganz einfache Grundregel: Niemand war in der Lage dazu, sämtliche Brücken, jede Verbindung zu Freunden, Bekannten und Verwandten hinter sich abzubrechen. Keiner konnte sein Leben so radikal ändern, dass er alle Gewohnheiten und Vorlieben aufgab. An irgendetwas hielt er auch in der Fremde fest, und wenn es sich nur um eine bestimmte Zigaretten- oder Weinsorte handelte. Außerdem war es unmöglich, für viele Jahre hinaus in die Zukunft zu planen. Jedem flüchtigen Verbrecher unterliefen irgendwann Fehler. Die meisten von ihnen wurden nach einer gewissen Zeit leichtsinnig, verließen die Deckung und liefen in das Visier der geduldig auf sie wartenden Zielfahnder.

Thomas Drach

Dr. phil. Jan Philipp Reemtsma, der Sohn des Industriellen Philipp Fürchtegott Reemtsma, hatte 1978 als 26-Jähriger das väterliche Vermögen geerbt. 1980 verkaufte er seine Anteile am Reemtsma-Konzern für 300 Millionen DM. Von da an engagierte er sich als Förderer sozialer, zeitgeschichtlicher und künstlerischer Projekte. Am Abend des 25. März 1996 wollte der Multimillionär noch ein wenig lesen. Auf dem Weg zur Bibliothek wurde er von mehreren maskierten Männern überwältigt und verschleppt. 33 Tage lang befand er sich in der Gewalt der Entführer.

In dem Buch »Im Keller« schilderte Jan Philipp Reemtsma die furchtbaren Tage der Ungewissheit, als er von sämtlichen Informationen über seine Familie und die restliche Außenwelt abgeschnitten war. Ständig hatte er den Tod vor Augen, denn eine überlebende Geisel stellt das größte Sicherheitsrisiko für die Erpresser dar.

Jan Philipp Reemtsma hatte Glück im Unglück. Er wurde nicht umgebracht wie der entführte Millionär Jakub Fiszman, den einer seiner Entführer am 3. Oktober 1966 mit einem Spaten im Wald erschlug. Jan Philipp Reemtsma wurde nach der Übergabe von 30 Millionen DM Lösegeld freigelassen. Aber die traumatischen Ereignisse hatten zur

Folge, dass er sich danach nicht mehr ohne Leibwächter auf die Straße wagte.

Zwei der Entführer wurden schon kurze Zeit nach der Tat gefasst. Ein weiterer Komplize stellte sich selbst. Alle drei Männer erhielten hohe Haftstrafen. Aber sie waren nur Laufburschen gewesen. Das Gehirn, der Boss der Bande, fehlte noch.

Thomas Drach, der Drahtzieher bei der Entführung, blieb monatelang wie vom Erdboden verschluckt. Ihm wurde seine Vorliebe für die Musik der Rolling Stones zum Verhängnis. Das BKA vermutete ihn in Lateinamerika. Als Mick Jagger Ende März 1998 im argentinischen River-Plate-Stadion in Buenos Aires auf die Bühne sprang, lagen die Zielfahnder auf der Lauer. Mit Videokameras nahmen sie die Besucher auf und ließen Tausende Gesichter von einem Computer-Identifizierungsprogramm überprüfen, welches sich nicht von gefärbten Haaren, falschen Bärten und großen Sonnenbrillen täuschen ließ. Im Ergebnis wurden Dutzende Personen kontrolliert. Doch der Gesuchte befand sich nicht unter ihnen. Der immense Aufwand hatte sich nicht gelohnt. Die Polizisten packten die Geräte ein. Aber dann, am Ende des Konzertes, als sich schon Resignation breitmachte, gelang es den Beamten, ein Handygespräch abzuhören, welches Drach in die Niederlande führte. Daraus ging hervor, dass er Karten für das Konzert gekauft hatte und auch angereist war. Sein Standort wurde geortet: Das Hotel »Cesar Park« in Recoletta, dem Nobelviertel von Buenos Aires. Um halb zwei Uhr nachts schlug ein argentinisches Spezialkommando zu. Mit einem Zweitschlüssel öffneten die Männer der Guardia die Tür zum Zimmer 801. Der Chef der Aktion, Polizeioffizier Eduardo Musto, berichtete: »Als er die Pistole an der Schläfe hatte, war er wie ein kleines Engelchen. Er hat sich nicht gewehrt.«

Thomas Drach wurde nach einem langen juristischen Geplänkel nach Deutschland ausgeliefert und in Hamburg vor Gericht gestellt. Am 8. März 2001 verkündete der Richter das Strafmaß: Vierzehneinhalb Jahre Gefängnis, auf die 33 Monate Untersuchungshaft angerechnet wurden. Den Antrag auf anschließende Sicherheitsverwahrung lehnte das Hamburger Landgericht ab. Gegen das Urteil legte Thomas Drach Revision ein, die am 10.11.2001 vom Bundesgerichtshof in Leipzig als unbegründet verworfen wurde. Damit war das Urteil rechtskräftig.

Der Kidnapper hat die reelle Chance, bei guter Führung im Jahr 2008 vorzeitig entlassen zu werden. Er wird dann 48 Jahre alt sein. Der größte Teil des Lösegelds blieb verschwunden. Es gibt Vermutungen, dass Drach es in Immobilien in Uruguay angelegt hat. Sehr viel Freude wird er daran nicht haben. Eine Detektei wurde von Jan Philipp Reemtsma mit der Suche nach den Millionen beauftragt. Sie wird ihre Tätigkeit erst dann einstellen, wenn der Verbleib des Geldes zweifelsfrei geklärt ist.

Jürgen Schneider

Im März 1994 ließ sich Dr. Utz Jürgen Schneider, der Vorstandsvorsitzende der Dr. Jürgen Schneider Aktiengesellschaft, nur noch selten in seinem Büro in Königstein sehen. Er hatte etwas Wichtigeres zu tun, als sich um seine Immobiliengeschäfte zu kümmern: Er transferierte 245 Millionen zuerst nach London, von dort auf die Bahamas und zum Schluss wieder zurück nach Europa auf ein Konto in der Schweiz.

Dem »Retter von Leipzig«, der in der Messestadt die weltberühmte Mädlerpassage, den Barthelshof und das Hotel Fürstenhof aufwendig restaurieren ließ, der in den Vorständen von fünf Aktiengesellschaften saß, dem weitere zwölf inländische und fünf ausländische Firmen gehörten, der außer einem eigenen Schloss noch Großimmobilien wie das Münchner Palais Bernheimer, die Frankfurter Zeil-Galerie und das Frankfurter Haus der Börse, das Baden-Badener Goldene Kreuz sowie das Nürnberger Maximum sein Eigen nannte, operierte ausschließlich mit geborgtem Kapital. Das war nichts Besonderes, das taten die meisten Geschäftsleute in seiner Branche. Bei Dr. Schneider gab es einen kleinen Unterschied. Er hatte sich verspekuliert. Ohne einen ständig sprudelnden Geldhahn aus immer neuen Kreditverträgen wäre er längst pleite gewesen. Ständig musste er neue Lügengespinste knüpfen. Er hatte jahrelang mit Scheinrechnungen, manipulierten Zahlen, nachgemachten Unterschriften und unechten Verträgen gearbeitet, um sich immer neue Darlehen zu erschwindeln. Bei diversen Banken und Hunderten von Handwerkern stand er mit insgesamt 6,7 Milliarden DM in der Kreide. Die positive Bilanz an Firmen- und Immobilienwerten machten demgegenüber nur etwas über vier Milliarden DM aus. Nun war ihm, wie das Sprichwort sagt, das Hemd über den Hintern aus der Hose gerutscht. Das gesamte Kartenhaus drohte in sich zusammenzubrechen.

»Der Angeklagte hat während seines unglaublichen Wirkens mit erheblicher krimineller Energie und Perfektion gelogen, betrogen und gefälscht«, sagte später Heinrich Gehrke, der vorsitzende Richter der 29. Großen Strafkammer in der Hauptverhandlung vor dem Frankfurter Landgericht. Doch bis dahin war es noch ein weiter Weg, als sich Schneider kurz vor Toresschluss zu Ostern 1994 zusammen mit seiner Frau Claudia Schneider-Granzow ins Flugzeug setzte und nach Washington flog. Dort verlor sich zunächst seine Spur. Seinen Mitarbeitern hinterließ er einen Brief. Darin stand, dass er geschäftlich am Ende sei und einen

Erholungsurlaub brauche. »Auf Anraten meiner Ärzte darf ich sogar zur Vermeidung von Aufregungen meinen augenblicklichen Aufenthaltsort nicht bekannt geben.«

Ein Krisenstab, bestehend aus Bankiers und den engsten Vertrauten des Flüchtigen, darunter sein Berater Professor Horst Fissenwert sowie Ralf Graf Lambsdorff vom Vorstand der Schneider AG, tagte drei Tage lang. Die Finanzexperten stellten betroffen fest, dass das gesamte Firmengeflecht ein Koloss auf tönernen Füßen war und nicht mehr gerettet werden konnte. Dann ging es Schlag auf Schlag. Am 13. April 1994 erstattete eine Anwaltskanzlei im Auftrag von Gläubigern Strafanzeige gegen Dr. Jürgen Schneider wegen Kreditbetrug und Urkundenfälschung. Einen Tag später gab der Vorstand der Dr. Jürgen Schneider AG den Zusammenbruch der Gesellschaft bekannt. Am 15. April 1994 beantragte die Deutsche Bank beim Amtsgericht Königstein, den Konkurs über das Vermögen der Eheleute Schneider zu eröffnen.

Plötzlich war »Doc Schneider«, der »berühmteste deutsche Toupetträger« zum meistgesuchten deutschen Kriminellen geworden. Eine ganze Schar von Privatdetektiven, Kopfgeldjägern und anderen zwielichtigen Elementen machte sich auf die Jagd nach dem Immobilienhai, um ihm die versteckten Millionen abzujagen.

Kriminalexperten meinten, dass die Überlebenschance von Jürgen Schneider äußerst gering sei. Der Anreiz, 245 Millionen DM zu erbeuten, sei zu groß. Auch die Zielfahnder vom BKA machten sich auf die Suche nach ihm – auf und unter der Erde. »Mit Ausnahme von Grönland und Alaska«, sagte der Kriminalbeamte Hans Schmied auf einer Pressekonferenz, »ist das Ehepaar Schneider weltweit gesehen worden.«

Der ermittelnde Staatsanwalt Dieter Haike ließ die Telefone und die Post aller nahen Verwandten des Baulöwen sowie seiner engsten Mitarbeiter kontrollieren. Vergeblich. Was die Ermittler nicht ahnten: Das gesuchte Ehepaar saß in einem Apartmenthaus in der Sonne Floridas im schönsten Ferienparadies und langweilte sich zu Tode. Darüber halfen weder Wein noch Whisky hinweg. Jürgen Schneider schrieb seitenlange Berichte, in denen er anderen die Schuld an den gigantischen Betrugsmanövern gab. Und als er es vor Heimweh nicht mehr aushielt, schickte er über den Schweizer Rechtsanwalt Trautmann Spoerli eine Kassette an das Zweite Deutsche Fernsehen. Darin warf er der Deutschen Bank vor, die Hauptverantwortliche für das Finanzdebakel zu sein. »Im Laufe der Jahre wurden uns, einem einzelnen Ehepaar, zirka sechs Milliarden Mark ausgezahlt.« Anschließend äußerte er den Wunsch, unbelastet von einem Haftbefehl nach Deutschland zurückkehren zu können, um bei der Aufklärung der Machenschaften mitzuhelfen.

Nachdem der Bericht im Fernsehen gesendet worden war, beantragte die Staatsanwaltschaft beim Frankfurter Amtsgericht einen richterlichen Beschluss. Mit diesem wurde der Betreibergesellschaft eines Mobilfunknetzes auferlegt, die Verbindungsdaten der Handys zweier ZDF-Redakteure herauszugeben. Auf diese Weise ermittelte die Polizei den Kontaktmann. Ein Italiener namens Luigi Poletti hatte die Kassette zu dem Schweizer Anwalt Spoerli gebracht. Als der Kurier auf der Rückreise von Genf über Frankfurt am Main nach Miami flog, saßen BKA-Zielfahnder mit im Flugzeug. Sie verfolgten seine Spur bis zu einem Apartmenthaus. Dort legten sie sich auf die Lauer. Am 18. Mai 1995 fuhr Luigi Poletti mit einer weiteren Person zum Einkaufen. Als er vor der Capital-Bank in Miami hielt, schlugen das FBI und die Zielfahnder zu. Auf dem Beifahrersitz saß Dr. Jürgen Schneider. »Ja, ich bin's«, sagte er, hob die Hände und ließ sich widerstandslos festnehmen.

Ein Beamter meinte später, der Bankrotteur habe den Eindruck gemacht, als sei er froh darüber, dass alles zu Ende wäre. In einem gewissen Sinne hatte er durchaus recht damit. Am 23.12.1997 wurde das Urteil gegen Dr. Jürgen Schneider gesprochen: Sechs Jahre und neun Monate Gefängnis wegen schweren Betruges, Kreditbetruges und Urkundenfälschung. Bei einem Schaden von über zwei Milliarden DM war das rund ein Tag Haft für je 800.000 DM. Kein schlechter Kurs. Außerdem wurden ihm 31 Monate Untersuchungshaft angerechnet. Der ehemalige Immobilienhai stand auf und verkündete mit fester Stimme: »Ich nehme das Urteil an.«

Daraufhin hob Richter Heinrich Gehrke den Haftbefehl gegen Schneider auf. Wegen der geringen Reststrafe von knapp vier Jahren, die er später antreten könnte, sei keine Fluchtgefahr mehr gegeben. Der prominente Häftling durfte Weihnachten unter dem Tannenbaum feiern. Es gab Kartoffelsalat und Würstchen.

Bereits nach wenigen Monaten im Strafvollzug wurde der Häftling Schneider Freigänger, der tagsüber Ausgang hatte und nur abends in den Knast zurückkehren musste. Wieder einige Monate später brauchte er gar nicht mehr zurückzukehren: Die Justiz war zu dem Schluss gekommen, ihm großzügigerweise ein Drittel seiner Strafe zu erlassen. Hochkarätige Wirtschaftskriminelle, die Aberdutzende Handwerker ins Unglück gestürzt, die Dutzende Existenzen ruiniert und mehrere Menschen in den Selbstmord getrieben hatten, wurden eben etwas anders behandelt als gewöhnliche Verbrecher.

Auch ansonsten genoss der Pleitier große Sympathien. Als er am 23. März 2000 zur Buchmesse in der Osthalle vom Leipziger Hauptbahnhof seine Autobiographie »Bekenntnisse eines Baulöwen« vorstellte, kamen rund 1.000 Zuhörer, die begeistert Beifall klatschten und sich am Schluss geduldig in eine lange Schlange einreihten, um ein Autogramm zu erhaschen. Der Historienmaler Volker Pohlenz fertigte für die berühmteste Leipziger Gaststätte, den »Auerbachs Keller«, ein Wandgemälde an, auf dem er Jürgen Schneider als Mephisto darstellte.

Auf die Frage eines Zeitungsreporters im Mai 2000, wie er es sich bei dem immensen Schuldenberg und einem unpfändbaren Freibetrag von 1.700 DM monatlich leisten könne, eine Wohnung zu halten, bei der die Jahresmiete 25.200 DM betrage, antwortete er: »Meine Kinder haben geerbt und unterstützen mich. Sie zahlen die Miete. Wir haben damit keine Probleme, sind glücklich mit unserem Leben. Die Familie hält eng zusammen.«

Die Panzerknacker GmbH

Das kleine verschiebbare Plastikviereck am schmucklosen Wandkalender, der links neben der grauen Eingangstür hing, zeigte das Datum 30. Mai 1998 an. »Was dem einen sin Uhl, ist dem anderen sin Nachtigall«, meinte Sebastian Wittkamp, als er gegen 10 Uhr morgens das Büro vom Zielfahndungskommando betrat. Der Kriminalhauptkommissar hatte ein Kreuz wie ein Schrank. Im Sportraum drückte er locker zwei Zentnergewichte auf der Hantelbank. In seiner Karriere als Polizist gab es deshalb nicht viele Fälle, bei denen sich ein Verbrecher gewaltsam der Verhaftung widersetzt hatte.

Florian Faistel, der nach einem 24-stündigen Dauerdienst erschöpft auf seinem Stuhl eingenickt war, zuckte zusammen und nahm die Füße vom Tisch. »Was ist los, Mann?«, fragte er. »Weshalb machst du so eine Welle?«

»Ich komme gerade von der guten Ulla. Die Sekretärin vom Alten hat die Nachricht taufrisch aus dem Ticker. Ab dem ersten Juni wird unser Kommando in das Kommissariat Zielfahndung umgewandelt. Wir erhalten personelle Verstärkung und werden ein 1/8er Team.«

Die übrigen Männer hörten auf, in ihren Papieren zu blättern und Unterlagen zu lesen. Einen Moment lang herrschte absolute Stille im Raum. Man hätte eine Büroklammer zu Boden fallen hören können. Dann erhoben sich Frank Greger, Stephan Gast und André Kleist wie auf Kommando von ihren Plätzen und klatschten lautstark Beifall, Florian Faistel tat es ihnen nach, und schließlich fiel auch Sebastian Wittkamp mit ein. Im Leben eines jeden Menschen gibt es Momente (sehr seltene zwar, aber es gibt sie), in denen er sich als Mitglied einer starken Gemeinschaft fühlt; in denen er weiß, dass er am Ende eines langen harten Weges angekommen ist und dass dieser Weg trotz aller Hindernisse der richtige war. Das Provisorium vorn Zielfahndungskommando auf Zeit war vorüber. Die Nachricht bedeutete außerdem, dass die Mannschaftsstärke um drei Beamte auf acht Mitarbeiter – zuzüglich dem Leiter – aufgestockt werden würde.

»Was ist mit den Politikern passiert?«, fragte Kriminalkommissar Gast. »Sind sie plötzlich einsichtig geworden?«

»Wohl eher nicht. Deshalb sprach ich soeben von Eulen und Nachtigallen«, entgegnete der Kriminalhauptkommissar. Er trug wie üblich Jeans, ein Hemd mit offenem Kragen sowie einen Pullover mit V-Ausschnitt, der den Ansatz der Brusthaare erkennen ließ. Sebastian Wittkamp sah völlig anders aus als die Polizisten im Fernsehen. Er besaß weder einen schwarzen Anzug mit dazu passendem Schlips noch einen ungebügelten Trenchcoat. Im Dienst hatte ihn noch nie jemand in einer Hose mit ausgebeulten Knien und glänzendem Hosenboden gesehen. »Die Panzerknacker GmbH hat wahrscheinlich den Durchbruch gebracht«, vermutete er.

Rumms, flog die Tür auf. Frank Backhaus, der Leiter der Fahndungsinspektion, kam hereingestürzt. »Meinen

Glückwunsch, Kollege«, sagte er und schüttelte Sebastian Wittkamp die Hand, als wollte er sie abreißen. »Ich habe es eben erfahren. Und ich kenne den Namen des neuen Kommissariatsleiters.« Der Kriminaloberrat schien gerade vom Squash zu kommen. Er hatte ausgeblichene Jogginghosen und ein durchgeschwitztes rotes T-Shirt an. »Es wird der mit Abstand schlechteste Polizist in unserer Inspektion sein. Zu seiner Verteidigung lässt sich lediglich vorbringen, dass er wenigstens immer gut gekleidet ist.«

»Bei weitem nicht so gut wie Sie«, entgegnete der Kriminalhauptkommissar und blickte mit gerunzelter Stirn auf mehrere Löcher in dem T-Shirt seines Chefs.

»Nun ja, das wäre auch kaum möglich«, lautete die passende Antwort. Frank Backhaus war bei seinen Männern sehr beliebt, weil er sich stets für sie einsetzte und nie den großen Boss herauskehrte. Alle Probleme versuchte er, so weit es ging, auf partnerschaftlicher Ebene zu lösen. Unter seiner Personalführung ging es anders zu, als im üblichen amerikanischen Kriminalfilm. Er hatte noch keinen einzigen seiner Männer in die Pfanne gehauen, sondern sich im Gegenteil immer schützend vor sie gestellt, wenn sie in ein Fettnäpfchen getreten waren.

Doch zwei Seelen wohnten in seiner Brust. Ganz tief in seinem Innersten, unter einer dicken Kruste Routine und Schnoddrigkeit verborgen, fühlte er sich manchmal als Versager. In vielen Angelegenheiten waren ihm nämlich die Hände gebunden. Auch er konnte nichts daran ändern, dass es den Kollegen vom Personenschutz an nichts mangelte und sie über gepanzerte Limousinen, schweizer Spezialwaffen und die neuesten Handys aus Finnland verfügten, während seine Leute in zehn Jahre alten Klapperkisten umherfuhren und einen Teil ihrer Ausrüstung aus der eigenen Tasche bezahlen mussten. Auch verstand er in vielen Fällen nicht die unangebrachte Milde und Nachsicht der Justiz – wie z. B. gegenüber Doc Schneider und seinem Umfeld. Trotzdem verwahrte er sich gegen das halb spöttisch, halb ernst gemeinte Geschwätz innerhalb der Kollegenschaft, wonach die hohe Politik gar nicht daran interessiert sein konnte, die Polizei effektiver zu machen, weil dann so mancher schwarze Konten führende Volksvertreter selbst ins Fadenkreuz geraten würde. Frank Backhaus, da biss die Maus keinen Faden ab, war loyal bis zur Selbstaufgabe.

»Okay Männer, Selters statt Sekt. Ich gebe eine Runde Kaffee aus. Der Dienstjüngste holt«, ordnete Sebastian Wittkamp an und befreite sich aus dem pumpenden Handgriff seines Chefs.

»Automat oder Kantine?«, fragte Stephan Gast. Das war wie die Wahl zwischen Pest und Cholera. Der Kriminalhauptkommissar entschied sich für den schwarzen Tod.

Die Männer setzten sich an den großen Besprechungstisch an der Fensterfront des Großraumbüros. Alle wirkten aufgekratzt, denn der harte Kampf um ein eigenes Kommissariat war nun endlich von Erfolg gekrönt worden. Die vom Kriminalhauptkommissar geäußerte Vermutung, dass die Erfolge im Zusammenhang mit der Panzerknacker GmbH zu der Entscheidung geführt hatten, war naheliegend.

Als »Panzerknacker GmbH« wurde eine Verbrecherbande aus dem Ostseeraum bezeichnet. Wie im Märchen von Ali Baba und den 40 Räubern gehörten ihr zeitweilig 40 Mitglieder an. Deren kriminelle Karrieren hatten allerdings nichts Märchenhaftes an sich. Dietmar Tomaschewski, genannt Zatopek, und »Andi« Andreas Rohmann, zwei gelernte Schweißer, gründeten die Bande eher zufällig Anfang der 90er Jahre in Stralsund. Die beiden spazierten mit Motorradhelmen auf dem Kopf in die Horster Sparkasse, fuchtelten mit Platzpatronenrevolvern in der Luft herum und ließen sich 12.340 DM in eine Plastiktüte packen. Anschließend schlenderten sie seelenruhig zur Tür hinaus, setzten sich auf ein gestohlenes Motorrad und fuhren ungehindert die wenigen Kilometer bis nach Hause zurück. Eine verunsicherte und ängstliche Streifenwagenbesatzung traf etwa eine halbe Stunde später am Tatort ein.

Die frühen 90er Jahre waren in Mecklenburg-Vorpommern eine wilde Zeit. Weil sich die Polizei hauptsächlich mit der Eigenorganisation beschäftigte, herrschte auf dem flachen Land das Chaos. Neonazis feierten in Dorfgaststätten gemeinsam mit Weltkriegsveteranen den Geburtstag des Führers, und zwar ganz öffentlich unter Hakenkreuzfahnen. Von Mai bis Oktober wurden Camper rund um die Seenplatte von betrunkenen einheimischen Jugendlichen verprügelt. Die allgemeine Kriminalitätsrate schnellte in die Höhe wie eine Fieberkurve.

Dietmar Tomaschewski und Andreas Rohmann waren zwar dumm, aber nicht völlig verblödet. Nachdem sie das Geld gezählt und ein wenig nachgedacht hatten, kamen sie zu der Erkenntnis, dass sie so viel Glück wie bei ihrem ersten großen Coup nicht immer haben würden. Sie sahen sich einige John-Wayne-Western auf Video an und begannen, die nächsten Überfälle zu planen. Sie kundschafteten die Örtlichkeiten genauer aus, wählten schlecht gesicherte Banken mit langen Polizei-Anfahrtswegen, stellten Fahrer für Fluchtwagen ein und beschäftigten mit Walkie-Talkie ausgerüstete Späher zum Schmierestehen.

Von 1992 bis 1994 begingen sie zwischen Rostock und Rügen Dutzende Banküberfälle, bei denen sie über fünf Millionen DM erbeuteten. Später weiteten sie ihr Tätigkeitsfeld auf Brandenburg, Berlin, Sachsen und Thüringen aus. Ihren Namen »Panzerknacker GmbH« erhielten sie aus zwei Gründen: Zum einen, weil sie bei mehreren Einbrüchen in Großhandelsmärkte mit Gabelstaplern die Panzerschränke aus ihren Verankerungen gerissen und aufgeknackt hatten, zum anderen, weil sie ihre Bande wie eine Firma organisierten. An der Spitze der Hierarchie stand Dietmar »Zatopek« Tomaschewski. Andreas »Andi« Rohmann und Michael »Emilio« Franz, ein pleitegegangener Hotelier, den es aus Frankfurt am Main an die Küste verschlagen hatte, fungierten als seine Stellvertreter. Ihnen folgten mehrere Unterführer, die teilweise auf eigene Rechnung arbeiteten. Das Fußvolk wusste über die Pläne nicht Bescheid, sondern führte nur Befehle aus. Nach italienischem Vorbild bezeichnete sich die Panzerknacker GmbH als Familie. Die Bande beschäftigte einen Rechtsanwalt, der sie in strafrechtlicher Hinsicht und in Vermögensfragen beriet. Der Gewinn wurde nicht vollständig unter den Verbrechern aufgeteilt, sondern teilweise zum Kauf von Immobilien verwendet. Der Rest wanderte in eine so genannte Pensionskasse. Sie sollte dazu dienen, in Not geratene – also im Gefängnis sitzende – Familienmitglieder materiell zu unterstützen und die Kosten für den Rechtsbeistand zu übernehmen.

Lange Zeit hatten die Bankräuber mehr Glück als Verstand. Die eigens in Schwerin gegründete Soko Tresor musste ihre Ermittlungen Mitte 1993 einstellen. Die Aufklärung des Schusswechsels bei dem Antiterroreinsatz der GSG 9 in Bad Kleinen hatte Vorrang. Bei zwei Überfällen erschienen Streifenwagen zwar rechtzeitig am Tatort. Die Besatzungen konnten jedoch nichts gegen die Feuerkraft einer Pumpgun ausrichten und blieben hinter ihren zusammengeschossenen Autos in Deckung, bis die Sache vorüber war.

In Brandenburg, wo die Bande 35 Banken ausraubte, wurden mehrere Überfälle von verschiedenen Kommissariaten einzeln abgearbeitet und nicht im Komplex behandelt. Die Kommunikation zwischen den fünf Bundesländern, in denen die Verbrecher unterwegs waren, funktionierte schlecht. Insgesamt gingen 56 Banküberfälle und weit über 100 andere Straftaten auf das Konto der Panzerknacker GmbH. 1997 betrug die Beute bereits über zehn Millionen Mark. Der angerichtete Schaden war mehr als fünfmal so hoch.

Der Stern der Panzerknacker GmbH begann zu sinken, als sie sich im Juni 1997 die Sparkasse im brandenburgischen Lunow ausgesucht hatte. Die Verbrecher erbeuteten zwar 98.840 DM, aber drei der fünf Täter wurden gefasst. Ihre Aussagen brachten endlich den Stein ins Rollen.

Beim Zielfahndungskommando in der Berliner Heerstraße gingen daraufhin mehrere Mitfahndungsersuchen aus Mecklenburg-Vorpommern, Brandenburg, Thüringen und Sachsen ein. Die umfangreichste Datensammlung über die Bande besaß eine Sonderkommission der Polizei in Stralsund. Sie konnte der Panzerknacker GmbH 178 Straftaten zuordnen. Nach den Erkenntnissen der Beamten bildeten zehn Personen den harten Kern. Dietmar Tomaschewski wurde als der eigentliche Kopf und Planer der Bande, Andreas Rohmann als brutaler Gewalttäter und Michael Franz als skrupelloser Durchreißer charakterisiert. Alle drei waren nach dem Desaster in Lunow untergetaucht.

Andreas Rohmann schnappten die Zielfahnder, als er sich heimlich mit seiner Frau treffen wollte. Sie hatte einen Koffer voller Bargeld dabei, das aus einem der Überfälle stammte. Andi gestand 40 Straftaten. Er erzählte alles, was er wusste, und antwortete auf jede Frage. Er berichtete auch über die abgebrochenen Raubversuche (manche Banken wurden dreimal überfallen, bis es klappte) und die Siegesfeiern nach geglückten Coups.

Durch Andi erfuhren die Ermittler von Alexander Ottersbach, dem früheren Rechtsanwalt der Bande, der wegen Steuerhinterziehung seine Zulassung verloren hatte, aber immer noch im Immobiliengeschäft tätig war. Nach tagelanger Observation überraschten ihn die Zielfahnder, als er sich mit zwei Männern in einem Restaurant an der Ahlbecker Seebrücke traf. Der eine von den beiden war Dietmar

»Zatopek« Tomaschewski. Bei dem anderen handelte es sich um Ulf »Konnie« Konietzko. Er war das Superhirn der Panzerknacker GmbH. Er konnte jeden beliebigen Computercode knacken, gesperrte EC- und Kredit-Karten aktivieren, perfekt Ausweispapiere und Dokumente fälschen.

Die Ansichtskarte

Nach und nach schnappten die Zielfahnder fünf weitere wichtige Mitarbeiter der Panzerknacker GmbH. Mit Hilfe ihrer Aussagen konnten schließlich alle 40 Räuber dingfest gemacht und überführt werden. Bis auf einen: Emilio, der dritte Mann aus der Führungsriege, der im Alleingang neun Banken um insgesamt 1,4 Millionen DM erleichtert hatte, blieb wie vom Erdboden verschluckt.

Aber seine Freundin Annette Mühlau, eine Kellnerin, wohnte noch in Berlin-Friedrichshain. Ihr Telefon wurde abgehört und die Post gelesen. Vergeblich. Es gab keine Nachricht von ihrem Freund, nichts. Bis die Kellnerin am 15. August 1998 eine Ansichtskarte aus Saßnitz erhielt. Darauf stand: »Liebe Annette, viele Grüße von meinem Trip nach Schweden. Ich bin am 30. 5. um 4.47 Uhr angekommen. Die Fähre sollte schon um 02.26 Uhr da sein. Bitte komme mich bald besuchen. Ich hole dich in Trelleborg im Hafen ab. Bring Schwedenkronen mit. Bis bald, deine Marion.«

Sebastian Wittkamp rief seine Männer zu einer Besprechung zusammen. Vor ihm auf der zerkratzten Resopalplatte vom Besprechungstisch lag die in eine Klarsichthülle verpackte Ansichtskarte. Der Kriminalhauptkommissar reichte sie reihum und bat jeden um seine Meinung dazu: »Fragt und sagt bitte alle, was euch spontan einfällt, auch wenn es sich wie der größte Blödsinn anhört. Vielleicht finden wir auf diese Weise einen Anhaltspunkt.«

»Wurde die Karte auf Fingerabdrücke überprüft?«, fragte Kriminalkommissar Gast.

»Natürlich. Wir haben jede Menge Abdrücke gefunden, aber keinen, den wir Michael Franz zuordnen konnten. Und um die nächste Frage gleich vorwegzunehmen: Die Handschrift ist eindeutig weiblich. Emilio hat die Karte nicht geschrieben.«

»Gibt es im Umfeld von Annette Mühlau eine Marion?«, wollte Kriminalhauptkommissar Kleist wissen.

»Sogar zwei. Eine Kollegin von ihr, die in derselben Kneipe arbeitet, und eine Schulfreundin.«

»Was hat der Schriftvergleich ergeben?«, hakte Kriminaloberkommissar Greger nach.

»Noch nichts. Den Graphologen werden wir erst später bemühen«, antwortete Sebastian Wittkamp. Obwohl im Raum drückende Schwüle herrschte, schien er nicht zu schwitzen. Er lockerte weder seinen Schlipsknoten, noch zog er sein Jackett aus.

Kriminalkommissar Faistel war in einer viel schlechteren Verfassung. Er hatte am Abend zuvor beim Bowling gewonnen und mehrere Runden Magenbitter ausgegeben. Nun war ihm übel, aber er konnte sich nicht übergeben. Auf seiner Stirn stand kalter Schweiß, er hatte einen pelzigen Belag auf der Zunge, und im Mund verspürte er einen unangenehmen Pfefferkuchengeschmack. Aber er konnte sich zusammenreißen. Er nahm die Klarsichthülle und betrachtete die Postkarte mit Hilfe einer starken Lupe von beiden Seiten. Nach einer Weile legte er die Folie ab und hob den Kopf, was ihn große Anstrengungen kostete. »Mir sind drei Dinge aufgefallen. Das Foto zeigt eine Stadtansicht von Saßnitz. Die Autos auf dem Bild sind durchweg alte Modelle, die bis Anfang der 90er Jahre gebaut wurden.

Das heißt, es handelt sich um eine ältere Aufnahme. Das für sich allein genommen will nichts bedeuten. Sicherlich gibt es noch Restposten im Handel zu kaufen. Der Poststempel auf der anderen Seite ist teilweise verwischt. Aber zwei Buchstaben lassen sich erkennen: Ein E und ein L. Beide kommen in ›Saßnitz‹ nicht vor. Drehen wir nun die Karte um. Im Text taucht der Buchstabe ›R‹ mehrfach auf. Aber er wurde ganz merkwürdig geschrieben. Ein Strich mit einem komischen Häkchen daran. Es sieht nicht nach einem deutschen ›R‹ aus.«

»Und welche Schlussfolgerungen ziehst du daraus?«, wollte der Kriminalhauptkommissar von ihm wissen.

Florian Faistel trank einen Schluck Wasser, um nicht ohnmächtig zu werden. »Nie wieder in meinem Leben trinke ich Alkohol«, schwor er sich insgeheim. Dann sprach er mühsam weiter: »Emilio und seine Braut sind einfache Leute. Sie werden sich keinen komplizierten Code ausgedacht haben. Ich denke, Emilio steckt irgendwo im Ausland, in Übersee. Die Ansichtskarte hat er dort in einem Sammlerladen aufgetrieben, von einer Bekannten beschriften lassen, sich eine passende Geschichte dazu ausgedacht und auf dem Flughafen einen x-beliebigen Passagier angesprochen. Und der hat die Karte in Berlin aus Gefälligkeit in den Briefkasten geworfen.«

»Das mag schon sein. Trotzdem sind wir genauso schlau wie vorher. Wir haben nicht die geringste Ahnung, wo er steckt«, gab André Kleist zu bedenken.

Frank Greger schüttelte den Kopf. »Das stimmt nicht ganz. Emilio ist nicht mehr in Deutschland. Und auf keinen Fall hält er sich in den nordischen Ländern auf. Auch der Text ist eindeutig. Seine Freundin soll ihn besuchen kommen. Er braucht Geld und sie soll ihm welches bringen. Wir müssen Annette Mühlau nur beschatten und schon schnappt die Falle zu.«

»Was könnten die Ankunftszeiten zu bedeuten haben? Soll ich die Fährverbindungen überprüfen lassen?«

»Besser ist besser«, pflichtete ihm Frank Greger bei. »Obwohl es sicher nicht viel bringen wird. Für mich sieht es eher wie ein Bankcode, ein Computer-Passwort oder eine Telefonnummer aus. Wir müssen herauskriegen, was es ist.«

»Hat sonst noch jemand eine Idee?«, horchte Sebastian Wittkamp in die Runde. »Okay, das ist nicht der Fall. Ich werde die Karte, so wie von Florian vorgeschlagen, einem Graphologen vorlegen. Vielleicht kann er uns mehr sagen.«

Miami Beach

Dr. Dominik Rauchhaus, der Graphologe, wollte sich nicht festlegen, aber das taten Gutachter ohnehin sehr selten. Er meinte jedoch, dass die Handschrift mit einer Wahrscheinlichkeit von über 50 Prozent dem englischen Sprachraum zuzuordnen wäre, bevorzugt dem US-amerikanischen. Darauf würde auch das verwendete Schreibmittel, ein so genannter Liquid-Stift, hindeuten. Man könne davon ausgehen, dass eine Frau die Karte geschrieben hat. Sie sei jedoch nicht die Verfasserin des Textes gewesen, sondern habe ihn nur kopiert, wie sich an gewissen Unterbrechungen im Schreibfluss erkennen ließe. Allerdings wäre die Frau der deutschen Sprache mächtig gewesen. Der Text sei wort- bzw. satzweise übertragen worden und würde keine Fehler aufweisen, wie es unweigerlich der Fall sein müsste, wenn er Buchstabe für Buchstabe transkribiert worden wäre.

Kriminalhauptkommissar Wittkamp regte den Erlass eines internationalen Haftbefehls an. Die Staatsanwaltschaft verlangte zunächst nähere Angaben, stimmte dann aber doch zu. Ein Observationsteam legte sich auf die Lauer und ließ Annette Mühlau nicht mehr aus den Augen.

Am 25. August 1998 erhielt Kriminaloberkommissar Greger einen internen Telefonanruf. Es meldete sich Kriminalkommissar Bayer. Der ehemalige Polizeiobermeister hatte einen Lehrgang auf der Polizeischule besucht, war befördert worden und hatte sich zur Datenstation vom Lagezentrum Fahndung (LKA 6114) versetzen lassen. Seine ehemaligen Kollegen profitierten häufig davon. Joachim Bayer war der einzige Computerfreak, der sich in beiden Bereichen auskannte. Er konnte die unterschiedlichen Sprachen, die bei der Fahndung und in der Datenstation gesprochen wurden, hin- und zurückübersetzen. Er verlangte keine 100-prozentig eindeutigen Anforderungen, wie es die anderen Mitarbeiter taten, die ihre Kollegen im Außendienst damit fast zur Verzweiflung trieben. Joachim Bayer konnte improvisieren.

»Max, pass auf«, sagte er, denn er wusste, dass der Kriminaloberkommissar den Jazz-Musiker Max Greger nicht leiden konnte. Der Polizist hasste alles an seinem berühmten Namensvetter. Vor allem brachte ihn die häufig gestellte Frage, ob der Bandleader sein Vater sei, auf die Palme.

»Was ist los, Ostbirne?«, frotzelte der Kriminaloberkommissar zurück.

»Frau Franz fliegt am 16. September um 11.30 Uhr von Tegel aus in die USA. Sie muss einmal umsteigen. Um 17.33 Uhr kommt sie Atlanta-Hartsfield an. Um 18 Uhr geht es weiter nach Fort Lauderdale. Ankunftszeit 19.50 Uhr. Sie hat nur den Hinflug gebucht.«

»Wer ist Frau Franz?«

»Die holde Gattin von Michael Franz, bekannt auch als Emilio.«

»Ich denke, die heißt Mühlau?«

»Hieß sie auch bis zu ihrer Heirat im Mai dieses Jahres. Die Hochzeit fand in Miami statt. Sie muss euch damals irgendwie durch die Lappen gegangen sein. Von Fort Lauderdal bis Miami Beach soll es angeblich nur ein Katzensprung sein. Habe ich den Lebenserinnerungen von Dr. Jürgen Schneider entnommen.«

Frank Greger bedankte sich überschwänglich. »Vielen Dank, alter Knabe. Du hast etwas gut bei mir.«

»Einem Kollegen helfe ich doch immer gern, noch dazu, wenn er aus einer berühmten Jazzer-Familie stammt.«

Sebastian Wittkamp strahlte, als ihm Frank Greger die neue Nachricht überbrachte. Das war der entscheidende Hinweis, auf den sie schon so lange gewartet hatten. Der Kriminalhauptkommissar buchte zwei Flüge in die USA. Am 14.9. machte er sich morgens um 6 Uhr zusammen mit André Kleist auf den Weg zum Flughafen. Am späten Nachmittag kamen sie in Miami an. Im zuständigen Polizeirevier, einem flachen weißen, von Palmen flankierten Gebäude am Belladonna Drive 412, wurden sie von US-Marshall Tom McDermott empfangen. Über ihn beantragten sie als Erstes einen US-Haftbefehl gegen Michael Franz. Dann zeigte Hauptkommissar Wittkamp seinem amerikanischem Kollegen eine Kopie der Postkarte an Annette Franz. Der Marshall betrachtete die Textpassage »Ich bin am 30. 5. um 4.47 Uhr angekommen. Die Fähre sollte schon um 02.26 Uhr da sein.« Er tippte die Ziffernfolge 305 447 0226 in seinen Computer und sagte dann: »Es handelt sich eindeutig um eine Telefonnummer aus Miami. Die zugehörige Adresse lautet Valencia Avenue 726.«

Sechs US-Marshalls und die beiden Zielfahnder als Beobachter fuhren zu der Adresse und observierten das Gebäude, ein niedriges, apfelgrün gestrichenes Apartmenthaus mit kleinem Pool im Innenhof. Am 16.09. um 20 Uhr schlugen sie zu. Michael Franz telefonierte gerade mit seiner Frau, die ihn vom Flughafen in Fort Lauderdale anrief, als es an der Tür klopfte. Emilio, mit dem Telefon in der Hand, öffnete einen Spalt. Vor ihm stand ein Mann in Arbeitssachen, mit einem Werkzeugkoffer in der Hand. »Sir, ich soll die Klimaanlage überprüfen.«

Der Verbrecher trat einen Schritt zurück. Die Tür flog auf. Mehrere Revolver waren auf seine Stirn gerichtet. Eine Minute später wurde Annette Franz verhaftet. In einer braunen Lederreisetasche trug sie 10.000 US-Dollar bei sich. Die zwei Tage später geplante Weiterreise in die Dominikanische Republik wurde ersatzlos gestrichen.

Die Panzerknacker GmbH war endlich restlos liquidiert.

Intermezzo 5

Pressemitteilung des BKA

Der Gemeinsamen Finanzermittlungsgruppe des Bundeskriminalamtes (BKA) und des Zollamtes (ZKA) ist in Norddeutschland ein bedeutender Schlag im Kampf gegen eine deutsch-russische Tätergruppierung, die der organisierten Kriminalität (OK) zugerechnet wird, gelungen. Eine intensive Zusammenarbeit mit Strafverfolgungsbehörden in Luxemburg, Kanada, Litauen, Lettland, Spanien, Isle of Man/GB, Andorra, Portugal, Bahamas, Österreich, Schweiz, Belgien, Frankreich und der Russischen Föderation führte zu diesem Erfolg. Dem in Deutschland lebenden Hauptbeschuldigten wird besonders schwere Geldwäsche in fünf Fällen und Beihilfe zur Veruntreuung von Geldern zum Nachteil einer russischen Firma vorgeworfen. Der bereits im Mai 1999 Festgenommene befand sich wegen weiterer ermittelter Taten (Betrug, versuchte Geldwäsche, versuchte räuberische Erpressung und Steuerhinterziehung) zwei Jahre in Untersuchungshaft. Wegen des dringenden Tatverdachts der Geldwäsche in Zusammenhang mit den in der Russischen Föderation begangenen Subventionsbetrugsfällen wurde im Mai 2001 erneut Untersuchungshaft angeordnet.

Die im Jahre 1993 von BKA und ZKA gegründete Gemeinsame Finanzermittlungsgruppe führt seit November

1998 im Auftrag der Staatsanwaltschaft Bremen die Ermittlungen, die durch eine Verdachtsanzeige eines Bankinstitutes ausgelöst worden waren.

Im Jahre 1995 wurden umgerechnet ca. 7 Millionen US-Dollar (USD) Subventionsgelder aus dem russischen Staatshaushalt für die Errichtung einer Produktionsanlage zur Abfüllung von Mineralwasser sowie für Anlagen zur Herstellung dringend benötigter Backwaren gewährt. Die Mittel stammten aus einem Programm der russischen Regierung zur Förderung einer mit Grundnahrungsmitteln unterversorgten Region im Kaukasus.

Im Rahmen der Ermittlungen konnten eine Vielzahl von Beweismitteln sowie Hinweise auf die am Subventionsbetrug beteiligten Täter gesichert werden. Die in Deutschland und Kanada produzierten und ausgelieferten Anlagen waren lediglich die Hälfte der beantragten und erhaltenen Staatsmittel wert. Die Staatsmittel waren aufgrund vorgelegter fingierter Verträge mit zwischengeschalteten Scheinfirmen in der beantragten Höhe gewährt worden. Im Verlauf der Ermittlungen konnte auch festgestellt werden, dass die Tatverdächtigen Kontakte zu dem für die Vergabe der staatlichen Subventionen zuständigen Verwaltungsleiter einer Region im Kaukasus unterhalten hatten.

Der kriminelle Gewinn wurde über eine Reihe internationaler Finanzplätze weltweit transferiert, um die tatsächliche Herkunft der erlangten Gelder zu verschleiern. Der Finanzermittlungsgruppe ist es jedoch in Zusammenarbeit mit Strafverfolgungsbehörden der genannten Staaten, insbesondere der Russischen Föderation, Kanada, Litauen, Luxemburg und Spanien, gelungen, die Geldspur u. a. bis nach Deutschland zu verfolgen. Von den illegal erlangten Geldern wurden rund 825.000 USD in den Verfügungsbereich des Hauptbeschuldigten Deutschland und Spanien übertragen.

Die in der Russischen Föderation 1996 bis 1998 betriebenen Ermittlungen gegen die Gruppierung wegen Verdachts des Betruges waren eingestellt worden, da die dort vorliegenden Beweismittel alleine nicht zur Erhebung einer Anklage ausgereicht hatten.

Parallel zu den Ermittlungen in Deutschland wurde auch in Luxemburg ein Strafverfahren betrieben. Nach dem dortigen Geldwäschegesetz konnten aufgrund eines administrativen Beschlusses ca. 1,5 Millionen USD auf Luxemburger Konten eingefroren werden.

Nach Einschätzung der Ermittlungsbehörden handelt es sich bei dem 1994 aus der Russischen Föderation eingereisten und mittlerweile deutschen Staatsangehörigen um eine »Autorität im kriminellen Milieu« der in Russland der organisierten Kriminalität zugerechnet wird. So konnte im Verlauf der Ermittlungen festgestellt werden, dass er und andere Beschuldigte enge geschäftliche und private Kontakte zu Anführern russischer krimineller Organisationen (so genannten »Dieben im Gesetz«) unterhalten haben. Auch Bedrohungs- und Erpressungshandlungen zur Durchsetzung der kriminellen Geschäftsinteressen waren Gegenstand der Ermittlungen.

Die zur Verschleierung der Herkunft der erlangten Staatsmittel genutzten weltweit verzweigten Firmen- und Kontenstrukturen waren nur im Rahmen der breit angelegten langjährigen internationalen Ermittlungen aufzudecken. Neben direkten Kontakten der beteiligten Staaten wurden auch die Informationswege der INTERPOL-Organisation und der Verbindungsbeamten des Bundeskriminalamtes im Ausland in Anspruch genommen.

Die Mitglieder der Gruppierung vertrauten offensichtlich darauf, dass eine staatenübergreifende Kooperation zwischen den tangierten Ermittlungsbehörden nicht oder nur begrenzt stattfindet.

Hervorzuheben ist die Ermittlung von konkreten Straftaten in Russland in Zusammenarbeit mit den Strafverfolgungsbehörden der Russischen Föderation. Damit ist es erstmals in diesem Umfang gelungen, den Nachweis der Herkunft der Gelder aus Straftaten in Russland zu führen und somit Vortat und die anschließenden internationalen Stationen der Geldwäsche nachzuvollziehen.

Wiesbaden, 21.08.2001

Autoschieber

Das Bundeskriminalamt in Wiesbaden veranstaltete vom 4. bis zum 6. April 2001 eine internationale Tagung zu dem Thema »Bekämpfung der Fahrzeugkriminalität«. Es ging um vorbeugende Maßnahmen gegen das Verschieben von Autos, um die Aufklärung und die Verhinderung von Pkw-Diebstählen. Trotzdem die absoluten Zahlen durchaus rückläufig waren (was vor allem an dem Einbau von Wegfahrsperren lag), wurden in der BRD im Jahr 2000 immerhin noch rund 67.000 Autos gestohlen. In den meisten Fällen handelte es sich um so genannte »unbefugte Kfz-Benutzungen«. Zumeist jugendliche Autodiebe oder »Crash Kids« rasten mit fremden Wagen davon und ließen sie irgendwann, irgendwo und irgendwie stehen. In vielen Fällen empfanden die Eigentümer keine große Freude bei der Rückführung, weil sie ihr liebstes Stück ganz anders in Erinnerung gehabt hatten, als sie es zurückbekamen. Die Gerichte fassten jugendliche Serientäter in der Regel mit Samthandschuhen an. Das lag hauptsächlich daran, dass der Staat keine vernünftigen Konzepte zur Resozialisierung hatte. Oder richtig gesagt: Konzepte gab es schon, aber sie waren nicht finanzierbar. Das häufig geforderte härtere Durchgreifen, das Wegschließen der Teenager in Strafvollzugsanstalten, stellte keine Lösung dar. Hinter Gittern lernten sie nur, was sie vorher noch nicht wussten. Die meisten kamen schlimmer heraus, als sie eingeliefert wurden.

Die durchaus sinnvollen Schnellverfahren, bei denen das Urteil bereits wenige Stunden auf die Entdeckung der strafbaren Handlung folgte, blieben Ausnahmen. Das lag an der chronischen Überlastung der Justiz. Meistens vergingen zwischen Straftat und Gerichtsverfahren mehrere Monate. Die jugendlichen Angeklagten konnten sich nur noch mühsam daran erinnern, worum es in dem Prozess eigentlich ging. Der angestrebte erzieherische Effekt verpuffte.

Der geringere Teil der gestohlenen Pkw – aber immer noch mehr als genug, nämlich rund 32.000 Fahrzeuge – blieb dauerhaft verschwunden. Einige von ihnen wurden vergraben, versenkt oder in Einzelteile zerlegt. Das waren die wenigsten. Die meisten traten eine lange Fahrt in Richtung Ural an.

Der verursachte Gesamtschaden durch Pkw-Diebstähle lag insgesamt bei 800.000.000,00 DM jährlich. Diese Zahl macht deutlich, welch wichtigen Faktor jene Art der Kriminalität für die Wirtschaft darstellte. Der Autoindustrie wurde lange Zeit vorgeworfen, dass sie überhaupt kein Interesse daran habe, Fahrzeuge diebstahlsicher zu machen, weil sich das negativ auf die Fabrikation und die Umsatzzahlen auswirken würde. Nur aus diesem Grund seien bereits bekannte technische Lösungen nicht realisiert worden.

Eine ähnlich pessimistische Einschätzung musste im Jahr 2001 der Hamburger Innensenator für die Bedeutung aller Bereiche der Kriminalität in der Hansestadt abgeben. Schwarzes oder schmutziges Geld sicherte die Existenz zahlreicher Händler und Gewerbetreibender, so lautete die Erkenntnis, weil die Gangster einen Großteil ihrer Gewinne für Luxuswaren ausgaben. Ein gezielter, umfassender Schlag gegen das Verbrechen würde viele ehrbare Bürger zwischen Billwerder Bucht und Außenalster ruinieren – meinte der Senator.

Auch im Ausland wurden gerne und häufig Autos von Deutschen entwendet. Auf Dienst- und Urlaubsreisen kamen im Jahr 2000 knapp 12.000 Pkw abhanden. Lediglich 1.500 Autos fanden sich wieder an. Damit blieben 87,5 Prozent dauerhaft verschwunden. Der ernst gemeinte Scherz »Kaum gestohlen, schon in Polen« stimmte spätestens seit dem Jahr 2000 nicht mehr. Das Nachbarland hinter der Oder war inzwischen selbst zum bevorzugten Operationsgebiet von Banden geworden, die aus den ehemaligen Sowjetrepubliken stammten. Die Staaten Mittel- und Osteuropas dienten hauptsächlich als Transit- und Zielländer für geklaute Autos.

Aus diesem Grund nahmen an der Tagung im April 2001 leitende Polizeibeamte aus Estland, Litauen, Polen, der Tschechischen Republik, Ungarn, Lettland, Österreich, der Slowakischen Republik, der Ukraine, Weißrussland, der Russischen Föderation, Albanien, Kroatien, Mazedonien, Bosnien-Herzegowina, Dänemark, Norwegen, Finnland, Schweden, Griechenland, Italien, Rumänien und Bulgarien teil.

Eine wichtige Erkenntnis war, dass lückenlose Kontrollen an Grenzübergangsstellen als das beste Mittel galten, um die Flut der Autodiebstähle einzudämmen. Gut geschulte Zöllner mit großer Personenkenntnis konnten in vielen Fällen auf Anhieb erkennen, ob Fahrer und Wagen, Wagen und Kennzeichen zusammenpassten oder nicht. Die Auswertung einer Stichprobe im Sommer 1994 am polnisch-litauischen Grenzübergang Ogrodniki ergab, dass von 107 kontrollierten Wagen aus Deutschland später 70 von ihren Eigentümern als gestohlen gemeldet wurden. Doch der europäische Einigungsprozess führte dazu, dass immer mehr Grenzbarrieren wegfielen.

Das Schengener Abkommen, eine internationale Vereinbarung einiger europäischer Staaten über eine gemeinsame Asylpolitik und den kontrollfreien Grenzverkehr, wurde am 19. Juni 1990 in der luxemburgischen Kleinstadt Schengen abgeschlossen. Zu den Erstunterzeichnern gehörten Frankreich, die BRD sowie die Benelux-Staaten Belgien, Niederlande und Luxemburg.

Das Schengener Abkommen sollte (wie später der Euro) als bedeutender Schritt zum vereinten Europa gelten. Wegen berechtigter Sicherheitsbedenken einiger Staaten trat es erst am 26. März 1995 in Kraft, und zwar zunächst zwischen Frankreich, Deutschland, Spanien, Portugal sowie den Beneluxstaaten. Am 01. April 1998 folgten Österreich sowie Italien, im Januar 2000 Griechenland, am 25. März 2001 Dänemark, Finnland, Schweden, Norwegen und Island. Die Autodiebe konnten von nun an statt der kürzeren, aber wesentlich gefährlicheren Route Deutschland – Polen – Litauen – Lettland – Estland – St. Petersburg auch die längere Strecke um den bottnischen Meerbusen herum wählen. Mit dem Bau der Dänemark-Schweden-Brücke über den Sund waren sie nicht einmal mehr auf die Risiken der Fährverbindungen angewiesen. Sie konnten in einem Ritt durchfahren und mussten auf ihrem Weg nur noch eine ernsthafte Grenze passieren, und zwar die zwischen Finnland und der Russischen Föderation. Speziell deshalb waren die Finnen eingeladen worden und hatten mit großem Interesse an der Konferenz zur Kriminalprävention im Zusammenhang mit Kraftfahrzeugen teilgenommen.

Als Folge des Wegfalls der Grenzkontrollen stieg in den nordischen Ländern die so genannte Touristenkriminalität spürbar an. Zu den traditionellen Alkoholschmugglern gesellten sich Verbrecher aller übrigen Sparten. Die schwedischen Behörden reagierten darauf, indem sie an den Straßenrändern Warnschilder aufstellen ließen. Der Text in einem roten Dreieck forderte die Bevölkerung dazu auf, wachsam zu sein.

Experten meinten, dass es sich bei einer Vielzahl der in Deutschland als gestohlen gemeldeten und auf Dauer verschwundenen Pkw um Versicherungsbetrügereien oder um die Unterschlagung von Leihwagen handeln würde. Nur etwa ein Drittel davon seien tatsächliche Diebstähle.

Die Auswertung eines großen Strafverfahrens in Berlin ergab, dass sich die vermeintlichen Opfer sehr leicht hatten ködern lassen. Die meisten von ihnen waren noch nicht einmal überschuldet, sondern lebten in soliden materiellen Verhältnissen. Sie arbeiteten als Ärzte, Finanzberater und Versicherungsmakler. Sie waren in Gaststätten, Diskotheken und Bordells angesprochen worden. Einige von ihnen hatten auch in zunächst völlig ehrbarer Absicht Pkw-Verkaufsanzeigen in Zeitungen gesetzt. Doch sobald ihnen sehr diskret eine Möglichkeit aufgezeigt wurde, beinah risikofrei etliche tausend Mark einzusacken, ließen sie jede Vernunft fahren.

Der Trick war ganz einfach: Ein russischer »Geschäftsmann« bestellte bei einem deutschen »Exporteur« eine Limousine der gehobenen Oberklasse. Der prüfte mehrere »Angebote«. Sobald eine Absprache erfolgreich geführt werden konnte, lief die Aktion an. Der Fahrzeughalter übergab einem Transporteur Fahrzeugschlüssel und Papiere aus. Der setzte sich in den Pkw und brachte ihn zuerst in eine Werkstatt. Dort ließ er alle Schlösser wechseln. Anschließend fuhr er mit dem Wagen ganz legal zu dem jeweiligen Bestimmungsort, lieferte das Auto ab, kassierte die Belohnung und kehrte nach Deutschland zurück. Dort gab er dem »Opfer« Papiere und Schlüssel wieder und händigte ihm je nach Wagentyp zwischen 10.000 und 15.000 DM »Aufwandsentschädigung« aus. Am nächsten Tag ging der Eigentümer zur Polizei, zeigte das Auto als gestohlen an und meldete den Schaden seiner Versicherung. Er konnte die Zulassung und – wie von den Versicherungen verlangt – den kompletten Schlüsselsatz abliefern. Überprüfungen unter dem Mikroskop blieben ergebnislos. Nachweislich waren keine Nachschlüssel angefertigt worden.

In einem Fall gab ein ganz besonders geldgieriger Chirurg gegenüber seiner Assekuranz an, dass sich im Kofferraum seines verschwunden Porsche ein wertvolles Set mit 14 Golfschlägern befunden habe. Die Versicherungsgesellschaft machte einen Praxistest bei einem anderen Porsche derselben Modellreihe und stellte fest, dass der Kofferraum viel zu klein für einen Satz Golfschläger war.

Dieter und Gerhard Helbig

Die Gebrüder Helbig aus Weiden trugen schlichte deutsche Allerweltsnamen. Der Ältere hieß Dieter. Diese Kurzform zu Dietrich war seit dem Mittelalter durch das Nibelungenlied weit verbreitet und wurde auch heute noch gern gewählt. Den 14 Jahre jüngeren Bruder hatten die Eltern in Verehrung für den Heiligen Gerhard von Toul Gerhard genannt, eine Zusammensetzung aus den althochdeutschen Worten »ger« (Speer) und »harti« (hart). So schlicht und solide die Namen klangen, so traten die beiden Brüder auch in der Öffentlichkeit auf: Als Männer, die mit 30 schon wie 50 wirkten und die sich in den folgenden 20 Jahren nur unmerklich in ihrem Äußeren veränderten; als Gemeindemitglieder, die sich als eifrige Kirchgänger und disziplinierte Stammtischbesucher hervortaten; als Geschäftsleute, die in ihren grauen, unauffälligen Anzügen auf die Welt gekommen zu sein schienen.

Sie passten perfekt in ihre kleine, knapp 25 Kilometer von der Tschechei entfernte feine Welt, wo die Straßen immer sauber, die dunkelgrünen Rasenflächen in den Vorgärten stets frisch geschnitten und die Häuser wie im Bilderbuch ausschauten. Weiden in Bayern, Weiden in der Oberpfalz, Weiden im oberen Naabtal zwischen der Autobahn 93 und der Bundesstraße 22: In der erstmals 1241 urkundlich erwähnten Stadt lebten etwa 43.000 Einwohner. Es gab mehrere Barockkirchen, eine Reihe gut erhaltener Wohnhäuser des 16. bis 17. Jahrhunderts, eine aus acht selbständigen Reihenhäusern bestehende Schule von 1566 und ein Rathaus aus dem 16. Jahrhundert. Die Wirtschaftsstruktur wurde von der traditionellen Glas- und Porzellanherstellung sowie der Textilindustrie bestimmt. Wer Arbeit suchte, fand immer welche. An Sportvereinen gab es unter anderem den Stadtverband für Leibesübungen, den 1. Athletenclub 1897, den Justizsportverein und den Tennisclub am Postkeller.

Die wichtigsten Weidener Bürger sprachen sich beim Vornamen an. Es gab einen inneren und einen äußeren Kreis. Wer zum inneren Kreis gehörte, dem ging es gut. Der äußere Kreis spielte keine Rolle. Dieter Helbig hatte zuerst einen Getränkehandel betrieben und später mit seinem Bruder die »Auto Helbig GmbH und Co. KG« gegründet. Seit dem Beginn der 80er Jahre exportierte die Firma Autoteile in das Nachbarland, dessen Grenze zur BRD damals noch »Eiserner Vorhang« genannt wurde. Sie befolgten ein einfaches Geschäftsprinzip: Statt der branchenüblichen fünf Prozent schlugen sie 100 Prozent auf den Verkaufspreis. Trotzdem blieb die Nachfrage immer größer als das Angebot. Die ganze Kunst bestand darin, der sozialistischen Bürokratie die notwendigen Stempel, Lizenzen und Sondergenehmigungen abzutrotzen. Doch ein Bakschisch in harter Währung wurde auch von hochrangigen Funktionären gern genommen. Sie handelten im Brechischen Sinne und ehrten Lenin, indem sie sich selbst nützten.

Im idyllischen Weiden in der Oberpfalz gehörten Dieter und Gerhard Helbig schon seit langem zum inneren Kreis. Sie sponserten freigebig gemeinnützige Projekte, unterstützten den Fanfarenzug und die jugendliche Fußballmannschaft. Der jüngere Bruder wurde Schatzmeister vom Tennisclub am Postkeller, in dem außer dem Oberbürgermeister auch die übrige Weidener Hautevolee verkehrte.

Ende 1989 fand in der ČSSR, der Tschechoslowakischen Sozialistischen Republik, eine so genannte sanfte Revolution statt. Die Massen demonstrierten auf den Straßen, die kommunistische Partei verzichtete auf ihre Führungsrolle, und der Schriftsteller Vaclav Havel wurde zum Präsidenten gewählt. Das Wörtchen »sozialistisch« verschwand aus dem Staatsnamen. Die Tschechen und die Slowaken begannen sich darüber zu streiten, ob der Übergang zur Marktwirtschaft schnell oder langsam erfolgen sollte.

Es entstand ein Machtvakuum. Die alte Ordnung galt nicht mehr, die neue noch nicht richtig. Dieter und Gerhard Helbig nutzten die Gunst der Stunde sowie ihre alten Kontakte und eröffneten zuerst in Prag, später in Bratislava Generalrepräsentanzen der Automarke Mercedes. Ein Firmenvertreter meinte später: »Sie haben den Job bekommen, weil sie sich im Ost-Geschäft auskannten.«

Die beiden Brüder wussten tatsächlich ganz genau, welche Gepflogenheiten in der Moldau-Metropole und in der Stadt an der Donau herrschten. Sie schenkten der Prager Polizei 35 Autos und stellten hochrangigen Politikern jahrelang so genannte Testwagen kostenlos zur Verfügung. Im Gegenzug durften sie im Großen und Ganzen schalten und walten wie sie wollten. Die Muttergesellschaft stellte ihnen 6.000 besonders preisgünstige Pkw zur Verfügung, um damit den Ost-Markt zu fördern. Die Mercedes-Limousinen wurden aber nur auf dem Papier in die Tschechei importiert. Tatsächlich reisten sie auf dem Schiffsweg nach Asien, wo sich wesentlich höhere Preise erzielen ließen. Der Reingewinn pro Wagen lag bei 20.000 DM. Die Autokönige, wie sie bald genannt wurden, handelten mit frisierten Gebrauchtwagen und ließen sich von osteuropäischen Autoschiebern Pkws stehlen, um den Gegenwert von den Versicherungen einzustreichen.

In den 80er Jahren waren die Helbigs gut situiert gewesen. Mit Beginn der 90er Jahre wurden sie plötzlich richtig reich.

In ihrer Heimatstadt ließen sie als Firmensitz ein 20 Millionen teures Verwaltungsgebäude errichten, das (genauso wie der Palast der Republik in Ostberlin) im Volksmund den Spitznamen »Palazzo Prozzo« erhielt. Sie kauften sich Villen in Florida und Appartements in Monte Carlo. Privat vertrauten sie nicht mehr dem guten Stern auf Deutschlands Straßen, sondern fuhren Rolls Royce.

Doch auch in hübschen bayerischen Kleinstädten, wo Erfolg sich noch lohnt und wo alle die besten Freunde sind, gab es missgünstige Neider. Am 08. September 1994 stattete die Steuerfahndung der Auto Helbig GmbH und Co. KG einen überraschenden Besuch ab. Gerhard Helbig führte die Herren in seine weitläufigen Büroräume, ließ Tee und Kaffee servieren und wies den Hauptbuchhalter an, alle gewünschten Unterlagen herbeizuschaffen. Anschließend entschuldigte sich der Chef. Er verständigte seinen Bruder, raste mit einem Auto nach Hause, warf die wichtigsten Sachen in einen Koffer und flüchtete über die Grenze. Dieter folgte ihm unverzüglich. In Prag waren die beiden zunächst sicher. Die Tschechei lieferte keine Personen an Deutschland aus, die wegen Steuerdelikten gesucht wurden.

Doch zu den Steuerschulden in Millionenhöhe kamen Zahlungsrückstände aus dem Verkauf von 1.500 Mercedes-Limousinen und 700 Mercedes-Lkw. Insgesamt waren Beträge von rund 42 Millionen DM aufgelaufen. Die zuständige Nürnberger Staatsanwaltschaft erließ im November 1994 Haftbefehl gegen Dieter und Gerhard Helbig. Die Tatvorwürfe lauteten auf Steuerhinterziehung und mehrfache Veruntreuung in Millionenhöhe. Das Bundeskriminalamt nahm sich der Sache an. In geheimen Verhandlungen auf höchsten Polizeiebenen in der BRD und in Tschechien wurde eine Rückholaktion vorbereitet. Zielfahnder reisten in die Goldene Stadt. Sie brauchten nicht lange nach den beiden Brüdern zu suchen: Sie residierten in ihrem Autohaus in der

Nähe des Wenzelsplatzes und schienen nichts von der Gefahr zu ahnen, in der sie schwebten. Der Zugriff würde eine einfache Sache werden.

Am 25. November 1994 stürmten fünf einheimische Polizisten unter Führung eines Hauptmanns in den chromblitzenden Verkaufssalon und präsentierten den beiden Geschäftsführern druckfrische tschechische Haftbefehle. Dieter Helbig setzte seine goldumrandete Lesebrille auf, studierte die Dokumente eingehend und meinte dann süffisant: »Meine Herren, es tut mir leid, aber Sie können und dürfen uns nicht festnehmen. Die Haftbefehle wurden nicht ordnungsgemäß ausgefertigt. Die amtlichen Stempel fehlen.«

»Oh, pardon«, meinte der Hauptmann. »Das ist mir aber sehr peinlich. Sie stehen unter Arrest. Sie dürfen das Gebäude nicht verlassen.«

Die fünf Uniformierten zogen ab, um die Haftbefehle zu komplettieren. Die beiden Arrestanten aber hielten sich nicht an den Befehl, sondern holten ihre Notkoffer aus dem Versteck und fuhren auf direktem Wege in die Hauptstadt der benachbarten Slowakischen Republik. Nach langen Streitigkeiten war am 1. Januar 1993 die Föderation zwischen Tschechen und Slowaken aufgelöst worden.

Auf dem Flughafen von Bratislava bestiegen die zwei Brüder die nächste Maschine ins westliche Ausland. Nach mehreren Zwischenaufenthalten kamen sie am 28. November 1994 in Wellington auf der neuseeländischen Nordinsel im Pazifischen Ozean an. Sie blieben mehrere Wochen. In der Hochebene besuchten sie den 2797 Meter hohen Mount Ngauruhoe, einen aktiven Vulkan, wanderten durch den Mount Egmont Nationalpark und bestaunten die subtropische Region Northland.

Nach dem Ablauf ihres Touristenvisums flogen sie weiter nach Südkorea, der nächsten Station ihrer lebenslang geplanten Urlaubsreise. Nach einer ausgedehnten Sightseeing-Tour sollte es weiter nach Manila gehen. Doch daraus wurde nichts. Die Zielfahnder des BKA hatten die abgerissene Fährte wieder aufgenommen und spürten sie im Sofitel Ambassador-Hotel in Seoul auf.

Am 29. August 1995 klopfte ein Kellner an die Zimmertür 2035. Ein Mann im weißen Bademantel öffnete sie für einen Spalt, so weit es die von innen vorgelegte Sicherheitskette zuließ. »Sir, Obst und Blumen von der Direktion. Gehört zum Zimmerservice. Kostet nichts.«

Die Tür schloss sich, um sich kurz darauf ganz zu öffnen. Der Kellner hatte sich inzwischen in Luft aufgelöst. Anstatt auf den erwarteten Obstkorb blickte Gerhard Helbig in die kalten Läufe von zwei auf seinen Kopf gerichtete Pistolen. Aber der Überraschungscoup glückte nur zur Hälfte. Dieter Helbig hatte kurz vor dem Polizeieinsatz das Hotel mit unbekanntem Ziel verlassen.

Im Jahr 1995 lebten in Seoul über zehn Millionen Menschen. Die große Stadt am Gelben Meer war das Handels-, Industrie- und Kulturzentrum Südkoreas. Eine unbekannte Zahl von Ausländern wohnte dort, hinzu kamen täglich Tausende und Abertausende Touristen aus aller Welt. Selbst für erfahrene koreanische Ermittler war es so gut wie unmöglich, in dem Gewirr der Straßen und Gassen einen flüchtigen Deutschen aufzuspüren.

Dieter Helbig konnte deshalb erst am 22. November 1995 auf dem Flughafen verhaftet werden, als er sich mit einem gefälschten Pass absetzen wollte. Er wurde in das Staatsgefängnis von Seoul überstellt, wo sein Bruder bereits auf ihn wartete. Als Ausländer erhielt er eine bevorzugte Behandlung, um die ihn die übrigen 4.000 Gefangenen beneideten: Wie Gerhard durfte er in eine Einzelzelle einrücken. Sie war mit einem Blecheimer für die Notdurft möbliert und wurde nicht beheizt. Südkorea hatte im Wesentlichen ein kühl-gemäßigtes Klima mit kalten, trockenen Wintern und heißen, niederschlagsreichen Sommern. Die Novembertage in Seoul konnten schon sehr kalt sein. Die Temperaturen lagen mitunter nur dicht über dem Gefrierpunkt. Nachts zitterten die Häftlinge unter dünnen Decken. Als Betten dienten harte, schmale Läufer, die auf dem Zementfußboden ausgerollt wurden. Es gab drei Mahlzeiten an einem Tag. Im Wechsel wurden Reis, Suppe oder Nudeln in kleinen Schälchen ausgeteilt. Tagsüber durften die Deutschen für eine halbe Stunde ihre Zelle zum Hofgang verlassen. Einmal pro Woche wurde kalt geduscht.

Nach acht Tagen war Dieters Widerstand restlos gebrochen. Er verlangte, einen Mitarbeiter der Botschaft sprechen zu können. Als er dem Diplomaten im Besuchszimmer gegenüberstand, bat er mit Tränen in den Augen darum, so schnell wie möglich nach Deutschland abgeschoben zu werden.

Gerhard Helbig wurde Anfang Dezember nach 94-tägiger Gefangenschaft zwei Zielfahndern des BKA übergeben und mit einer Linienmaschine in die BRD geflogen. In den drei Monaten Haft hatte er zehn Kilo abgenommen. Sein Bruder folgte ihm ein paar Wochen später.

Mercedes reduzierte seine Forderungen auf zwei Millionen DM. Ein Großteil der ursprünglichen Beträge konnte mit Lagerbeständen an Personenkraftwagen und Immobilien aufgerechnet werden. Die beiden Brüder saßen anderthalb Jahre lang in U-Haft. Das Landgericht Nürnberg verurteilte sie im Sommer 1997 zu Freiheitsstrafen, die nur wenige Monate über die angerechnete Untersuchungshaft hinausgingen. Die Anklage hatte auf Betrug in 95 Fällen gelautet. In Weiden und anderswo wurden ihre Namen aus dem Bewusstsein der Menschen gestrichen. Niemand wollte sich mehr an sie erinnern.

Nur noch einmal kehrte der Name Dieter Helbig auf die Titelseiten der Zeitungen zurück. Das war 1999, als gegen den Betreiber der Spielbank in Baden-Baden schwere Vorwürfe erhoben wurden. Er hätte vorsätzlich weggesehen, als Stammgäste riesige Summen verspielten, die offensichtlich aus dubiosen Quellen stammten.

Im Rahmen von Überprüfungen stellte sich heraus, dass der ältere der Helbig-Brüder der Spielsucht verfallen gewesen war. In einem Zeitraum von anderthalb Jahren verzockte er als ewiger Verlierer 13 Millionen DM am Roulett-Tisch, an manchen Abenden bis zu 500.000 DM. Er setzte immer nur auf die 27, aber die Zahl brachte ihm kein Glück.

Intermezzo 6

Pressemitteilung des BKA

Die BKA-Zielfahndung bewies Ausdauer: Nach achtjähriger Verfolgung wurde am 8. Mai 1998 ein ehemaliger Unternehmer aus dem Landkreis Göttingen in Mexiko festgenommen. Da er von den mexikanischen Behörden umgehend abgeschoben wurde, befindet sich der 47-Jährige bereits wieder in Deutschland, wo ihm am heutigen Montag der Haftbefehl verkündet werden soll.

Dem deutschen Geschäftsmann und vier weiteren Personen wird vorgeworfen, in den 80er Jahren ältere, gebrauchte Fahrzeuge nach Spanien exportiert und sie dort mit gefälschten Kfz-Papieren als nahezu neuwertig verkauft zu haben. Dadurch entstand ein wirtschaftlicher Schaden von mehr als 20 Mio. Mark.

Als das Bundeskriminalamt im Auftrag der Staatsanwaltschaft Göttingen gegen seine Firma ermittelte und ein Haftbefehl gegen ihn erwirkt wurde, setzte sich der Geschäftsmann nach Kanada ab. Dort wurde er bereits 1990 von BKA-Zielfahndern entdeckt, konnte aber aus Rechtsgründen nicht ausgeliefert werden. Im März 1988, als seine Ausweisungsverfügung in Kanada rechtskräftig geworden war, setzte sich der Mann ab.

Erneut heftete sich ein Zielfahndungskommando an die Fersen des Flüchtigen und machte ihn Anfang Mai 1988 im mexikanischen Pazifikort Puerto Vallarta ausfindig. Am Freitagabend griff die mexikanische Polizei zu, als der 47-Jährige vor seiner erst kürzlich eingerichteten Wohnung zu einem Hafenspaziergang unterwegs war.

Wiesbaden, 11. 05. 1998

Polizei befreit den entführten Autohändler

Schwer bewaffnete Beamte des Spezialeinsatzkommandos (SEK) der Berliner Polizei haben am Montagabend in Zehdenick (Landkreis Oberhavel) eine Geiselnahme beendet. Sie befreiten einen entführten Mann aus Weißrussland. Er blieb unverletzt. Einer der Entführer, der Ukrainer Victor Z., wurde festgenommen. Er trug eine Waffe bei sich.

Bei dem entführten Opfer handelt es sich um Andrej T. aus Weißrussland. Der 31-jährige Autohändler war Ende des vergangenen Jahres mit seiner Frau als Tourist nach Berlin gereist, um Autos, Kfz-Teile und Textilien anzukaufen. Am vergangenen Sonnabend gegen 16 Uhr hatte eine in Berlin lebende Bekannte von Andrej T. bei der Polizei angerufen. Sie sagte, dass der Autohändler entführt worden sei. Dessen Ehefrau Tatiana habe sich telefonisch bei ihr gemeldet und gesagt, dass ihr Mann seit dem 15. Januar spurlos verschwunden sei und an einem unbekannten Ort festgehalten werde. Die Täter forderten 30.000 Dollar in bar.

Montagabend war das Lösegeld an einen Komplizen des Ukrainers in Tiergarten übergeben worden. Er flüchtete danach in einem Opel. In der Paulstraße wurde er gegen 20.30 Uhr vom SEK gestellt. Ein Beamter hatte mehrmals auf das Auto geschossen, weil der 53-jährige Fahrer Victor Y. nicht anhielt, sondern versuchte, eine Straßensperre zu durchbrechen. Er wurde ebenfalls festgenommen. Nach einem dritten Entführer fahndet die Polizei noch. Die beiden gefassten Männer wurden indes einem Richter vorgeführt. Er erließ Haftbefehle wegen erpresserischen Menschenraubes. Beide Männer seien »im Wesentlichen geständig«, sagte ein Beamter. Zum Verbleib der Geldes äußerte sich die Polizei nicht.

Ob sich Entführer und Geisel kannten, ist noch unklar. Die Ermittlungen übernahmen Spezialisten zur Aufklärung organisierter Kriminalität und Beamte der 4. Mordkommission. Sie fanden heraus, dass die Entführer am 15. Januar ihr Opfer unter dem Vorwand, ein Auto zu verkaufen, in eine Wohnung in Zehdenick gelockt hatten, ihn dort fesselten und festhielten. Die Geiselnehmer telefonierten mehrmals mit Familienangehörigen der Geisel. Die Gespräche zur Geldübergabe sollen von Tele-Cafés in Wedding geführt und dabei abgehört worden sein. Dadurch sei die Polizei den Tätern auf die Spur gekommen, hieß es.

Lutz Schnedelbach, Berliner Zeitung, 23.01.2002

Bei Anruf Mord

Der 26. Mai 2000, ein Freitag, wurde ein ebenso warmer und sonniger Tag wie die Tage zuvor. Die sommerlichen Temperaturen hatten sich trotz gegenteiliger Prognosen fortgesetzt. In der Berliner Gethsemane-Kirche im Prenzlauer Berg war es angenehm kühl.

Das Gotteshaus trug seinen Namen nach einem Olivenhain auf dem Ölberg vor den Toren Jerusalems, in den sich Jesus Christus mit seinen Jüngern am Abend vor seiner Kreuzigung zurückgezogen hatte. Doch an diesem Tag fand in der Gethsemane-Kirche keine Andacht im klerikalen Sinne statt. Im Innenraum hatten sich 29 ehemalige DDR-Bürgerrechtler versammelt, um aus den Händen von Altbundeskanzler Helmut Schmidt den mit 150.000 DM dotierten Nationalpreis der Deutschen National-Stiftung entgegenzunehmen. Damit sollte ihr Engagement im Herbst 1989 geehrt werden. Am 9. September 1989 hatten sie sich in der Wohnung von Katja Havemann, der Witwe des SED-Regimekritikers Robert Havemann, getroffen, um einen gemeinsamen Text zu verfassen. Die Erklärung war etwa eine Schreibmaschinenseite lang, trug die Überschrift »Aufbruch 89 – Neues Forum« und läutete endgültig die politische Wende ein. Die unten wollten nicht mehr und die oben konnten nicht mehr.

Richard Schröder, der Präsident der Deutschen National-Stiftung, würdigte in seiner Rede die Zivilcourage der Oppositionellen, die einen entscheidenden Beitrag für die einzige friedliche Revolution in der Geschichte Deutschlands geleistet hätten. Passend zur Jahreszeit sprach er von

»Eisbrechern«. Ex-Bundeskanzler Helmut Kohl, der auch einen Preis bekommen sollte, war wegen der Parteispendenaffäre ausgeladen worden.

Im Laufe des Vormittags kletterten die Temperaturen weiter nach oben und lagen mittags um 12 Uhr bei 22 Grad. Im Dienstzimmer von Kriminalhauptkommissar Alfred Bettermann, das sich in dem großen Polizei-Gebäudekomplex in der Schöneberger Keithstraße/Ecke Wichmannstraße befand, standen die Fenster offen und ließen von draußen den Fahrzeuglärm herein. Der Kriminalhauptkommissar war der Leiter der 3. Berliner Mordkommission.

Er befand sich in einer Besprechung, an der außer seinem Stellvertreter noch ein leitender Mitarbeiter der ÖSA teilnahm. In den Senatsverwaltungen gab es den natürlichen Drang, alle Dienststellen genau zu bezeichnen, was zu unaussprechlichen Wortungetümen führte. Die Folge waren Akronyme. ÖSA bedeutet Senatsverwaltung Inneres, Abteilung Öffentliche Sicherheit und Ordnung, Sachgebiet Organisation der Polizei. Der Mitarbeiter dieser Abteilung war ein grauer Mann unbestimmten Alters, der genau wusste, was er wollte, und der nicht lange um den heißen Brei redete. Er unterbreitete Vorschläge, die niemand ablehnen konnte.

Es ging um die Europareise von Bill Clinton, der vom 1. bis 3. Juni in der deutschen Bundeshauptstadt Station machen würde. Der Besuch des amerikanischen Präsidenten galt nicht vordergründig der Himmelfahrt Christi, obwohl sie bei der Planung durchaus eine Rolle gespielt hatte. Das kirchliche Fest wurde bekanntlich immer donnerstags gefeiert, und zwar am 40. Tag nach Ostern. In diesem Jahr fiel der Herrentag auf den 1. Juni. Das traditionelle deutsche Programm zu diesem Anlass – Radpartie zu einer Ausflugsgaststätte, Bier, Erbsensuppe und Gemütlichkeit – blieb dem einfachen Volk vorbehalten. Stattdessen wollte Bill Clinton an einer Konferenz zum modernen Regieren im 21. Jahrhundert teilnehmen. Zwischendurch war aber noch ein Abstecher nach Aachen geplant. Dort sollte der Präsident mit dem Karlspreis geehrt werden. Die internationale Auszeichnung der Stadt Aachen, eine Reminiszenz an Kaiser Karl den Großen, wurde für besondere Verdienste um die abendländische Einigung verliehen, und zwar traditionell alljährlich zu Christi Himmelfahrt. Der Preis bestand aus einer Urkunde und einer Medaille, die den thronenden Kaiser zeigte, und war mit 5.000 DM dotiert. Die 29 ehemaligen Bürgerrechtler in der Gethsemanekirche hatten jeder 5.172 DM bekommen. Dafür war aber auch ihr Risiko beim Einsatz für den europäischen Einigungsprozess größer gewesen als das des Gouverneurs von Arkansas im Jahr 1989.

Für Berlin fand bis zum Mittwoch die allgemeine Mobilmachung der Ordnungskräfte statt, von da an bis zum Sonntag galt die Alarmstufe I. Rund 2.500 Polizisten, 250 private Bodyguards sowie Dutzende Mitarbeiter des BKA, des FBI und des Secret Service sollten für die Sicherheit des mächtigsten Mannes der Welt sorgen. Sämtliche Abteilungen der Polizei – selbst die Mordkommissionen – waren in die Planung mit einbezogen worden. In der Besprechung ging es um die genauen Abläufe.

Alfred Bettermann, der den ganzen Rummel verabscheute, weil er ihm den Dienstplan durcheinanderbrachte, machte aus seiner Verärgerung keinen Hehl. »Mir ist ein Rätsel, wie in einer Stadt wie Berlin für die Sicherheit der Gäste gesorgt werden kann. Die Risiken sind einfach zu hoch«, meinte er und strich sich über seine kurzen grauen Haare.

Oliver Schweitzberger, der Vertreter der ÖSA, tippte mit einem Patentbleistift auf ein Klemmbrett und sagte: »Die meisten Sicherheitskräfte werden rund um das Hotel Intercontinental in der Budapester Straße zusammengezogen, wo der Präsident wohnen wird.

Seine Suite ist 200 Quadratmeter groß. Sie hat gepanzerte Türen, schusssichere Wände und kugelsichere Fenster. Die Räume sind abhörsicher und mit einer eigenen Stromversorgung ausgestattet. Da kann absolut nichts passieren.«

»Das Hotel ist nicht das Problem«, entgegnete Kriminaloberkommissar Harry Grumm, der stellvertretende Kommissariatsleiter. »Der Präsident nimmt an den drei Tagen ständig Ortsveränderungen in schwierigem Terrain vor. Wie soll die Fahrstrecke überwacht werden?«

Oliver Schweitzberger rückte seine Brille zurecht. »Die Kollegen checken bereits seit Tagen die Umgebung des Hotels. In der Budapester Straße herrscht absolutes Park- und Halteverbot. Die Gullydeckel müssen zugeschweißt werden, um das Verstecken von Sprengstoff unmöglich zu machen. Auf den Dächern der umliegenden Häuser sollen Scharfschützen postiert werden.«

»72 Stunden lang rund um die Uhr?«, fragte der Kriminalhauptkommissar.

»Wenn es sein muss, auch noch länger. Das eigentliche Problem besteht darin, dass der Präsident morgens nach dem Aufstehen seine Joggingrunden drehen will.«

»Da kann es keine Schwierigkeiten geben«, meinte Kriminaloberkommissar Grumm. »Er wird die paar Meter bis zum Tiergartenufer gefahren und kann dann ungestört durch den Park flitzen.«

»Nun ja, bis jetzt ist noch offen, ob und wie lange der Zoologische Garten und der Tiergarten gesperrt werden können«, erwiderte der ÖSA-Mann. »Auf jeden Fall benötigen wir jede Menge Leute. Hier ist die Liste für das 3. Kommissariat.«

Alfred Bettermann warf einen Blick darauf und seufzte: »Da ist ja nur noch eine Notversorgung möglich. Doch nun Themawechsel. Was ist mit den Freigängern aus Haftanstalten und forensischen Psychiatrien?«

»Die zuständigen Senatoren haben bereits angeordnet, dass vom 1. bis 3. Juni sämtliche Freigänge zu streichen sind.«

»Okay, und wie sieht es mit den Fahndungen aus?«

»Alle harten Jungs sitzen hinter Gittern. Gesucht wird nur noch Kroppzeug. Morgen beginnt in der Stadt die große Aufräumaktion. Eine Woche lang wird es in Zentrumsnähe keine Punks, Fixer, Bettler und Stadtstreicher mehr geben.«

Der Kriminalhauptkommissar sah auf seine Armbanduhr. »Dann dürfte alles klar sein. Ich schlage vor, wir beenden die Sitzung. Es ist 13 Uhr und ich möchte noch zum Mittagessen kommen, ehe die Kantine zumacht. Auf dem Speiseplan stehen heute Königsberger Klopse, mein Leibgericht.« Er stand auf, gab Oliver Schweitzberger die Hand und geleitete ihn zur Tür.

Anschließend ging er zum Garderobenständer und zog seine Jacke über. »Hoffentlich läuft die Aktion so ruhig ab, wie geplant«, dachte er bei sich. Beim Hinausgehen riss er das Kalenderblatt vom Vortag ab. Auf der Rückseite stand der Spruch des Tages: Hoffen und Harren hält manchen zum Narren.

Kopfschuss

Zur selben Zeit verließ die 23-jährige Doreen Wawrzinek ihre Zweizimmerwohnung in der Biesenbrower Straße im Berliner Stadtbezirk Hohenschönhausen und ging in Richtung S-Bahnhof. Sie war nicht allein. Sie wurde von ihrer 18-jährigen Freundin Anne Bünger begleitet.

Außerdem führte sie an einer roten Lederleine den neun Monate alten Golden Retriever ›Darius‹ bei sich. Der Hund hatte seinen Namen in Verehrung für den berühmten französischen Opernkomponisten Darius Milhaud erhalten. Die Namenswahl und das Interesse der jungen Frau für französische Musik kamen nicht von ungefähr. Ihre Mutter war Französin, ihr Vater Tscheche. Doreen Wawrzinek hatte von beiden Elternteilen nur das Beste geerbt. Sie war mittelgroß, schlank, hatte mittellanges schwarzes Haar und dunkle Augen.

Die junge Frau machte einen besorgten Eindruck. Sie hatte auch allen Grund dazu. Sie schwebte in großer Gefahr. Zu ihrem Schutz hatte sie den Hund und ihre Freundin mit auf den Spaziergang genommen. Ihr Ziel war das Eiscafé Florenz im Linden-Center, dem Zentrum von Hohenschönhausen an der Falkenberger Chaussee, direkt neben einem Multiplex-Kino und der S-Bahn-Strecke nach Karow.

Im Ostteil der Stadt gab es drei große Neubaugebiete: Marzahn, Hellersdorf und Hohenschönhausen. Das sozialistische Wohnungsbauprogramm der 70er Jahre, das in der Hauptstadt der DDR begonnen hatte, war in dem neuen Stadtbezirk Marzahn aus der Taufe gehoben und mit Hellersdorf fortgesetzt worden. In Hohenschönhausen hatte es geendet. Marzahn war der Vorzeigestadtbezirk gewesen. Konrad Naumann, der erste Sekretär der SED-Bezirksleitung Berlin, hatte eine Art persönliche Patenschaft übernommen und für den Bau einer bescheidenen Infrastruktur, eines Kinos und einer Schwimmhalle gesorgt. Für Hellersdorf stand kein Sponsor mehr zur Verfügung. Die Mittel waren dort schon wesentlich knapper gewesen.

Hohenschönhausen kam ganz am Schluss. Von 1985 an wuchsen auf ehemaligen Rieselfeldern, die 15 Kilometer vom Zentrum der Stadt entfernt lagen, in kürzester Zeit 30.000 Wohnungen in Plattenbauweise in die Höhe. Wer dort hinzog, wohnte einsam und verlassen unter 100.000 Menschen am Rande der Welt. Erst in den 90er Jahren fand das Bauprogramm seine Fortsetzung. Etliche Wohnungen wurden saniert und dem westlichen Standard angepasst. Ein Einkaufszentrum, mehrere Schulen und Kinos entstanden. Trotzdem war Hohenschönhausen auch im Jahr 2000 keine gute Wohnadresse und würde niemals zu einer solchen werden. Die Bevölkerung teilte sich in zwei große Gruppen. Die einen hatten Arbeit, die anderen nicht. Wer es sich leisten konnte, zog von hier weg. Doreen Wawrzinek war von Beruf Masseuse. Finanziell ging es ihr nicht besonders gut. Nach der Lehre war sie von einer ABM-Maßnahme in die nächste gerutscht. Eines Tages, als sie noch bei ihren Eltern wohnte, hatte sie einen wesentlich älteren Mann kennengelernt. Der 38-jährige Andreas Störzel sah gut aus, wirkte wie Anfang 30 und kleidete sich geschmackvoll, ohne auffällig zu erscheinen. Wie er sagte, stammte er aus der Uckermark und arbeitete auf einem Reiterhof. »Ich bilde Dressurpferde aus und habe schon die deutsche Olympiamannschaft trainiert«, hatte er ihr erzählt. Sie war mit ihm für ein Wochenende nach Paris gefahren, eine Reise in die Karibik sollte folgen. Er hatte ihr dabei geholfen, die eigene Wohnung zu finden und sie einzurichten. Andreas Störzel war anfangs immer nett und freundlich zu ihr gewesen. Er hatte stets Zeit für sie gehabt, und Geld spielte für ihn offensichtlich keine Rolle.

Bereits nach kurzer Zeit merkte sie, dass einige der Geschichten, die er ihr erzählte, nicht stimmen konnten. Es machte sie stutzig, dass er nichts über seine Familie berichtete und große Teile seiner Vergangenheit ausklammerte. Allen Fragen in diese Richtung wich er aus.

Er sprach von seinem großen Haus in Hardenbeck, das sich von Erzählung zu Erzählung veränderte. Anfangs lag es direkt an einem See mit eigenem Bootssteg, später verfügte es über einen Swimmingpool im Keller. Die Zahl der Bade- und Schlafzimmer schwankte ebenso wie die Zahl der eigenen Pferde draußen auf der Koppel. Andreas schwärmte von seinem S-Klasse Mercedes, seinem Excalibur und seiner

Harley Davidson. Doch er war noch nie mit dem eigenen Auto oder Motorrad zu ihr gekommen, sondern immer nur mit dem Taxi. Die Besuche auf dem Land schob er von Woche zu Woche auf. Aber am schlimmsten war seine grenzenlose Eifersucht. Er hatte sie bereits mehrfach geschlagen.

»Was ist gestern eigentlich passiert?«, fragte ihre Freundin Anna.

»Er hat mir wieder völlig grundlos eine Szene gemacht. Ein Wort gab das andere. Ich bin ausgerastet und habe ihn einen Lügner geschimpft. Er hat mir eine geknallt. Ich bin in die Stereoanlage gefallen. Alles ging zu Bruch.«

»Bist du verletzt worden? Hast du die Polizei gerufen?«

»Nein. Ich habe ihn nur vor die Tür gesetzt. Danach hat er andauernd angerufen. Er wollte keine Ruhe geben. Ich musste ihm versprechen, mich heute mit ihm zu treffen.«

Anna blieb stehen und fasste ihre Freundin am Arm. »Der Typ ist krank im Kopf, und er lügt wie gedruckt. Du wirst ihm doch hoffentlich keine zweite Chance geben?«

»Nein, auf keinen Fall. Ich will nur nach einer vernünftigen Lösung suchen. Ich habe Angst vor ihm. Er ist so gewalttätig. Deshalb wollte ich ihn nicht in meiner Wohnung haben. Wir treffen uns im Café. Dort wird er es nicht wagen, mich zu schlagen. Außerdem habe ich ja dich und meinen Hund als Beschützer dabei.«

Das Eiscafé Florenz im Linden-Center befand sich auf einer Balustrade mit freiem Blick auf die Geschäfte im Innenraum des Einkaufscenters. Andreas Störzel saß bereits auf einem der Leichtmetallstühle mit blauem Plastiksitz und wartete. »Du kommst spät«, meinte er tadelnd.

Doreen blickte auf ihre Uhr. »Wir waren um 13.30 Uhr verabredet. Jetzt ist es fünf vor halb. Ich bin superpünktlich.«

»Okay, ich will nicht streiten. Schick die Tante weg. Was wir zu besprechen haben, geht nur uns beide etwas an.«

Anna Bünger wollte aufstehen, doch Doreen hielt sie am

Ärmel fest. »Meine Freundin bleibt. Wenn es dir nicht passt, kannst du ja abhauen.«

Andreas Störzel zündete sich eine Zigarette an, winkte nach dem Kellner, bestellte eine Flasche Champagner und meinte dann: »Ich habe die Kohle für die Karibikreise zusammen. Wir können sofort losfahren, wenn du willst. Gib deinen Köter dieser Schlampe da, und wir hauen ab. Der nächste Flieger geht um fünf. Wenn die Sonne aufgeht, liegen wir bereits am Strand und rammeln wie die Kaninchen.«

Doreen Wawrzinek sprang wütend auf. Ihre dunklen Augen blitzten, und sie schrie so laut, dass sich die Leute an den anderen Tischen verwundert umdrehten: »Ich wollte mich normal mit dir unterhalten. Aber das geht offensichtlich nicht. Ich bin fertig mit dir! Fertig, verstehst du? Verschwinde aus meinem Leben.« Dann griff sie nach ihrer Freundin und zerrte sie und den Hund hinter sich her. Ihre Absätze klapperten die Treppe hinunter und dann das Foyer entlang.

Im Laufen prustete Anna los: »Das war ganz große Klasse. Seine dämliche Fresse hättest du mal sehen müssen! Der überlegt es sich bestimmt genau, ob er dich jemals wieder anspricht.«

Draußen vor der Tür boten Obst- und Gemüsehändler an ihren Ständen die ersten frischen Erdbeeren aus einheimischer Ernte an. Ein kleiner Korb kostete fünf Mark, ein großer mit zwei Kilo Inhalt zehn Mark. Die beiden jungen Frauen hatten keinen Blick dafür.

Sie gingen weiter in Richtung Bahnanlagen. Als sie sich auf der Straßenbrücke befanden, die die Falkenberger Chaussee über die Gleise führte, hörten sie eilige Schritte hinter sich. Eine harte Hand packte Doreen an der Schulter und riss sie herum. Sie blickte in das hasserfüllte Gesicht von Andreas Störzel. »Nimm das«, schrie er wie von Sinnen und hielt ihr eine Pistole an die rechte Schläfe. Ein Schuss fiel. Aus Doreens Kopf schoss eine rote Fontäne. Die junge

Frau brach zusammen. Ihre Augen verdrehten sich, ihr Körper zuckte konvulsivisch.

Für einige Sekunden lang schien die Zeit stillzustehen. Niemand bewegte sich, alle Laute verstummten. Dann kehrten die Geräusche in die Welt zurück. Anna Bünger schlug voller Panik die Hände vor ihr Gesicht und begann zu schreien. Die Passanten spritzten nach allen Seiten auseinander.

Nur der Täter blieb die Ruhe selbst. Er steckte die Pistole ein, griff in die Jackentasche, zog ein Bündel Geldscheine heraus und warf es seinem Opfer vor die Füße. Danach bewegte er sich in Richtung S-Bahn-Station. Erst lief er langsam, dann begann er zu rennen. Niemand wagte es, sich ihm in den Weg zu stellen. Nur ein Mann in blauen Arbeitssachen verfolgte ihn in gehörigem Abstand. Als die beiden auf dem S-Bahnsteig ankamen, ertönte gerade das Abfahrtsignal für eine Bahn in Richtung Zentrum. Andreas Störzel spurtete die letzten Meter, riss eine sich schließende Tür auseinander und quetschte sich in das Abteil. Die S-Bahn beschleunigte und verschwand. Der Verfolger im Blaumann blieb auf dem Bahnsteig zurück und ließ hilflos die Hände sinken.

Ermittlungsergebnisse

Kriminalhauptkommissar Alfred Bettermann schlug wütend mit der Faust auf seinen Schreibtisch. »Da hatte ich mich vor dem Stress der nächsten Woche auf ein geruhsames Wochenende gefreut und nun so etwas. Aber jetzt will ich die Einzelheiten hören. Was wissen wir bereits?«

Kriminaloberkommissar Harry Grumm öffnete einen Aktendeckel, blätterte in den Unterlagen und begann mit seinem Bericht: »Die Tat ereignete sich um 13.40 Uhr auf der

Falkenberger Chaussee, einer belebten Straße. Wie durch ein Wunder ist niemand sonst verletzt worden. Nach einer Zeugenaussage handelt es sich bei dem Täter um einen gewissen Andreas Störzel, den ehemaligen Freund des Opfers. Er hat der 23-jährigen Doreen Wawrzinek aus nächster Nähe in den Kopf geschossen und ihr anschließend ein Banknotenbündel vor die Füße geworfen, insgesamt 7.000 DM.«

»Das Geld wird ihr nicht mehr viel nützen, nehme ich mal an«, brummte der Kriminalhauptkommissar ärgerlich. »In der Tat«, bestätigte sein Stellvertreter.« Zeugen alarmierten Polizei und Feuerwehr. Ein Notarzt konnte das Opfer zunächst wiederbeleben. Ein Rettungswagen brachte es ins Krankenhaus Friedrichshain. Dort ist Doreen Wawrzinek um 14.48 Uhr an ihren schweren Kopfverletzungen verstorben. Die Staatsanwaltschaft hat sofort die Obduktion der Leiche angeordnet. Ich habe den Bericht hier. Wollen Sie ihn hören?«

»Nur das Wichtigste.«

»Es war ein aufgesetzter Schuss. Das Geschoss ist an der rechten Schläfenseite in ihren Kopf eingedrungen, hat in einer geraden Linie den Stirnlappen durchquert und ist im linken Schläfenbereich wieder ausgetreten. Der Durchschusskanal weist eine Breite von zwei Zentimetern auf.«

»Verdammt!«, fluchte Alfred Bettermann.

»Das trifft den Kern der Sache«, gab ihm Kriminaloberkommissar Harry Grumm recht. »Für das Opfer bedeutete der Tod eine Gnade. Die massiven Schäden am Gehirn sind irreparabel gewesen. Wenn das Mädchen am Leben geblieben wäre, hätte es sich nur unnötig quälen müssen.«

»Womit hat er ihr das angetan? Gibt es dazu Erkenntnisse?«

»Wir wissen es sogar ziemlich genau. Das deformierte Geschoss bohrte sich nach dem Austritt aus der Schläfe in eine Werbetafel am Straßenrand und blieb dort im Holz stecken.

Die Patronenhülse wurde unmittelbar am Tatort neben dem Opfer gefunden. Die Kriminaltechniker haben bereits Geschoss und Hülse untersucht. Der Grund für die Schwere der Verletzung ist in der verwendeten Munition zu suchen. Der Schütze hat eine südafrikanische Pro-Amm-Patrone vom Kaliber 9 Millimeter Luger benutzt.«

»Der Bursche scheint ziemlich kaltblütig zu sein.«

Harry Grumm nickte. »Abgebrüht und skrupellos. Wie schon gesagt, befanden sich viele Menschen auf der Straße. Er hat es bedenkenlos in Kauf genommen, auch noch andere zu verletzen oder gar zu töten. Außerdem liegt das nächste Polizeirevier nur rund 200 Meter weit vom Tatort entfernt. Aber es kommt noch schlimmer. Andreas Störzel ist zunächst geflüchtet und mit der S-Bahn in Richtung Stadt gefahren. Unterwegs muss er es sich anders überlegt haben. Er ist umgestiegen und zurückgekehrt.«

»Woher wissen wir das?«

»Weil er dem Krankenwagen gefolgt ist. Noch während die Reanimationsversuche im Krankenhaus Friedrichshain liefen, ist er in der Intensivstation aufgetaucht und hat einen Blumenstrauß abgegeben.«

»Eine Verwechslung ist ausgeschlossen?«

»Die Personenbeschreibungen stimmen überein. Von mehreren Zeugen wurde er wie folgt beschrieben: mittelgroß, schlank, scheinbares Alter 30 bis 35 Jahre, runde Kopfform, helle Hose mit Bügelfalte, weißes Hemd, schwarze Lederjacke, grünes Basecap mit ovalem Zeichen über dem Schirm, beige Schuhe. Und es geht noch weiter. Anschließend hat er mehrfach in der Wohnung des Opfers angerufen.«

»Weshalb? Wer hat dort mit ihm gesprochen?«

»Die Tote. Er rief an, um den Anrufbeantworter in Gang zu setzen und ihre Stimme beim Ansagetext zu hören. In fünf Fällen hat es eine kurze Bandaufzeichnung gegeben, weil er den Hörer erst nach dem Signal-Ton auflegte. Viermal war nur Schluchzen zu hören. Beim letzten Mal sagte er mit tränenerstickter Stimme: ›Doreen, ich schwöre dir, du bist nicht umsonst gestorben. Bald wird die Welt deinen Namen mit großer Ehrfurcht aussprechen.‹ Anhand der Hintergrundgeräusche können wir davon ausgehen, dass er von einer Telefonzelle aus angerufen hat. Schräg gegenüber von der Wohnung der Toten steht eine an der Straßenecke.«

»Was zum Teufel mag das zu bedeuten haben?«, wunderte sich der Kriminalhauptkommissar. Harry Grumm seufzte. »Darüber will ich lieber nicht nachdenken.«

»Okay. Was hat Andreas Störzel vorher gemacht? Wer ist er, woher kommt er?«

Der Kriminaloberkommissar blätterte eine Weile in seinen Unterlagen. »Jetzt habe ich es gefunden.« Er nahm eine Seite heraus und sagte: »Er stammt aus Ostberlin. Er wurde 1962 als uneheliches Kind in Köpenick geboren. Mit der Mutter gab es nur Probleme. Die meiste Zeit wuchs er in Heimen auf. Sie wissen ja, wie das ist. Dort herrschen dieselben Hierarchien wie im Knast. Die Starken drangsalieren die Schwachen. Es bedarf eines starken Charakters, um dort sauber herauszukommen. Störzel hat es nicht geschafft. Als Jugendlicher wurde er in der DDR wegen Raubüberfalls und schwerer Körperverletzung verurteilt. Die meiste Zeit hat er abgesessen. Dann ist er irgendwie auf die Liste gekommen: Er wurde freigekauft und 1985 in den Westen abgeschoben. Mit dem Leben in Freiheit kam Störzel nicht zurecht. Er wohnte kurze Zeit in West-Berlin und meldete sich dann zur Fremdenlegion. Aber auch dort hat es ihm nicht gefallen. Er desertierte 1986, kehrte zurück nach West-Berlin und lebte von Diebstählen. Bei einem Raubüberfall auf ein Juweliergeschäft wurde er geschnappt und anschließend für fünf Jahre eingebuchtet.

Am 10. September 1991 ist er von einem Freigang aus der JVA Tegel nicht zurückgekehrt.

Am nächsten Tag hat er völlig unmaskiert die Filiale der Deutschen Bank in der Otto-Suhr-Allee in Charlottenburg überfallen. Drei Wochen später beging er einen Überfall auf die Berliner Bank in der Bartningallee in Tiergarten. Danach stellte er sich der Polizei.«

»Weshalb?«, wollte Alfred Bettermann wissen.

»Das geht aus der Akte nicht hervor. Könnte es wichtig für uns sein?«

»Ich denke schon. Welchen Sinn sollte es haben, zwei Banken zu überfallen und sich anschließend freiwillig zu stellen? Jeder andere Räuber hätte versucht, sich mit dem Geld ins Ausland abzusetzen. Nicht so Störzel. Das schlechte Gewissen wird ihn kaum gequält haben. Es muss einen anderen wichtigen Grund geben. Aber welchen?«

»Vielleicht erfahren wir aus den Gerichtsakten mehr. Möglicherweise gibt es ein psychiatrisches Gutachten über ihn. Auf jeden Fall wurde er zu sieben Jahren Haft verurteilt und hat die Strafe voll abgesessen.«

»Ihm wurde nicht das übliche Drittel erlassen? In der Haft muss etwas vorgefallen sein. Aber was?«

»Kann ich im Moment nicht sagen. Aber da nichts weiter in der Akte steht, nehme ich an, er wird sehr renitent gewesen sein und keine Einsicht gezeigt haben. Das findet sich häufig bei dieser Art Entwurzelten. An ihrem ganzen Elend sind immer nur die anderen Schuld. Trotzdem hat noch ein Psychologe an das Gute in ihm geglaubt. Störzel wurde an ein Resozialisierungsprojekt vermittelt. Auf dem Pferdehof in der Uckermark ist er ganz genau zwei Tage geblieben.«

»Was er seitdem gemacht hat, wissen wir nicht. Aber ich denke, wir sollten die Kollegen im Raubkommissariat nach jenen ungelösten Fällen befragen, bei denen die Täterbeschreibung auf Störzel passt.«

»Was ist mit dem Haftbefehl?«

»Den hat die Staatsanwaltschaft beim Landgericht Berlin

bereits erlassen. Das Aktenzeichen lautet 1 Kap Js 1143/00.«

»Tatvorwurf?«

»Mord.«

»Mhm, mhm.« Der Kriminalhauptkommissar schürzte die Lippen und spielte gedankenverloren mit seinen Fingern daran herum. Sein Stellvertreter war diese Form der Konzentrationsübung bereits gewöhnt und unterbrach ihn nicht dabei. Nach einer ganzen Weile meinte Alfred Bettermann: »Ich fürchte, wir können uns noch auf einiges gefasst machen.«

»Wieso?«

»Am Donnerstag will der Präsident der Vereinigten Staaten eine Stadt besuchen, in der ein durchgeknallter Fremdenlegionär mit einer 9-Millimeter-Wumme rumläuft. Das wird niemand so einfach hinnehmen können.« Kriminaloberkommissar Harry Grumm schüttelte zweifelnd seinen Kopf. »Ich denke, dieser Psycho wird andere Pläne haben, als den Präsidenten zu eliminieren.«

»Davon können wir ausgehen. Trotzdem ist es unsere Pflicht, den Sicherheitsdienst zu informieren.«

»Der weiß sowieso schon Bescheid. Aber besser ist besser.«

Theorien

Am Morgen des 29. Mai tagte die so genannte Lagezentrale Sicherheitsstufe I (LZS I) unter striktem Ausschluss der Öffentlichkeit. An der LZS I-Besprechung nahmen der für den Schutz des Präsidenten verantwortliche Offizier vom Bundesgrenzschutz, der zuständige Beamte vom Bundeskriminalamt, ein leitender Mitarbeiter vom Verfassungsschutz, der Einsatzleiter der Polizei, ein Vertreter des Innensenators, der Koordinator der privaten Bodyguards sowie die

Beamten vom amerikanischen Secret Service und vom FBI teil. In der ersten Stunde wurden die modifizierten Ablaufpläne, die Sonderwünsche des Präsidenten und die noch offenen Probleme erörtert. Unter anderem berichtete der Beamte vom BKA, dass die angeforderten Taucher endlich den Landwehrkanal abgesucht hätten. Das Ergebnis sei wie erwartet negativ gewesen.

Anschließend gingen die Herren in die allgemeine Diskussion über. »Was ist mit dem verrückten Pistolenschützen?«, fragte der Beamte des FBI, der wie ein Zwillingsbruder von Clint Eastwood wirkte, in fast akzentfreiem Deutsch.

»Ich sehe da wirklich kein Problem, Sir«, antwortete der Vertreter des Innensenators. »Wir haben die Lage unter Kontrolle. Unsere besten Männer sind an der Sache dran. Es handelt sich um einen Kriminellen. Politische Motive sind völlig ausgeschlossen.«

Während einer kurzen Rauch- und Kaffeepause nahm der Amerikaner seinen Kollegen vom Secret Service, einen hünenhaften Afro-Amerikaner, beiseite und fragte ihn: »Wissen Sie eigentlich, dass die Geschichte wellenförmig verläuft? Bestimmte Ereignisse wiederholen sich von Zeit zu Zeit. Beispielsweise gibt es viele Gemeinsamkeiten zwischen den Attentaten auf Abraham Lincoln und John F. Kennedy. Wie Präsident Lincoln wurde Präsident Kennedy erschossen. Auch ihn traf die tödliche Kugel, weil die Leibwächter falsch reagierten. In beiden Fällen hatte es vorher ernst zu nehmende Warnungen gegeben, die jedoch ignoriert wurden. Sowohl John Wilkes Booth als auch Lee Harvey Oswald sind kurz nach ihrer Verhaftung ermordet worden, obwohl sie sich als Hauptverdächtige im Polizeigewahrsam befanden. Nach beiden Attentaten rückten die Vizepräsidenten zum Präsidenten auf, und beide hießen Johnson.«

»Bei allem Respekt, Sir«, antwortete der Secret Service Mann, »aber ich wüsste beim besten Willen nicht, was das mit dem Besuch des von uns allen hochgeschätzten Präsidenten Clinton in Berlin zu tun haben soll.«

»Ich will es Ihnen gerne erklären. Auch in diesem Fall gibt es Parallelen zu einem weit zurückliegenden Ereignis. Am 30. März 1981 wurde durch einen Verrückten namens John Hinckley jr., der zuvor die Schauspielerin Jody Foster massiv terrorisiert hatte, ein Mordanschlag auf Ronald Reagan verübt. Dem Attentäter war es gelungen, sich in den Sicherheitsbereich einzuschleichen. Er feuerte sechs Schüsse auf den 40. Präsidenten der USA ab. Gleich der erste Schuss traf. Aber Ronald Reagan hatte dreifaches Glück im Unglück. Anders als bei John F. Kennedy reagierten in seinem Fall die Leibwächter richtig. Sie und ein Pressesprecher deckten den Präsidenten mit ihren Körpern und fingen die übrigen Kugeln auf. Der Pressesprecher wurde dabei lebensgefährlich verletzt. Ronald Reagan überlebte nur deshalb, weil in der Nähe ein Krankenhaus war. Er konnte wenige Minuten nach dem Attentat notoperiert werden.«

Der Afroamerikaner zupfte irritiert an seinen Manschetten. »Sir, das war alles weit vor meiner Zeit, auch wenn wir in der Ausbildung alles wieder und wieder durchgekaut haben, um aus den Fehlern zu lernen. Aber Sie sprachen von drei glücklichen Umständen. Was war der dritte?«

Der FBI-Mann verschränkte die Arme vor der Brust, wippte auf den Fußspitzen hin und her und starrte dabei die Decke an. »Sie wissen es wirklich nicht? Nun gut, ich will es Ihnen verraten. John Hinckley benutzte keine übliche Defensivmunition. Er verwendete Devastator-Geschosse, die beim Eintritt in den Körper aufplatzen und extreme Schäden anrichten. Die Kugel, die Ronald Reagan traf, war ein Versager. Sie behielt ihre Form bei. Deshalb verlief der Schusskanal gerade. Die Austrittswunde war nicht größer als die Einschussöffnung. Haben Sie sich die Fotos von dem toten deutschen Fräulein angeschaut?«

»Eh, nein.«

»Sie hätten Ihnen nicht gefallen«, bemerkte der FBI-Mann. »Deshalb sollten wird das Glück nicht überstrapazieren, sondern ihm etwas auf die Sprünge helfen.«

»Ähem, und was schlagen Sie nun vor, Sir?«, stotterte sein Kollege verlegen.

»Ich will es Ihnen sagen. Erstens …«

Ein neuer Fall

Im Kommissariat der Zielfahndung herrschte geschäftiges Treiben. Alle Plätze waren besetzt und die Männer arbeiteten konzentriert an ihren Fällen. Kriminaloberkommissar Wittkamp beorderte Florian Faistel und André Kleist an den großen Besprechungstisch. »Ihr habt sicherlich von dem Mord an dem jungen Mädchen vor drei Tagen in Hohenschönhausen gehört. Da festzustehen scheint, wer der Täter ist, haben wir heute den Fall von der Mordkommission übertragen bekommen. Die Fahndung ist schon raus. Der Mann wird steckbrieflich gesucht. Auf seinen Kopf wurde eine Prämie in Höhe von 10.000 DM ausgesetzt. Die Presse ist ebenfalls voll am Ball. Für die Sendung ›Aktenzeichen XY‹ wird ein Beitrag vorbereitet.«

Florian Faistel fragte irritiert: »Weshalb wird der zweite vor dem ersten Schritt getan? ›Still ruht der See‹ lautet doch sonst das Motto. Wenn der Täter nicht erfahren hätte, dass wir seinen Namen kennen, würde er sich in Sicherheit wiegen. Nun bleibt ihm nichts weiter übrig, als die Kurve zu kratzen und unterzutauchen. Jetzt wird es viel schwerer werden, ihn aufzustöbern.«

»Kann sein, muss nicht sein«, meinte André Kleist. »Er hat der Kleinen auf offener Straße in den Kopf geballert. Da müsste er bescheuert sein, wenn er sich abends zu Hause auf sein Sofa setzt und Fernsehen guckt.«

»Das sind alles reine Spekulationen«, sagte Sebastian Wittkamp, »wir haben keinen Einfluss mehr darauf. Wir müssen die Sache nehmen, wie sie ist. Ich schlage vor, ihr beiden kümmert euch darum. Bis morgen Nachmittag hätte ich gerne ein paar Ideen auf dem Tisch. Um 19 Uhr kommt nämlich eine Journalistin von einer der ganz großen Illustrierten. Der guten Dame muss ich was erzählen können.«

»Das ist vielleicht eine schöne Aufgabe«, wunderte sich André Kleist. »Seit wann berichten wir der Presse über laufende Vorgänge?«

»Ein-, zweimal ist es schon vorgekommen. Beispielsweise in dem Fall mit dem kroatischen Killer«, antwortete sein Chef.

»Nun gut, das war eine Ausnahme.«

»Ausnahmen bestätigen die Regel. Außerdem bin ich darum gebeten worden«, erwiderte der Kriminalhauptkommissar. »Ich habe damit kein Problem. Die meisten Journalisten sind kooperativ. Sie wissen ganz genau, dass sie keine Informationen mehr bekommen, wenn sie sich nicht an die Abmachungen halten. Ich werde der Dame nur das erzählen, was sie unbedingt wissen muss, und ihr klare Instruktionen geben. Dann kann nichts schiefgehen.«

Im Gehen meinte Florin Faistel nachdenklich zu seinem Kollegen: »An dem toten Mädchen gibt es eine Besonderheit. Wir müssen herausfinden, was es war. Vielleicht ergeben sich die nächsten Schritte dann von selbst.«

Bankraub

Am Dienstag, dem 30. Mai 2000, herrschte nachmittags kurz nach drei Uhr in der Filiale der Berliner Volksbank in der Chausseestraße nur wenig Andrang. Von den vier Schaltern war nur einer geöffnet. Zwei Rentnerinnen, ein älterer Mann mit kurzem militärischem Haarschnitt und ein Soldat in Uniform warteten geduldig. Im Kassenverschlag neben dem Schalter saß der Bankangestellte Peer Mikolajczyk im dunklen Anzug und langweilte sich. Er konnte nur mit Mühe die Augen offen halten und schaute andauernd zu der großen runden Uhr an der Wand, deren Zeiger wie festgeklebt waren, denn sie bewegten sich viel zu langsam.

Plötzlich änderten sich die Abläufe radikal. Die Zeit schien plötzlich Purzelbäume zu schlagen: Die Tür vom Schalterraum sprang auf. Ein Mann in beigen Schuhen, heller Hose mit Bügelfalte und weißem Hemd kam hereingestürzt. Auf seinem Kopf trug er ein grünes Basecap mit ovalem Zeichen. Er blickte wie wild im Raum umher, zog wortlos eine Pistole aus seiner schwarzen Lederjacke, zielte auf Peer Mikolajczyk in der Kassenbox und drückte ab. Der Bankangestellte sah das Mündungsfeuer. Er konnte erkennen, wie ein glänzendes Metallstück den Lauf der Pistole verließ und mit hoher Geschwindigkeit direkt auf seinen Kopf zugeflogen kam. Peer Mikolajczyk war zu keiner anderen Reaktion mehr fähig, als den Unterkiefer einen zehntel Millimeter weit aufklappen zu lassen. Das Projektil prallte mit einem hässlichen Geräusch gegen die Panzerglasscheibe. Im gleichen Moment gab es einen ohrenbetäubenden Knall. Das Geschoss verformte sich und fiel nach unten auf die Erde.

Darauf folgte ein metallisches Klicken und Klacken, mit dem die aus dem Patronenlager geworfene Hülse über den Steinfußboden hüpfte. Eine Weile herrschte absolutes Schweigen.

Doch dann, als die Schrecksekunde vorüber war, schrien alle wie wild durcheinander. Die beiden Rentnerinnen und der Soldat warfen sich hin. Die Bankangestellte hinter dem Schalter begann zu hyperventilieren. Peer Mikolajczyk merkte, wie ihm eine heiße Flüssigkeit über den linken Oberschenkel lief. Der Mann mit dem Bürstenhaarschnitt presste sich aschfahl im Gesicht an die Wand. Nur der Bankräuber zeigte keine erkennbare Reaktion. Er ging zum Kassenschalter, stopfte eine Plastiktüte durch die viereckige Öffnung und machte mit der Pistole eine unmissverständliche Geste.

Peer Mikolajczyk stotterte: »B-b-bloß k-k-keine A-a-aufregung, Mann! B-b-bleiben Sie g-g-ganz ruhig.« Er machte eine Pause und suchte den Blickkontakt zu dem Räuber. Was er sah, gefiel ihm nicht. Er sprach langsam weiter, als würde er zu einem Kind reden: »Es dauert eine Weile, bis sich das Zeitschloss entriegelt hat. Bis dahin fülle ich Ihren Beutel mit dem Geld aus dem oberen Schubfach. Alles klar?«

Der Verbrecher zeigte nicht die geringsten Anzeichen des Verstehens oder gar einer panischen Reaktion. Sein Atem war gleichmäßig, seine Pupillen weiteten sich nicht, er zitterte nicht und seine Stirn blieb trocken. Er sagte kein einziges Wort, sondern wedelte lediglich ab und an mit der Pistole.

Dem Bankangestellten ging es schlecht. Das Blut war ihm aus dem Kopf in die Beine geflossen. Sein Kreislauf stand kurz vor dem Zusammenbruch. Peer Mikolajczyk fühlte, dass die Ohnmacht jeden Moment einsetzen konnte. Er hatte Angst davor, nicht wieder aufzuwachen. Vor dem nächsten Schuss konnte ihn kein kugelsicheres Glas schützen. Mit letzter Kraft gab er die halbvolle Plastiktüte zurück und schloss die Augen. Es passierte ihm nichts. Der Räuber presste die Tüte mit der linken Hand vor die Brust, mit der rechten zielte er auf den Mann mit den kurzen Haaren, dann rannte er zur Tür hinaus.

In diesem Moment wollte der 23-jährige Informatikstudent Hüseyin Topku sein Fahrrad an einen Ständer neben der Bank anschließen. Urplötzlich stand ein Mann mit grünem Basecap neben ihm, riss es ihm aus der Hand und schwang sich in den Sattel. Das Fahrrad hatte neu über 1.000 DM gekostet und war erst wenige Wochen alt. Hüseyin Topku packte den Dieb entschlossen an der Lederjacke und zerrte ihn zurück. Die beiden Männer schwankten und drohten umzufallen. In diesem Moment richtete der Fahrraddieb eine Pistole auf die Stirn des Studenten und drückte ab. Es machte klick. Mehr passierte nicht. Der Schlagbolzen hatte den Patronenboden getroffen, aber nicht die Treibladung gezündet. Ein Versager. So etwas kam vor. Deshalb stopften Profis ihre Patronen immer selbst. Der Student schloss die Augen und ließ los. Er wartete auf das nächste Klicken, die Explosion in seinem Kopf und damit auf den Tod. Zwei, drei Sekunden vergingen. Nichts geschah. Als Hüseyin Topku die Augen wieder öffnete, sah er sein Fahrrad und ein grünes Basecap um die nächste Ecke sausen.

Das Interview

Als Sebastian Wittkamp die Journalistin sah, war er enttäuscht. Von der Stimme am Telefon her hatte er mit einer Endzwanziger Blondine mit kurzem Rock und supertoller Oberweite gerechnet. Das einzige Exotische an Irmengard Eckelmann-Grabsch war ihr Name. Irgendwie erinnerte ihn die Frau an seine Mutter. Sie trug eine graue Kräusellöckchen-Perücke, eine weiße Bluse mit Spitzenjabot, einen schottisch karierten Pliseerock und hellbraune Gesundheitsschuhe mit Porocreppsohle. Ihre Handtasche aus grünlichem Croco-Imitat hatte die Größe eines Schulranzens.

Der Kriminalhauptkommissar bat die Reporterin in sein Büro. Irmengard Eckelmann-Grabsch kramte in ihrer voluminösen Handtasche, entnahm ihr einen Klappaschenbecher, eine Schachtel dünner Damenzigaretten, ein goldenes Feuerzeug, ein Diktiergerät, einen Schreibblock nebst Bleistift, eine Mappe mit Zeitungsausschnitten sowie einen Handheld-Computer. Sie verteilte ihre Utensilien auf dem Tisch und meinte dann: »Kaffee wäre nicht schlecht.«

»Oh, sofort«, sagte der Kriminalist und ging zur Tür.

»Und Wasser käme gut«, rief sie ihm nach. »Milch und Zucker sowieso.«

Als er wiederkam und das Tablett abstellte, nickte sie bloß. »Versuchen Sie bloß nicht, mich zu bescheißen, Mann«, sagte sie. »Ich kenne sämtliche Tricks, mit denen die Behörden an der Wahrheit vorbeireden.«

»Davon bin ich überzeugt«, erwiderte Sebastian Wittkamp. Er meinte es aufrichtig.

»Okay, fangen wir an. Zunächst erzähle ich Ihnen ganz kurz, was ich über die Sache weiß, und dann stelle ich Ihnen ein paar Fragen. Einverstanden?«

»Sicher.«

Die Journalistin begann: »Also die Kleine hieß Doreen Wawrzinek. Sie war Masseuse – was so viel bedeutet wie Nutte – und hat in einem als Massagesalon getarnten Bordell gearbeitet.

Andreas Störzel, der seinen Lebensunterhalt mit Banküberfällen verdiente, ist ein paar Mal über sie rübergegangen. Es muss ihm wohl gefallen haben. Er hat sie als Pferdchen eingestellt, ihre Schulden in Höhe von 20 Riesen bezahlt und für sie eine Wohnung eingerichtet. Dann ist irgendetwas schiefgegangen. Das Geschäft drohte zu platzen. Störzel wollte seine Investitionen zurückhaben. Die Hure reagierte störrisch. Deshalb hat er die BGB-Gesellschaft aufgelöst, und zwar sehr radikal.«

Der Kriminalhauptkommissar schüttelte sich angewidert. »Ich verstehe nicht, weshalb den Schreiberlingen nie die einfache Wahrheit genügt. Immer diese Superlative: Der gefährlichste Mörder Deutschlands! Ganz Berlin zittert vor Angst! – So ein Quatsch. Weshalb wollen Sie aus dem armen Mädchen eine Prostituierte machen? Weil nur Huren den Tod verdienen und unbescholtene Bürger nicht ermordet werden? Es tut mir leid, für diese Art Interviews habe ich kein Verständnis.«

Irmengard Eckelmann-Grabsch begann zu lachen. Das Lachen ging in ein Husten über und endete in einem Röcheln. Dann flüsterte sie mit heiserer Stimme: »Sie gefallen mir, Mann. Das war ein Test. Entspannen Sie sich. Bleiben Sie cool. In meinem Artikel werden Sie nichts lesen, wofür Sie sich schämen müssten. Fangen wir mit den Fragen an.« Sie schlug ihren Schreibblock auf und las die erste Frage vor: »Was ist eine Pro-Amm-Patrone vom Kaliber 9 Millimeter Luger?«

»Woher wissen Sie davon?«

»Von der Staatsanwaltschaft, woher sonst. Ist das geheim?«

»Nein, nicht direkt. Dabei handelt es sich um ein Mehrkammer-Vollmantel-Geschoss mit aufgesetzter Bleispitze und verstärktem Mittelteil. Die Bleispitze hat für unseren Fall keine Bedeutung. Ihre Aufgabe besteht darin, beim Laden Beschädigungen am Geschoss durch das Magazin zu verhindern. Das eigentlich Bedeutungsvolle sind die beiden Bleikammern unter dem Vollmantel. Die erste Kammer ist mit weichem Blei gefüllt. Es hat den Zweck, den Mantel aufplatzen oder aufpilzen zu lassen. Die zweite Kammer mit harter Bleifüllung sorgt dafür, dass das Geschoss tiefer eindringen kann und trotzdem noch genügend Masse für einen Austritt besitzt. Die Vollmantelstärke nimmt von der Spitze kommend nach unten zu, damit das Geschoss gleichmäßig aufplatzt. Und der verstärkte Mittelteil verhindert wiederum, dass sich das Blei nach dem Aufpilzen vom Geschoss trennt.«

»Das hört sich gruselig an.«

»Nicht die Waffe ist gefährlich, sondern der, der sie gebraucht.«

»Das mag sein. Was für ein Schießeisen hat er verwendet? Ein Gewehr, einen Colt, eine MPi?«

»Er benutzte eine Vektor SP 1 Pistole«, antwortete Sebastian Wittkamp.

»Haben Sie das geraten, oder passt diese ... Warten Sie mal ...« Sie sah in ihrem Block nach.

»Also diese Pro-Amm-Munition nicht in andere Revolver?«

»Pistolen.«

»Wie bitte?«

»Es heißt Pistolen. Revolver sind die Dinger mit einer Trommel. Pistolen haben ein Magazin. Störzel hat mit einer Vektor SP 1 Pistole geschossen.«

»Wie nennt sich das Ding noch mal?«

»Vektor SP 1.«

»Wie können Sie sich da so sicher sein? Die Ballermänner sehen doch alle gleich aus?«

»Nur für den Laien. Störzel hat heute eine Bank überfallen. Er war nicht maskiert und wurde von der Überwachungskamera auf Video aufgenommen. Sowohl der Täter als auch die Schusswaffe in seiner Hand konnten zweifelsfrei identifiziert werden.«

Die Journalistin machte sich Notizen. »Handelt es sich bei diesem Vektor-Dingsbumms um ein gewöhnliches Modell?«

»Wie man es nimmt. Die Pistole besitzt einen hochpräzisen Polygonlauf, einen 3-Kammer-Kompensator, einen Halteknauf zum leichteren Wechsel des 15schüssigen Magazins sowie einen Single-Action-Abzug. Wer sich mit dieser Waffe auskennt, kann großen Schaden damit anrichten.«

»Und er kennt sich aus?«

»Es scheint so.«

»Wo hat er das Schießen gelernt. Im Knast?«

Der Kriminalhauptkommissar runzelte verärgert die Stirn: »Soll das jetzt der nächste Test sein?«

Die Reporterin legte ihm die Hand auf den Arm. »Verzeihen Sie mir bitte. Es wird nicht wieder vorkommen.«

»Na gut. Er war in der französischen Fremdenlegion.«

»Ich denke, die ist nach dem Algerienkrieg aufgelöst worden?«

»Nur teilweise. Die Mannschaftsstärke wurde 1962 von 19.000 auf 8.500 Berufssoldaten reduziert. Die Legion hat Kommandounternehmen im Tschad, in Gabun, im Libanon und im Kongo ausgeführt. Sie nahm am Golfkrieg und an Friedensmissionen im Balkan teil.«

»Für einen Polizisten sind Sie außerordentlich gebildet.«

»Und Sie sind nicht verheiratet. Sie können nicht verheiratet sein, stimmt's?«

Irmengard Eckelmann-Grabsch lachte heiser. »Verzeihung. In welchen Ländern war Störzel als Fremdenlegionär im Einsatz?«

»Das wissen wir nicht.«

»Können Sie es nicht über Interpol, Europol oder die Legion selbst herausbekommen?«

»Nein. Die Legion erteilt keinerlei Auskünfte. Europol ist nur für Delikte zuständig, von denen zwei Staaten betroffen sind. Interpol verwaltet das Archiv internationaler Strafregister, und Störzel ist, so viel wir wissen, in Frankreich nicht strafrechtlich in Erscheinung getreten.

Außerdem dürfte es für die Lösung des Falles von untergeordneter Bedeutung sein, in welchen Schützengräben er gelegen hat.«

»Wie wollen Sie ihn schnappen?«

»Über laufende Ermittlungen darf ich keine Auskunft erteilen.«

»Das haben Sie schon die ganze Zeit über getan. Außerdem wissen Sie doch, dass ich ohne Ihre vorherige ausdrückliche Genehmigung keine einzige Zeile veröffentlichen werde.«

Sebastian Wittkamp seufzte. »Na gut. Als eine mögliche Kontaktperson kommt seine Mutter in Betracht. In den letzten Jahren soll er öfter bei ihr gewesen sein. Wir haben rückwirkend die Verbindungsdaten des Telefons überprüft und eine Telefonüberwachung angesetzt.«

»Was bedeutet das?«

»Welche Version wollen Sie hören? Die kurze oder die lange?«

Die Journalistin seufzte. »So kurz wie möglich, so ausführlich wie nötig.«

»Also gut. Die Digitalisierung des Telefonnetzes und die Marktliberalisierung der Telekommunikation mit der damit einhergehenden Vielfalt neuer Marktanbieter, die Trennung von Netz und Serviceanbietern sowie die neuen Service-Dienste wie Rufnummernanzeige, Anrufweiterschaltung und so weiter stellen bei der Telefonüberwachung hohe technologische Hürden dar. Andererseits ergibt sich daraus auch eine erhebliche Ermittlungsoptimierung.«

»Hört sich sehr kompliziert an.«

»Es geht so. Der technologische Fortschritt, beispielsweise durch das ISDN, erleichtert uns die polizeilichen Ermittlungs- und Fahndungsansätze. Früher gab es getrennte Netze für die Übertragung gesprochener Worte – das war das normale Telefon – und für Daten wie Telefax, Telex und Datex. Diese Netze sind nunmehr vereint. Neben den Fingerabdrücken am Telefonhörer und den anderen klassischen Spuren, die der Täter durch einen Telefonanruf direkt in der Anzeige der Wahlwiederholung, im Kurzwahlspeicher oder im persönlichen Telefonregister hinterlässt, legt er noch weitere Fährten, von denen er nichts ahnt. Bei der digitalen Netznutzung werden die Verbindungsdaten gespeichert. Durch die Überprüfung dieser Daten sind rückwirkende Ermittlungen und konkrete Schlüsse auf Personen möglich.«

»Hören Sie bloß auf, mir brummt schon der Schädel.«

»Zwei, drei Sätze noch. Bei jeder Telekommunikation fallen drei Gruppen personenbezogener Kommunikationsdaten an: Erstens Bestandsdaten. Das sind Daten, die vom Anbieter dauerhaft gespeichert und bereitgehalten werden. Hierzu zählen Rufnummer, Name und Anschrift des Teilnehmers sowie die Leistungsmerkmale des Anschlusses und Informationen über das Endgerät. Zweitens Inhaltsdaten. Sie beinhalten die Informationen und Nachrichten, die übertragen wurden. Das können Texte, Bilder und Daten sein. Drittens die Verbindungsdaten. Sie geben Auskünfte über die näheren Umstände der Telekommunikation. Hierunter fallen insbesondere Zeitpunkt und Dauer einer Verbindung, die Rufnummer des rufenden oder des angerufenen Anschlusses, und bei mobilen Diensten die Standortkennung der Endgeräte.«

»Davon habe ich gehört. Die Mobilfunkbetreiber senden periodisch Signale aus, um die Handys zu orten und die Standorte zu bestimmen. Das soll sogar bei ausgeschalteten Funktelefonen funktionieren. Alle diese Daten werden gespeichert. Hat Störzel ein Handy?«

»Leider nicht. Er ruft von öffentlichen Fernsprechern aus an. Vor ein paar Stunden wurde von ihm eine weitere Nachricht auf den Anrufbeantworter des Opfers gesprochen.«

»Was hat er gesagt?«

»Dass er Doreen bald folgen wird. Er machte einen völlig verzweifelten Eindruck.«

Die Journalistin notierte mit Blockbuchstaben VER-ZWEIFELT. »Was schlussfolgern Sie daraus?«

»Es deutet alles darauf hin, dass er akut suizidgefährdet ist oder den Tod durch eine Polizeikugel suchen wird. Ihm scheint alles egal zu sein.«

Ein Tag im Leben des amerikanischen Präsidenten

Die Journalisten und Fernsehreporter, die für den Präsidentenbesuch eine Akkreditierung bekommen hatten, mussten bereits am ersten Besuchstag feststellen, dass ihre Ablaufpläne reine Makulatur waren. Aus unerklärlichen Gründen gab es ständig Verzögerungen oder plötzliche Änderungen im Programm. Es begann damit, dass die Air Force One am 1. Juni erst um 16.58 Uhr in Tegel landete. Das war genau zwei Stunden später, als es das Protokoll vorsah. Zusammen mit seiner Außenministerin Madeleine Albright betrat Bill Clinton um 17.15 Uhr den roten Teppich auf dem Rollfeld, schritt eine Ehrenformation der Bundeswehr ab und bestieg eine gepanzerte Cadillac-Limousine. Ohne Zwischenstop ging es an den zahlreichen Schaulustigen vorbei, die vor dem Flughafengebäude seit Stunden mit »Welcome Mister President«-Plakaten warteten.

Begleitet von starken Sicherheitskräften fuhr der Präsident zunächst zu einem Treffen mit Bundespräsident Johannes Rau in das Schloss Bellevue. Die weiträumigen Absperrungen waren so stark, dass Bill Clinton beim Aussteigen nicht zu sehen war. Anschließend traf er sich mit Gerhard Schröder im Kanzleramt am Schlossplatz. Hunderte Schaulustige versuchten, einen Blick auf den amerikanischen Gast zu werfen. Vergeblich, er zeigte sich nicht. Der Konvoi war am Hintereingang vorgerollt. Nach dem Treffen mit dem Bundeskanzler raste die Präsidentenkolonne durch das

Brandenburger Tor in den hermetisch abggeriegelten Bereich vor dem Hotel Intercontinental.

Laut Ablaufplan wollte der Präsident auf Einladung von Bundeskanzler Schröder um 20.30 Uhr das Edel-Restaurant Aigner am Gendarmenmarkt besuchen. Die Kamerateams warteten dort bis nach 24 Uhr. Vergeblich. Sie bekamen niemanden zu sehen, der auch nur entfernt dem amerikanischen Präsidenten geähnelt hätte.

Vorbereitungen

Kurz nach Mitternacht, als sich der Präsident längst in seine Suite zurückgezogen hatte, fand die LZS I-Tagesauswertung statt. Zuerst entschuldigte sich der Vertreter des Innensenators für die Panne vom Mittwochabend. 20.000 Skater waren um 21 Uhr vom S-Bahnhof Tiergarten aus in Richtung Brandenburger Tor gerollt. Sie hatten dafür demonstriert, dass Inline-Skates als Verkehrsmittel anerkannt werden. Die Demonstration war nicht angemeldet gewesen und hatte zu einem Verkehrschaos auf der Straße des 17. Juni, in der Straße unter den Linden und am Alexanderplatz geführt.

Der Mitarbeiter des BKA erklärte anschließend, dass die Gesamtorganisation die höchste logistische Anforderung seit den Tagen der Luftbrücke darstellen würde. Aber alle Konzepte seien aufgegangen. Dann ging er auf die Änderungen im Ablauf des nächsten Tages ein: »Der Präsident fliegt bereits morgens um neun Uhr von Berlin nach Aachen. Um 10.30 Uhr findet eine Andacht statt. Ab 11.30 Uhr wird der Karlspreis verliehen. Dort will unser hochverehrter amerikanischer Gast in einer Grundsatzrede Stellung zur Rolle Europas und zum transatlantischen Verhältnis nehmen. Unser Bundeskanzler hält die Laudatio auf den Preisträger. Statt um 16 Uhr startet die Air Force One zum Rückflug von Aachen nach Berlin erst um 17 Uhr. Damit wird der Zeitkorridor so zusammengedrängt, dass es zu keinen spontanen Zwischenstopps kommen kann. Die Konferenz ›Modernes Regieren im 21. Jahrhundert‹ beginnt um 19 Uhr im Schloss Charlottenburg. Aus Sicherheitsgründen werden die Vorhänge zugezogen. Sie sind außen silberbeschichtet und verhindern so jeden Blick ins Innere. Als Tafel wird im oberen Saal ein Tisch mit 28 Sitzplätzen gedeckt. Von den ursprünglich gemeldeten 15 Regierungschefs hat Tony Blair abgesagt, weil er bei seinem am 20. Mai geborenen Sohn Leo bleiben will. Die Plätze werden eins zu eins vergeben. Jeder Politiker kann einen Berater mitbringen.«

»Was ist mit dem Personal?«, wollte der Mann vom FBI wissen.

»Die Dolmetscher sitzen nicht mit im Festsaal, sondern in einem separaten Raum. Sie übersetzen simultan in die Sprachen Deutsch, Englisch, Französisch, Italienisch, Spanisch und Portugiesisch. Für jede Sprache gibt es jeweils zwei Übersetzer. Damit die Dolmetscher dem Gespräch bei Tisch folgen können, sind zwei Kameras aufgebaut. Sobald ein Politiker das Wort ergreift, richtet sich eine der beiden Kameras automatisch auf ihn.

Mit den Gästen in direkten Kontakt kommen 17 Kellnerinnen und Kellner. Im Schloss arbeiten weiterhin 27 technische Kräfte sowie 23 Köche und Beiköche.«

»Haben Sie einen besonderen Blick auf diese Leute«, knurrte der Amerikaner. »Dort befindet sich die eigentliche Schwachstelle, weil Domestiken normalerweise nicht beachtet werden.

Was ist mit der Speisenfolge? Sie wissen, dass der Präsident keinen Weizen mag?«

»Es bleibt so wie besprochen. Die Vorspeise ist Kaninchenroulade auf Kräutersalaten. Darauf folgt Steinbutt aus der Nordsee auf geschmolzenen Tomaten mit Bärlauchrisotto. Das Hauptgericht wird Kalbsfilet mit Spargel und Morcheln sein. Als Dessert werden österreichische Knödelvariationen gereicht.«

»Überprüfen Sie nochmals die Lieferantenliste. Wir wollen keine Überraschungen erleben.«

»Sie können sich auf uns verlassen, Sir«, antwortete der BKA-Mitarbeiter.

Abflug

Am 2. Juni wurde in der Fernsehsendung ›Aktenzeichen XY ungelöst‹ über den Fall Andreas Störzel, den Mord an Doreen Wawrzinek und den Überfall auf die Filiale der Berliner Volksbank in der Chausseestraße berichtet. Bereits wenige Minuten nach dem Ende der Sendung gingen die ersten Telefonanrufe bei der Polizei ein. Fernsehzuschauer hatten den Gesuchten zeitgleich sowohl im äußersten Norden als auch im tiefsten Süden der Republik gesehen. Das war nicht ungewöhnlich, zumal es in diesem Fall um eine hohe Belohnung ging.

Am 03. Juni endete der Deutschlandbesuch des amerikanischen Präsidenten ohne jeden Zwischenfall. Von Berlin aus reiste Bill Clinton weiter nach Russland. Als er schon lange in seiner Air-Force-One-Maschine nach Moskau saß, warteten am Brandenburger Tor noch Hunderte Schaulustige auf ihn. Sie standen geduldig hinter stabilen Absperrgittern, umgeben von Polizisten, Fernsehteams und Sicherheitsleuten. Dann verbreitete sich langsam die Nachricht, dass William Jefferson Clinton, der 42. Präsident der Vereinigten Staaten von Amerika, nicht mehr kommen würde, weil er bereits außer Landes war. Die enttäuschte Menge begann sich zu zerstreuen.

Am 05. 06. meldete sich eine junge Frau bei der Lübecker Polizei. Sie hieß Elke Rogowski und arbeitete als Hotelfachfrau im örtlichen ›Holiday Inn‹. Am Morgen war ein einzelner Gast abgereist. Er trug eine helle Hose, eine schwarze Lederjacke und ein grünes Basecap mit einem ovalen Zeichen über dem Schirm. Nach dem Bezahlen der Zimmerrechnung hatte der Mann, der sich Anton Schneider nannte, reichlich Trinkgeld gegeben und darum gebeten, für ihn eine Reisetasche an eine Berliner Adresse zu schicken. In der Tasche fanden sich mehrere saubere XL-Boxershorts, original verpackte T-Shirts, nagelneue Sweatshirts sowie 4.100 DM in bar. Elke Rogowski kam die Sache spanisch vor. Sie sprach mit einer Kollegin darüber. Diese hatte die Sendung ›Aktenzeichen XY ungelöst‹ gesehen und konnte sich an die Personenbeschreibung von Andreas Störzel erinnern.

Die Lübecker Kollegen verständigten das Zielfahndungskommissariat. Florian Faistel und André Kleist fuhren sofort in die Hansestadt. Sie untersuchten das Zimmer im ›Holiday Inn‹ auf Fingerabdrücke und überprüften die Liste der Telefongespräche, die ›Herr Schneider‹ geführt hatte. Es gab keinen Zweifel: Der einsame Gast war Andreas Störzel gewesen. Die Tasche sollte an die Adresse seiner Mutter geschickt werden. Der Abstand der Fahnder zum gesuchten Mörder hatte sich bereits auf wenige Stunden verkürzt. Florian Faistel und André Kleist verschickten Fahndungsmeldungen an sämtliche Hotels im Lübecker und Hamburger Raum. Dann fuhren sie zurück nach Berlin. Die Tasche nahmen sie mit.

Am nächsten Tag hielt ein Paketauto vor dem Haus, in dem die Mutter von Andreas Störzel wohnte. Ein SEK-Beamter in Postuniform klingelte und übergab die Tasche an der Wohnungstür. Das Paketauto fuhr weiter und hielt noch an einigen Häusern in der Straße. Dann bog es nach rechts ab und verließ das Viertel.

Ein knappes Dutzend gut getarnter SEK-Leute blieb zurück und wartete. Zwei Straßenreiniger, die in Wirklichkeit Florian Faistel und André Kleist hießen, schlurften missmutig den Bürgersteig entlang. Sie sammelten Zigarettenkippen und anderen Unrat auf.

Um 17.35 Uhr erhielten sie die Meldung, dass sich von Westen her ein einzelner Mann mit Basecap und Sonnenbrille nähern würde. Um 17.40 Uhr war er nur noch wenige Meter weit von ihnen entfernt. Das Basecap des Mannes war rot. Er trug eine grüne Armeejacke, Bluejeans und Turnschuhe. Aber von der Statur her ähnelte er dem gesuchten Mörder.

Florian Faistel gab den Befehl zum Zugriff. Autoreifen quietschten. Zwei Wagen rasten vor und hinter dem Passanten auf den Bürgersteig. Maskierte SEK-Männer sprangen heraus. Es gab ein kurzes Gerangel. Eine Pistole polterte auf den Gehweg und wurde weggekickt.

Andreas Störzel gab seinen Widerstand auf. Er hatte einen Nasenbeinbruch und mehrere Blessuren im Gesicht davongetragen.

Am nächsten Tag, bei seiner ersten Vernehmung, erzählte er, dass er sich ständig beobachtet gefühlt hätte und deshalb ziellos im Lande hin und her gefahren sei. Seinen ursprünglichen Plan, mit einem Paukenschlag abzutreten und eine hochgestellte Persönlichkeit zu erschießen, konnte er deshalb nicht verwirklichen. Den Namen des Prominenten wollte er nicht preisgeben.

Bei späteren Aussagen konnte er sich an den geplanten Mordanschlag nicht mehr erinnern. In Lübeck war der Fahndungsdruck so groß gewesen, dass er sich nicht mehr getraut hatte, seine Tasche mitzunehmen. Störzel schien psychisch und physisch erheblich angeschlagen zu sein. Er war von der strapaziösen Flucht gezeichnet. Seiner Mutter hatte er bei seinem letzten Anruf vor dem Zugriff anvertraut, dass er es nicht mehr lange aushalten, sich aber keinesfalls lebend festnehmen lassen würde.

Intermezzo 7

Häftling erhängte sich in Zelle

Der 38-jährige mutmaßliche Mörder Andreas Störzel hat sich am Donnerstag in der Justizvollzugsanstalt Moabit mit seinem Gürtel das Leben genommen. Nach Angaben der Polizei fand ein Beamter den Untersuchungshäftling am frühen Abend erhängt in seiner Zelle. Justizsprecher Karsten Ziegler sagte, ein Fremdverschulden werde ausgeschlossen. Dennoch wurde, wie in solchen Fällen üblich, eine Obduktion angewiesen. Gerüchte, nach denen der Häftling einen Abschiedsbrief hinterlassen hat, wurden nicht bestätigt.

Andreas Störzel war im Juni diesen Jahres nach zweiwöchiger bundesweiter Fahndung in Neukölln auf offener Straße von Berliner Zivilfahndern sowie Beamten des Sondereinsatzkommandos festgenommen worden und seither in der Haftanstalt Moabit untergebracht. Weil er als gefährlich eingestuft worden war, wurde er in einer Einzelzelle untergebracht. Außerdem galt er als selbstmordgefährdet und wurde deshalb stündlich kontrolliert.

Berliner Zeitung, 21./22. 01. 2000

Wer fängt jetzt die schweren Jungs?

Sie sind die härtesten Cops Berlins. Bluthunde, die auf aussichtslose Fälle angesetzt werden: die 60 Personenfahnder des LKA 611.

Ausgerechnet diese Spezialisten-Truppe wird auf Anordnung von Polizeipräsident und LKA-Chef bis Ende 2003 dem Berliner Modell geopfert. Jeder zweite Fahnder soll weg, andere Aufgaben übernehmen. Ihre Fälle sollen Schutzpolizisten und Kripobeamte in örtlichen Direktionen lösen.

Die Erfolge der »Spürhunde« sind legendär: Hells Angel's Drogenboss Manuel »Manne« S. jagten sie 18 Monate durch die halbe Welt. Im Februar 2001 wurde der Rocker auf der »Bioland-Ranch« in Zempow in Ostprignitz-Ruppin beim Fernsehen überrascht ... Jedes Jahr 800 vollstreckte Haftbefehle.

»So eine Truppe auseinanderzupflücken, ist fachlich der größte Fehler«, warnt Peter Krüger, Landesvorstand der Gewerkschaft der Polizei. »Bei Taschendiebstählen und Laubeneinbrüchen kennen örtliche Polizisten ihre Klienten am Gang. Doch organisierte Großkriminelle agieren international, mit viel Geduld und High Tech. Die Fälle werden größer und schwieriger. Da hilft keine Umschichtung im LKA. Da hilft nur mehr Personal. Doch genau das lässt der Sparhaushalt des Senats nicht zu.«

»Die Personenfahndung zu dezentralisieren, schwächt sie«, sagt Heike Rudat, Landesvorsitzende des Bundes der Kriminalbeamten. Ein Fahnder bestätigt: »Ohne uns werden gerissene Ganoven nur noch zufällig bei Verkehrskontrollen geschnappt.«

Fahndungs-Chef Kriminaloberrat Andreas Reinhardt, 47: »Ich kämpfe darum, dass ich die besten Fahnder behalten kann.«

Sadek Hamaiel, Frank Maiwald, B.Z., 18. 01. 2002

Nachspiel

Die Dreistigkeit des Bankräubers

Michael F. von der Panzerknacker GmbH, der in diesem Buch Michael Franz genannt wird und den am 16. 09. 1998 sechs US-Marshalls in Miami mit Unterstützung von zwei deutschen Zielfahndern verhaftet hatten, wurde am 18. 11. 1998 von den amerikanischen Behörden nach Deutschland ausgeliefert. Es bestand weiterhin akute Fluchtgefahr. Michael F. kam für mehrere Monate in Untersuchungshaft. Weil der internationale Haftbefehl von der Staatsanwaltschaft Frankfurt (Oder) ausgestellt worden war, saß er nicht in Moabit ein, sondern in der JVA Neuruppin. Die übrigen führenden Köpfe der Bande waren bereits am 29. April 1998 vom Landgericht Frankfurt (Oder) zu hohen Haftstrafen verurteilt worden. Sie hatten teilweise umfangreiche Geständnisse abgelegt und ihren ehemaligen Komplizen stark belastet.

Die Aschenputtel-Methode

Die Staatsanwaltschaft Frankfurt (Oder) arbeitete nun mit Hochdruck an der Anklageschrift gegen Michael F. Sie bediente sich dabei einem im Zusammenhang mit Berufsverbrechern und Serientätern allgemein üblichen Verfahren, welches in Justizkreisen inoffiziell als »Aschenputtel-Methode« bezeichnet wird. Dabei werden sämtliche Anklagepunkte fallengelassen, die das Strafmaß nicht weiter erhöhen würden oder die schwer zu beweisen sind.[1]

Bei Michael F. wanderten durch eine entsprechende staatsanwaltschaftliche Verfügung vom 17.12.1998 seine zahllosen Verstöße gegen das Waffengesetz, ausnahmslos alle Anstiftungen zur Beihilfe an Überfällen, Freiheitsberaubungen, Körperverletzungen sowie die von ihm begangenen diversen Sachbeschädigungen als »Schlechte ins Kröpfchen«. Die Staatsanwaltschaft sortierte auch bei den Banküberfällen aus und beschränkte sich auf die Raubzüge mit der besten Beweislage. Von den Dutzenden und Aberdutzenden Straftaten kamen letztendlich nur noch seine Beteiligungen an sieben Banküberfällen als »Gute ins Töpfchen«. Trotz dieser Begrenzung auf wenige Punkte umfasste die Anklageschrift 31 Seiten. Es musste die stattliche Zahl von 171 Zeugen aufgeboten werden, denn ungeachtet der erdrückenden Beweise verweigerte Michael F. jede Aussage.

Am 16.03.1999 ordnete das Landgericht Frankfurt (Oder) in Vorbereitung auf die Hauptverhandlung ein psychiatrisch-psychologisches Gutachten des Angeklagten an, da dieser jahrzehntelang starken Alkohol- und Medikamentenmissbrauch betrieben hatte und kokainsüchtig gewesen war. Der Psychiater Dr. med. Joachim G. fand keine Symptome, die auf das Vorliegen einer krankhaften seelischen Störung schließen lassen könnten. Aber er stellte bei Michael F. einen überdurchschnittlich hohen Intelligenzquotienten fest und bescheinigte ihm in seinem Gutachten vom 30.04.1999 »emotional ausgesprochen gut mitschwingungsfähig« zu sein und »sich im Gespräch gut ein- und umstellen« zu können.

Mit anderen Worten: Michael F. war ein menschliches

Chamäleon. Er besaß jene kriminelle Gabe, über die Bauernfänger und Rosstäuscher verfügen. Er konnte so perfekt auf seinen jeweiligen Gesprächspartner eingehen, dass er bereits nach kurzer Zeit ein hohes Maß an Vertrautheit erreichte. Er fand stets den richtigen Ton, blieb – wie alle guten Lügner – dicht bei der Wahrheit und trug weder zu dick, noch zu dünn auf.

Psychologen bezeichnen diese besondere Eigenschaft als die Fähigkeit zur Spiegelung. Der Akteur ahmt dabei unmerklich Stimmlage, Tonfall, Mimik und Gestik seines Gegenüber nach. Auf unterbewusster Ebene glaubt dieser eine Art Spiegelbild seiner selbst zu erkennen. Das hat einen starken Sympathieschub zur Folge – und zwar insbesondere bei autoritären Menschen, die eine hohe Meinung von sich besitzen.

Wie erfolgreich Michael F. auf diesem Gebiet sein konnte, zeigte sich während des Strafprozesses vor dem Landgericht Frankfurt (Oder). Bei den polizeilichen Vernehmungen hatte der Bankräuber – wie bereits erwähnt – beharrlich zu allen Vorwürfen geschwiegen. Doch vor Gericht änderte er urplötzlich seine Taktik. Er gab sich von nun an kooperativ und spielte den reumütigen Sünder. Die Hauptverhandlung begann am 06. 05. 1999 und endete am 10. 06. 1999. Michael F. gelang es äußerst überzeugend, seine Tatbeteiligung in allen wichtigen Punkten herunterzuspielen, ohne dabei jemals unglaubwürdig zu wirken. Parallel dazu gelobte er hoch und heilig Besserung. Seine schauspielerischen Leistungen waren so herausragend, dass der Richter am Endes des Verfahrens sichtlich gerührt ins Urteil diktierte: »Die Kammer hat … besonders berücksichtigt, dass der Angeklagte, welcher sich ausdrücklich von seinen Straftaten distanziert hat, noch relativ jung ist und bis zur Begehung der hier abzuurteilenden Taten ein geregeltes Leben geführt hat.«

Natürlich kann selbst ein 37-Jähriger – so alt war Michael

F. zu diesem Zeitpunkt – noch als relativ jung gelten, zum Beispiel im Hinblick auf seinen Urgroßvater. Es kommt lediglich auf den Standpunkt des Betrachters an. Auch dass Michael F. seit den 1980er Jahren permanenten Alkohol-, Medikamenten- und Drogenmissbrauch betrieben hatte, stand nicht im Widerspruch zum Urteilstenor. Schließlich sagt schon das Sprichwort: »Täglich besoffen ist auch regelmäßig gelebt.« Selbst die vier Vorstrafen von Michael F., unter anderem wegen Körperverletzung und Bedrohung, ließen sich durchaus unter dem Begriff »geregeltes Leben« subsumieren.

Trotzdem führte diesmal kein Weg mehr am Knast vorbei. Für jede der sieben angeklagten Taten erhielt Michael F. einzelne Freiheitsstrafen zwischen drei Monaten und vier Jahren zugesprochen, die sich zusammen auf 13 Jahre und sieben Monate addierten.

Das Gericht hatte aus den Einzelstrafen eine Gesamtstrafe zu bilden.[2] Es stützte sich dabei auf den Paragraphen 54 Strafgesetzbuch, wonach bei der Bildung der Gesamtstrafe »die Person des Täters und die einzelnen Straftaten zusammenfassend« zu würdigen sind.

Und ganz genau das tat der vorsitzende Richter. Er lobte Michael F.s »umfassendes, glaubwürdiges Geständnis, durch welches die Verfahrensdauer erheblich verkürzt wurde«. Er strich dessen »untergeordnete Tatbeteiligung« heraus, obwohl dieser ursprünglich als »Bandenboss« und »Gruppenmitglied« bezeichnet worden war.[3] Er zeigte Verständnis für »das Handeln aus einer wirtschaftlichen Notlage heraus«, und er rühmte die »in der Hauptverhandlung gezeigte Reue«. Von der fortdauernden Angst und den Psychosen der Opfer, denen maskierte Männer in blauen Overalls brutal mit Pistolengriffen ins Gesicht geschlagen hatten, war im Urteil keine Rede. Nur mit einem kleinen Nebensatz ging das Landgericht Frankfurt (Oder) darauf ein, dass ein

Großteil der versteckten Beute unauffindbar »verschwunden war«.

Letztendlich lautete die Strafe für einen Mann, den die »B.Z.« in ihrer Ausgabe vom 20. 09. 1998 als »Berlins gefährlichsten Bankräuber« bezeichnet hatte, auf fünf Jahre und drei Monate.

Der Freigänger im Warenhaus

Nach der Urteilsverkündung am 10. 06. 1999 wurde Michael F. in die Justizvollzugsanstalt Berlin-Tegel überstellt. Von der Rolle des kooperativen Angeklagten wechselte er nahtlos in die Figur des vorbildlichen Häftlings. Er ging jedem Streit aus dem Weg, tat alles, was ihm aufgetragen wurde und kooperierte mit den Vollzugsbeamten, wo es sich nur anbot.

Das unauffällige, sympathische Verhalten zeigte seine Wirkung. Im Frühjahr 2002 wurde seine Haftstrafe gelockert, und er konnte tagsüber als Freigänger die Justizvollzugsanstalt verlassen. Nach wenigen Tagen gelang Michael F. eine weitere schauspielerische Meisterleistung: Der »Ganove im Visier« (»Focus« 42/1998) wurde in einem bekannten Berliner Kaufhaus eingestellt (!) und übernahm dort den Tabakstand. Unter den übrigen Mitarbeitern galt er bald als guter Kollege. Die Kunden schätzten seine guten Umgangsformen, und das Management betrachtete wohlwollend die steigenden Umsatzzahlen in seinem Bereich.

Dank der guten Sozialprognose – Michael F. war verheiratet, hatte eine Wohnung und eine Arbeitsstelle – wurde er im Sommer 2002 vorzeitig aus der Haft entlassen. Daraufhin trennte er sich von seiner Frau, mietete sich eine eigene Wohnung und kümmerte sich wieder um andere

Dinge. Diese Angelegenheiten führten ihn häufig ins Ausland. Seinen Arbeitgeber erreichten Krankenscheine aus Amsterdam, Malaga und Barcelona. Dann kam es zu einem Zwischenfall. Die Polizei stoppte bei einer Razzia den Wagen des per Haftbefehl gesuchten Drogendealers Enrico K. Neben dem Rauschgifthändler saß Michael F. als Beifahrer mit im Auto. Da gegen ihn nichts vorlag, musste er nach Feststellung seiner Personalien wieder freigelassen werden.

Die Arbeit am Tabakstand im Kaufhaus befriedigte ihn schon längst nicht mehr. Als sich bei Michael F. Fehltage häuften, ohne dass er Krankenscheine vorweisen konnte, erhielt er die fristlose Kündigung. Nun musste er sich nach anderen Geldquellen umsehen. Der erste Coup schlug fehl. Als er unter Anwendung von Waffengewalt Geld von seinen Eltern erpressen wollte, nahm ihn die Polizei auf frischer Tat fest. Michael F. kam wieder in Untersuchungshaft. Aber er hatte erneut unverschämtes Glück. Gleich beim ersten Haftprüfungstermin verfügte der Haftrichter die Freilassung gegen Zahlung einer Kaution.

Michael F. suchte krampfhaft nach einer neuen Einnahmemöglichkeit. Als ihm durch Zufall die erste Auflage von »Zugriff!« unter die Finger kam, glaubte er, endlich auf eine Goldader gestoßen zu sein.

Schadensersatz und Schmerzensgeld

Michael F. meldete sich bei dem Berliner Rechtsanwalt Sebastian K. und legte ihm »Zugriff!« auf den Tisch. »In diesem Buch wird über mich berichtet, und ich bin auf zwei Fotos abgebildet. Das kann und will ich nicht akzeptieren. Bitte lassen Sie sich etwas einfallen.«

Sebastian K. arbeitete hauptsächlich als Strafverteidiger. Mit zivilrechtlichen Sachen gab er sich sehr selten ab. Doch in diesem Fall meinte er nach einigem Nachdenken, einen gangbaren und profitablen Weg gefunden zu haben. Am 29.08.2002 schrieb er an den Leipziger Militzke Verlag, in dem die erste Auflage von »Zugriff!« erschienen war: »Durch den Abdruck der zwei Fotos ist das Recht meines Mandanten am eigenen Bild verletzt worden.«[4]

Das Recht am eigenen Bild gibt es tatsächlich. Es geht zurück auf das noch immer geltende »Gesetz betreffend der Urheberrechte an Werken der bildenden Künste und der Fotografie« vom 09.01.1907. Laut diesem Gesetz dürfen Bildnisse »nur mit Einwilligung des Abgebildeten verbreitet oder öffentlich zur Schau gestellt werden«. Aber dieses Verbot erfährt sofort eine Einschränkung: »Ohne die erforderliche Einwilligung dürfen verbreitet und zur Schau gestellt werden 1. Bildnisse aus dem Bereiche der Zeitgeschichte ...«

Die Rechtsprechung hat über die Jahre verbindliche Regeln aufgestellt, die besagen, was unter Bildnissen aus dem Bereich der Zeitgeschichte zu verstehen ist: Es wird zwischen absoluten und relativen Personen der Zeitgeschichte unterschieden. Absolute Personen der Zeitgeschichte sind beispielsweise bekannte Politiker, beliebte Schauspieler oder berühmte Aristokraten. Fotos von ihnen dürfen jederzeit veröffentlicht werden, solange sie nicht aus ihrer Privatsphäre stammen. Bei den spektakulären Prozessen, die in jüngster Vergangenheit von Mitgliedern des europäischen Hochadels gegen die Regenbogenpresse geführt und gewonnen wurden, ging es immer um Fotos, die so genannte Paparazzis über Hecken oder Gartenzäune geschossen hatten.

Unter einer relativen Person der Zeitgeschichte wird jemand verstanden, der nur für kurze Zeit im Licht der Öffentlichkeit steht, weil er mit einem besonderen Ereignis verbunden ist. Solche besonderen Ereignisse können Unfälle und Katastrophen, aber auch Verbrechen sein. Die Fotos von diesen relativen Personen der Zeitgeschichte dürfen immer dann ohne Genehmigung veröffentlicht werden, wenn sie im Zusammenhang mit dem besonderen Ereignis stehen.

Diese Festlegungen sind allerdings eher akademischer Natur, da sie im Pressealltag der Bundesrepublik Deutschland so gut wie keine Rolle spielen. Dem »Kunsturheberrechtsgesetz« geht nämlich der Artikel 5 Absatz 1 Grundgesetz vor, wonach jeder das Recht hat, seine Meinung in Wort, Schrift und Bild frei zu äußern. Aus diesem Grund lassen sich in Deutschland Gerichtsverfahren, in denen es außerhalb der so genannten Paparazzi-Prozesse um das Recht am eigenen Bild ging, an den Fingern einer Hand abzählen.

Doch unabhängig davon war der Bankräuber Michael F. durch seine Straftaten zu einer relativen Person der Zeitgeschichte geworden. Der Text im Buch bezog sich auf seine kriminelle Karriere in der Panzerknacker GmbH, und die beiden Fotos standen im unmittelbaren Zusammenhang damit.

Michael F. und sein Anwalt sahen das anders. In seinem Brief forderte Sebastian K. Schadensersatz und Schmerzensgeld für die angebliche Verletzung der Persönlichkeitsrechte seines Mandanten. Außerdem untersagte er die weitere Verbreitung des Buches »Zugriff!« und drohte mit zivil- und strafrechtlichen Schritten.

Ein so genanntes anwaltliches Aufforderungsschreiben ist ein ernst zu nehmendes Warnsignal. Allerdings entfaltet es noch keine unmittelbare Rechtswirkung. Rechtsanwälte werden vom Gesetz her zwar als »Organe der Rechtspflege« bezeichnet, aber auch sie müssen den Weg über die Gerichte gehen, wenn sie ein von ihnen ausgesprochenes Verbot durchsetzen möchten.

Der Militzke Verlag wollte Bücher verlegen und keine Prozesse führen. Er zeigte deshalb ein großzügiges Entgegenkommen und bot Michael F. an, bei allen zukünftigen

Auflagen des Buches »Zugriff!« die Gesichter der Personen auf den beiden Fotos im Abschnitt über die »Panzerknacker GmbH« zu schwärzen. Zu weiteren Zugeständnissen war der Verlag nicht bereit. Insbesondere weigerte er sich, das geforderte »Schmerzensgeld« zu zahlen.

Die Sache war schon fast wieder in Vergessenheit geraten, als sie Michael F. fast ein halbes Jahr später wieder aufleben ließ, und diesmal mit aller Konsequenz. Am 20.02.2003 reichte er beim Landgericht Berlin Klage gegen Reiner Militzke ein, den Inhaber vom Militzke Verlag. Anwalt Sebastian K. stellte einen Sieben-Punkte-Forderungskatalog auf. Unter anderem verlangte er die Verhängung eines Ordnungsgeldes in Höhe von 250.000 Euro, die Vernichtung sämtlicher noch verfügbarer Exemplare von »Zugriff!« sowie Schadensersatz in Höhe von mindestens 7.500 Euro.

Zivilgerichte in der ersten Instanz haben nicht die Möglichkeit, eine Klage wegen offenkundiger Unsinnigkeit abzulehnen. Sie müssen das Verfahren eröffnen, ob sie wollen oder nicht.

Am 22.08.2003 fand vor der 16. Zivilkammer vom Landgericht Berlin eine so genannte Güteverhandlung statt. Michael F. schwindelte, dass sich die Balken bogen. So behauptete er beispielsweise, dass er während seiner Tätigkeit im Kaufhaus von Kollegen gefragt worden sei, ob er die Person aus dem Buch »Zugriff!« wäre. Seine »Enttarnung« habe dann zu seiner Entlassung geführt.

Doch der vorsitzende Richter meinte, dass es darauf gar nicht ankomme. Ohnehin sähe er wenig Chancen für die meisten Punkte der Klageschrift. Eine knappe Stunde wurde hin und her debattiert, dann endete die Güteverhandlung mit einem so genannten Versäumnisurteil gegen Michael F.

Strafanzeige durch den Täter

Der Psychiater Dr. med. Joachim G. hatte in seinem Gutachten vom 30.04.1999 Michael F. nicht nur einen überdurchschnittlichen Intelligenzquotienten bescheinigt. Er hatte noch etwas anderes festgestellt, nämlich dass der Proband »seine Affekte nicht sehr gut steuern kann und eine niedrige Frustrationstoleranz hat«. Und Michael F. war äußerst frustriert. Die Sache mit dem Schmerzensgeld lief ganz und gar nicht so, wie er es erwartet hatte. Deshalb unternahm er einen – jedenfalls für einen verurteilten Bankräuber – ungewöhnlichen Schritt: Er erstattete Strafanzeige gegen die beiden Autoren von »Zugriff!«, den Rechtsanwalt Wolfgang Schüler und den Kriminalhauptkommissar i. R. Wilfried Zoppa. Der Tatvorwurf lautete auf »Verstoß gegen das Recht am eigenen Bild«, einer Strafvorschrift aus dem oben erwähnten »Gesetz betreffend der Urheberrechte an Werken der bildenden Künste und der Fotografie« vom 09.01.1907.

Die Sache wurde der Staatsanwaltschaft in Leipzig übergeben, weil dort der Militzke Verlag seinen Sitz hat. Staatsanwalt Carsten D. von der Abteilung II nahm sich der Sache an. Zunächst warf er einen Blick in das betreffende Buch, dann informierte er sich über die beiden Tatverdächtigen.

Rechtsanwalt Wolfgang Schüler war durch eine ganze Reihe von Beiträgen und Büchern über die Geschichte der Kriminalistik bekannt geworden und hatte rund 1.000 Gerichtsberichte in diversen Zeitungen und Zeitschriften veröffentlicht. Darüber hinaus arbeitete er seit 1993 als ehrenamtlicher Bürgermeister.

Kriminalhauptkommissar i. R. Wilfried Zoppa war vor seiner Tätigkeit als Zielfahnder Personenschützer gewesen. Er hatte berühmte Persönlichkeiten wie Axel Springer, Richard von Weizsäcker und die Queen Elizabeth II. begleitet.

Für Staatsanwalt Carsten D. gab es nun mehrere Möglichkeiten. Er hätte die Akte schließen können, weil sich der Verdacht auf das Vorliegen einer Straftat nicht erhärten ließ. Oder er hätte – wie schon Hunderte Mal zuvor – die Standartfloskel diktieren können: »Von der Verfolgung wird abgesehen, weil die Schuld der Täter als gering anzusehen ist und kein öffentliches Interesse an der Verfolgung besteht.«

Doch Staatsanwalt Carsten D. entschied sich anders. Er ordnete die polizeiliche Vernehmung der beiden Beschuldigten an. Sie erfolgte am 05. und am 08. 09. 2003. Während des Verhörs sagte Kriminalhauptkommissar i. R. Wilfried Zoppa unter anderem Folgendes aus: »Die Story der so genannten Panzerknacker GmbH kursierte in allen Medien, insbesondere in den Berliner Tageszeitungen und in großer Aufmachung im »Focus«. Obwohl die Tageszeitungen und das Magazin »Focus« Porträts des Michael F. veröffentlichten, beschränkten wir uns absichtlich auf die Darstellung am Strand und im Auto, weil wir der Meinung waren und sind, dass ein Erkennen und Individualisieren anhand dieser Bilder unmöglich ist. Darüber hinaus wurden auch sämtliche Namen im Buch geändert und mit einem Pseudonym versehen. Als langjähriger Fahnder, mit einem, wie ich denke, geübten Blick für Bilder und Personen, sage ich ausdrücklich, dass eine Identifizierung anhand der Bilder im Buch ohne Kenntnis der Umstände zur Person unmöglich ist.«

Und Rechtsanwalt Wolfgang Schüler ergänzte: »Speziell im Fall des Herrn F. ging es nicht darum, über ihn als Person zu berichten, sondern über die Struktur der Tätergruppe, ihre Arbeitsweise und letztendlich ihre Zerschlagung durch die Polizei. Das heißt, dass in dem Buch über Herrn F. nur in dem Umfang berichtet wurde, wie es für das Verständnis der Ereignisse unbedingt notwendig war. Der Name von Herrn F. wurde anonymisiert, und wir haben aus einer Vielzahl uns vorliegender Fotos solche Fotos ausgewählt, die ein Erkennen unmöglich machen.«

Die Anklageschrift

Beim Abfassen der Anklageschrift gegen den Bankräuber Michael F. hatte die Staatsanwaltschaft, wie gesagt, seine zahllosen Verstöße gegen das Waffengesetz, ausnahmslos alle Anstiftungen zur Beihilfe an Überfällen, Freiheitsberaubungen, Körperverletzungen sowie die von ihm begangenen diversen Sachbeschädigungen und sogar einige Banküberfälle unter den Tisch fallen gelassen.

Im Fall der unbescholtenen Buchautoren von »Zugriff!« war dann allerdings Schluss mit lustig. Am 15.10.2003 erhob die Staatsanwaltschaft Anklage gegen den Rechtsanwalt Wolfgang Schüler und gegen den Kriminalhauptkommissar i.R. Wilfried Zoppa. Der Tatvorwurf lautete: »Die Angeschuldigten werden beschuldigt, gemeinschaftlich entgegen den §§ 22, 23 Kunsturhebergesetz ein Bildnis verbreitet und öffentlich zur Schau gestellt zu haben, strafbar als gemeinschaftlicher Verstoß gegen das Recht am eigenen Bild.«

Zur Begründung wurde ausgeführt: »Danach kann es sich zwar bei einem Straftäter um eine relative Person der Zeitgeschichte handeln. Dies gilt jedoch grundsätzlich nur zeitlich vorübergehend mit dem jeweiligen Vorfall. Zeitlich unbegrenzt gilt dies nur unter einer strengen Abwägung unter Berücksichtigung des Resozialisierungsgedankens, welcher im Vordergrund zu stehen hat.«

Auch wenn Rechtsanwälte und Kriminalpolizisten bekanntermaßen Menschen mit stahlharten Nerven sind, die durch die Gerichtssäle zu schlendern pflegen wie andere Leute über einen Boulevard, lösten bei ihnen das ihnen nun persönlich drohende Strafverfahren trotzdem ein gewisses Maß an Besorgnis aus. Sie hatten schließlich einen guten Namen zu verlieren, wenn nicht noch mehr.

Über ihre Strafverteidiger ließen sie deshalb am 14.11.2003 beim Amtsgericht Leipzig eine siebenseitige so genannte Schutzschrift einreichen. Darin hieß es unter anderem: »Das Buch »Zugriff!« ist im März 2002 erschienen. Zu diesem Zeitpunkt war bei der Schwere der Taten nicht zu erwarten gewesen, dass die Haftstrafe von Michael F. gelockert werden und er als Freigänger einer geregelten Tätigkeit nachgehen könnte. Zum Zeitpunkt der Veröffentlichung des Buches war der Beginn der Resozialisierung nicht in Sicht. Resozialisierung ist nämlich die Aufgabe der Gemeinschaft bei straffällig Gewordenen nach Verbüßung einer Freiheitsstrafe. Der Täter hat jedoch weder seine Strafe verbüßt, noch wird seine Wiedereingliederung durch die Buchveröffentlichung wesentlich erschwert. Sein Name wurde anonymisiert, und die Fotos lassen eine Identifizierung nicht zu.«

Staatsanwalt Carsten D. beeindruckten diese Worte wenig. Er nahm allerdings die Schutzschrift zum Anlass, eine gutachterliche Stellungnahme in Auftrag zu geben. Mit der Anfertigung des Gutachtens betraute er eine Referendarin, also eine Jura-Studentin, die ihre Pflichtstation bei der Staatsanwaltschaft in Vorbereitung auf das II. Staatsexamen absolvierte. Die der Referendarin zur Verfügung gestellten Akten waren sehr dünn, denn die Staatsanwaltschaft hatte nur äußerst einseitig ermittelt. Keine einzige der Angaben des Michael F. war überprüft worden. Die Referendarin nahm die Lügengeschichte für bare Münze und schrieb in ihr Gutachten: »Der Geschädigte wurde erst durch Bekannte auf die Veröffentlichung aufmerksam. Seine Arbeitskollegen entdeckten die Bilder und konnten den Geschädigten identifizieren.« Ein einziger Telefonanruf in der Personalabteilung des Kaufhauses hätten den Schwindel auffliegen lassen.

Auch das Amtsgericht in Leipzig hielt die Argumentation der Staatsanwaltschaft für überzeugend. Aus dem Schwerverbrecher Michael F. war ein bemitleidenswertes Opfer geworden, aus dessen Unglück skrupellose Buchautoren ihren

Profit zogen. Am 06.01.2004 verkündete der Strafrichter Daniel M. den Beschluss, dass die Anklage der Staatsanwaltschaft Leipzig zur Hauptverhandlung zugelassen worden sei. Als Verhandlungstermin wurde der 18.05.2004 anberaumt.

In den Fängen der Justiz

Die beiden Autoren hatten nicht das geringste Interesse daran, ihren Kriminalfall vor Gericht auszutragen, auch wenn sie sich keiner Schuld bewusst waren. Eine Scherzfrage lautet: »Was ist aus den stolzen Schriftstellern geworden?« Antwort: »Es gibt keine stolzen Schriftsteller. Sie sind alle verhungert.« Wolfgang Schüler und Wilfried Zoppa beschlossen deshalb, dem Gericht einen Handel anzubieten. Über ihre Verteidiger unterbreiteten sie den Vorschlag, das Verfahren gegen Zahlung eines Geldbetrages einzustellen.[5]

Das Gericht fand die Idee gut, und auch die Staatsanwaltschaft signalisierte ihr Einverständnis. Am 19.01.2004 ließ Strafrichter Daniel M. mitteilen, dass eine Einstellung des Strafverfahrens nach § 153 a StPO in Betracht komme. Der zu zahlende Geldbetrag sollte in der Größenordnung von 8.000 bis 10.000 Euro pro Angeklagten liegen.

Wolfgang Schüler hatte bereits 1998 im Militzke Verlag ein Buch unter dem prophetischen Titel »In den Fängen der Justiz« veröffentlicht. Aber Kriminalhauptkommissar i. R. Wilfried Zoppa verstand die Welt nicht mehr. Er, der sein ganzes Leben nichts anderes getan hatte, als die Gesellschaft vor Straftätern zu schützen, wurde in einer Weise kriminalisiert, die ihm die Zornesadern auf die Stirn trieb.

Die beiden Autoren wiesen den Vorschlag des Gerichts als jenseits von aller Vorstellungskraft zurück. Entweder, es würde ein akzeptables Angebot unterbreitet werden, oder sie würden bis zum bitteren Ende um Recht und Ehre kämpfen. In den nächsten Tagen führten ihre Strafverteidiger vertrauliche Gespräche mit Staatsanwaltschaft und Richter, in denen es um Pressekonferenzen, das mögliche öffentliche Interesse an diesem Fall und um Fernsehübertragungen aus dem Gerichtssaal ging.

Am 05.03.2004 ließ das Gericht mitteilen, dass einer Einstellung gegen Zahlung einer Geldauflage in Höhe von nunmehr 400 Euro (für jeden) zugestimmt werden würde. Daraufhin überwiesen Wolfgang Schüler und Wilfried Zoppa je 400 Euro an die Justizkasse. Am 30.03.2004 verkündete das Amtsgericht Leipzig den Beschluss: »Das Verfahren wird endgültig eingestellt.« Der Verhandlungstermin am 18.05.2004 wurde aufgehoben.

Michael F. geht in Berufung

Parallel zum Strafverfahren war der Zivilprozess am Landgericht Berlin weitergelaufen. Michael F. hatte Einspruch gegen das Versäumnisurteil eingelegt. Nach einem weiteren Verhandlungstag verkündete am 02.03.2004 der vorsitzende Richter der 16. Zivilkammer das Urteil. Die Klage hatte nur in einem einzigen Punkt Erfolg: Dem Militzke Verlag wurde untersagt, das Buch »Zugriff!« weiterhin mit den Fotos von Michael F. zu verbreiten. Er sei zwar eine relative Person der Zeitgeschichte gewesen. Nun stehe aber seine Resozialisierung im Vordergrund und habe Vorrang vor dem Informationsinteresse der Öffentlichkeit.

In allen übrigen Punkten wurde die Klage abgewiesen. Insbesondere sah das Gericht keinen Anspruch auf Schmerzensgeld gegeben: »Auch wenn die Verwendung von Abbildungen des Klägers unzulässig war, ist die in Rede stehende Rechtsverletzung nicht so schwerwiegend, dass sie durch die Zahlung eines Schmerzensgeldes kompensiert werden müsste. Die Schilderungen, in deren Zusammenhang die Fotos des Klägers verwendet wurden, enthalten nichts Falsches über die Verbrechen des Klägers. Die Lichtbilder werden gerade nicht in einem unzutreffenden bzw. verfälschenden – und daher ehrenrührigen – Zusammenhang verwendet, sondern genau in dem Kontext, in den sie gehören.«

Michael F. wurde dazu verurteilt, drei Fünftel der Anwalts- und Gerichtsgebühren zu tragen. Auf ihn kamen damit Kosten in Höhe von mehreren tausend Euro zu. Die vermeintliche Goldader hatte sich für ihn in eine Schuldenfalle verwandelt.

Der Verleger Reiner Militzke akzeptierte das Urteil. In allen noch verfügbaren Exemplaren von »Zugriff!« wurden die betreffenden Fotos geschwärzt. Aber Michael F. wollte immer noch keine Ruhe geben. Am 16.04.2004 ließ er durch seinen Anwalt Berufung beim Berliner Kammergericht einlegen. In der Berufungsschrift kaute er sämtliche Argumente und Lügengeschichten noch einmal von vorne bis hinten durch. Zusätzlich war ihm noch etwas Neues eingefallen: »Die Lichtbilder hatten auch einen Marktwert. Hätte der Beklagte das streitgegenständliche Kapitel im gegenständlichen Buch mit legal erworbenen Lichtbildern gefüllt, hätte er am Markt einen Preis dafür bezahlen müssen.«

Doch mit dieser Argumentation hatte er den Bogen überspannt. Zum ersten Mal in dieser schier unendlichen Geschichte platzte einem Richter der Kragen. Er schrieb: »Soweit der Kläger darauf abstellt, dass der Beklagte Geld gespart hat, weil die Fotos einen Marktwert hatten und der Beklagte für deren Veröffentlichung einen Preis hätte bezahlen müssen, verfängt dies nicht. Eine schwere Persönlichkeitsverletzung und damit Zubilligung einer Geldentschädigung scheiden nach Auffassung des Senats von vornherein aus, wenn der Betroffene mit der Veröffentlichung gegen Zahlung einer so genannten Lizenzgebühr einverstanden gewesen wäre.« Mit Beschluss vom 23.08.2004 wurde vom Kammergericht Berlin die Berufung des Michael F. zurückgewiesen. Diese Entscheidung ist unanfechtbar. Es gibt kein Rechtsmittel mehr dagegen.

Schlusswort

»Bei diesem Fall haben sich meine negativen Erfahrungen mit einer täterorientierten Justiz bestätigt. Es will nicht in meinen Kopf, wie einseitig einem Kriminellen mit entsprechendem Strafregister Glauben geschenkt wurde. Die Wahrheitsfindung war nicht erwünscht. Dabei hatte ich schon in jungen Jahren, als angehender Kriminalist, gelernt, dass neben belastendem Material auch entlastendes Material gesammelt werden muss. Anscheinend ist dieser Grundsatz der Justiz inzwischen verloren gegangen. Damit verliert sich für mich mein Vertrauen in die Rechtspflege.«

Wilfried Zoppa

Anmerkungen zum Nachspiel

[1] Im Paragraphen 154 der Strafprozessordnung heißt es dazu: »Die Staatsanwaltschaft kann von der Verfolgung einer Tat absehen, wenn die Strafe … neben einer Strafe …, die der Beschuldigte wegen einer anderen Tat zu erwarten hat, nicht beträchtlich ins Gewicht fällt oder darüber hin-

aus, wenn ein Urteil wegen dieser Tat in angemessener Frist nicht zu erwarten ist.«

[2] Das Landgericht Frankfurt (Oder) verfuhr in diesem Zusammenhang nach Paragraph 53 Strafgesetzbuch, in dem es heißt: »Hat jemand mehrere Straftaten begangen, die gleichzeitig abgeurteilt werden, und dadurch mehrere Freiheitsstrafen verwirkt, so wird auf eine Gesamtstrafe erkannt.«

[3] »Der Mann heißt Michael F., 36, wohnt in Berlin-Friedrichshain und gilt als Boss einer brutalen Bande mit über 20 Mitgliedern.«

B.Z., 20. 09. 1998

»Der Beschuldigte F. war im Tatzeitraum Mitglied einer Gruppe um die gesondert Verfolgten T., R., F., H., A. und G., deren Ziel darin bestand, regelmäßig und arbeitsteilig Geldinstitute zu überfallen und deren Angestellte durch den Einsatz von Waffen zur Herausgabe von Bargeld und Wertgegenständen zu bewegen.«

Haftbefehl vom 29. 07. 1998

[4] In der Erstauflage von »Zugriff!« waren auf den Seiten 162 und 169 zwei kleine Schwarzweißfotos abgebildet gewesen, die Michael F. während seiner Flucht in den USA am Strand in Miami-Beach und am Steuer eines Sportwagens zeigten. Die Bilder hatten die US-Marshalls bei der Verhaftung beschlagnahmt und dann an die Presse gegeben.

Auf dem ersten Foto trug Michael F. eine Mütze, deren Schirm seine Augen verdeckte. Auf dem zweiten Bild war nur ein Teil seines Oberkörpers und sein Kopf zu sehen. Auf Grund der schlechten Wiedergabequalität und der geringen

Größe der Fotos war eine Identifizierung durch unbeteiligte Dritte ausgeschlossen.

[5] Die rechtliche Grundlage dazu findet sich im § 153a Strafprozessordnung, in dem es heißt: »Ist die Klage bereits erhoben, so kann das Gericht mit Zustimmung der Staatsanwaltschaft und des Angeschuldigten das Verfahren ... vorläufig einstellen ... Als Auflage ... kommt insbesondere in Betracht, einen Geldbetrag zugunsten einer gemeinnützigen Einrichtung oder der Staatskasse zu zahlen.«